轨道交通工程建设
BIM应用研究与实践

浙江杭海城际铁路有限公司　组织编写

中国铁道出版社有限公司

2021年·北京

内容简介

本书主要介绍杭州至海宁城际铁路项目建设过程中对BIM技术应用的研究与实践情况。杭海公司积极使用BIM技术为项目建设助力，其中包括BIM基础技术应用，如机电管综，设计深化，选线方案设计等；同时，通过各参建单位的积极配合，成功研发“杭海城际智慧建造管理平台”并集成建设管理相关系统，从而实现基于BIM的现场管理，如进度、质量、安全管理等。在BIM技术应用过程中，始终以“数字管理”为目标，逐步对管理流程、模型应用、可视化资产移交等方面制定统一标准。本书针对项目建设过程中各阶段BIM应用情况进行简单总结，希望能为类似项目提供参考。

图书在版编目(CIP)数据

轨道交通工程建设BIM应用研究与实践/浙江杭海城际铁路有限公司组织编写．—北京：中国铁道出版社有限公司，2021.5
ISBN 978-7-113-27851-9

Ⅰ.①轨… Ⅱ.①浙… Ⅲ.①城市铁路-轨道交通-工程施工-研究 Ⅳ.①U239.5

中国版本图书馆CIP数据核字(2021)第060209号

书　　名：轨道交通工程建设BIM应用研究与实践
作　　者：浙江杭海城际铁路有限公司

策　　划：张卫晓
责任编辑：朱荣荣　　　　**编辑部电话：**(010)51873017
封面设计：刘　莎
责任校对：焦桂荣
责任印制：高春晓

出版发行：中国铁道出版社有限公司(100054，北京市西城区右安门西街8号)
网　　址：http://www.tdpress.com
印　　刷：北京联兴盛业印刷股份有限公司
版　　次：2021年5月第1版　2021年5月第1次印刷
开　　本：787 mm×1 092 mm 1/16　印张：11.75　字数：279千
书　　号：ISBN 978-7-113-27851-9
定　　价：90.00元

编委会

主 编 单 位：浙江杭海城际铁路有限公司

副主编单位：中铁第四勘察设计院集团有限公司

上海同筑信息科技有限公司

参 编 单 位：中铁隧道局集团有限公司

上海华铁工程咨询有限公司

中铁四局集团有限公司

天津城建集团有限公司

浙江交工集团股份有限公司

中铁一局集团有限公司

中铁电气化局集团有限公司

中铁武汉电气化局集团有限公司

中铁十局集团电务工程有限公司

中铁北京工程局集团有限公司

中铁电气化局集团第一工程有限公司

中铁三局集团电务工程有限公司

中铁上海工程局集团有限公司

中铁八局集团电务工程有限公司

序

近年来,我国大力优化国土空间布局,推进区域协调发展,推进城市群都市圈交通一体化,加快城际铁路、市域(郊)铁路,智慧城轨建设。区域城际轨道交通正是奉行了"交通强国,城轨担当"的历史使命。新时代区域城际轨道交通不仅要满足大容量、高能效、低排放等特点,还要有一体化与智能化发展的创新与突破,实现运输组织的协同化、安全保障的综合化以及信息服务的智能化。

杭州至海宁城际铁路项目(以下简称"杭海城铁项目")线路两端地处杭州和嘉兴两市,西起杭州余杭高铁站(可与已运营的杭州地铁1号线换乘),东至嘉兴海宁碧云站,是全国第一条采用直流供电,设计最高运行速度120 km/h,开行大站快车、站站停两种运行组织模式的、跨不同地级行政区的都市圈城际轨道交通线路。本书以"数字建造,智慧管理"为目标,对BIM管理流程、模型技术、资产及交付制定了统一标准,搭建包含三维设计、建造管理的协同平台;通过信息的智能采集、大数据分析和自动化应用,实现了对项目的科学设计、智慧建造。

杭海项目应用BIM手段建造数字轨道交通,解决了设计及建造中的诸多难题,创新之处颇多,例如:

通过倾斜摄影形成全线GIS模型,有效避让项目沿线的规划学校、道路、互通匝道等控制因素;通过研发,实现Inventor的精确设计与InfraWorks方案选型双向联动及实时优化;通过Inventor的精益制造,辅以桥隧BIM工具插件,快速完成桥隧模型并批量出图,实现参数化、模块化、结构化的BIM体系。

利用BIM技术前置施工方案,减少工程变更,制造设计施工一体化,对全生命周期进行模拟优化,实现人、机、物、料、法、环的全面监控和优化。构建全线土建、机电、场地、地质、市政管线等专业模型,节省工期和材料。

本书通过对区域城际轨道交通建造中BIM技术的应用研究及实践,推进数字化的服务创新，有效整合区域城际轨道交通数字模型的空间基础信息，为推动智能交通产业的升级、加快建设交通强国贡献杭海力量。

本书是杭海项目一线建设者经验和智慧的结晶，其内容丰富，数据可靠，图文并茂，对区域城际轨道交通 BIM 的应用具有一定的实用价值和指导意义，对于勘测、设计、施工、数字化移交、从信息化到 BIM 数字化的智慧化转型，亦有很好的启发作用。

限于时间较紧，编写工作量大，书中难免存在疏漏，敬请广大读者批评指正并提出宝贵意见和建议。

编　者

2021 年 5 月 10 日

目录

第 1 章　BIM 概述 …… 1

1.1　BIM 的概念 …… 1
1.2　BIM 政策现状 …… 2
1.3　BIM 应用现状 …… 4
1.4　BIM 发展趋势 …… 8

第 2 章　项目概况 …… 10

2.1　项目简介 …… 10
2.2　项目重点及难点分析 …… 11
2.3　针对重难点采取的措施 …… 13

第 3 章　BIM 技术实施组织架构 …… 14

3.1　浙江杭海城际铁路有限公司简介 …… 14
3.2　BIM 领导小组组织架构 …… 15
3.3　BIM 总体单位项目组织架构 …… 15
3.4　各方职责与义务 …… 16

第 4 章　BIM 技术实施计划目标 …… 19

4.1　BIM 技术应用目标 …… 19
4.2　BIM 平台协同管理目标 …… 19
4.3　BIM 技术实施的工作内容 …… 19

第 5 章　BIM 技术实施方案 …… 23

5.1　实施方案概览 …… 23
5.2　BIM 技术实施方案 …… 31
5.3　管理平台应用内容 …… 43
5.4　BIM 工作流程 …… 48

第 6 章　BIM 工作保障措施 …… 53

6.1　质量管理体系 …… 53

6.2 质量控制要点 …… 53
6.3 人员技术培训 …… 55
6.4 BIM 工作制度 …… 56

第 7 章 基于 BIM 模型的基础应用 …… 58

7.1 应用原则 …… 58
7.2 设计阶段应用情况 …… 58
7.3 施工阶段应用情况 …… 97

第 8 章 杭海智慧建造平台介绍 …… 107

8.1 平台概述 …… 107
8.2 平台架构 …… 108
8.3 平台功能 …… 109
8.4 智慧建造平台集成系统 …… 120
8.5 平台参与方人员及应用流程 …… 130

第 9 章 基于 BIM 平台的协同管理 …… 132

9.1 基于 BIM 平台的协同设计 …… 132
9.2 基于 BIM 平台的现场管理 …… 134
9.3 盾构施工现场管理 …… 161

第 10 章 总　　结 …… 164

10.1 项目总结 …… 164
10.2 轨交 BIM 应用问题与对策 …… 173
10.3 思　　考 …… 178

参考文献 …… 180

第 1 章　BIM 概述

1.1　BIM 的概念

1.1.1　BIM 的定义

BIM 作为新兴事物经过多年的发展和完善，在美国国家建筑科学会（National Institute of Building Sciences，简称“NIBS”）制订《美国国家 BIM 标准》的过程中，对 BIM 的工作定义（working definition）持续不断给出，并利用网络寻求建议。通过行业中大量人员的反复讨论，最终达成共识，给出的定义在业内比较权威。该标准对“Building Information Model（BIM）”和“Building Information Modeling（BIM）”都给出了精确定义。

“Building Information Model（BIM）”的定义是利用数字信息虚拟出项目实体的功能和物理特性。因此，从项目实体的生命周期开始，它可以作为安全可靠的共享知识资源。而对“Building Information Modeling（BIM）”的定义是建立项目实体电子信息的过程。其目标为碰撞分析、工程分析、可视化、规范标准检查、竣工验收的产品、工程造价、编制预算和其他用途。

“Building Information Model（BIM）”和“Building Information Modeling（BIM）”的主要区别是前者侧重于数字建模的结果，而后者侧重于利用数字模型进行建设项目设计、施工、运营管理的过程，我们要生产最终的建筑物（产品）的数字模型只是完成项目的其中之一。其实，这两种定义都传达了 BIM 核心的信息，一个建立、应用、管理、搜集信息的过程。综合以上的定义可以得知 BIM 既是过程，也是模型，但最根本的是信息。用来存储信息的载体，重新建立、管理和使用信息的过程。

综合各方对 BIM 的定义，可得 BIM 具有如下特点：

（1）BIM 以项目中所有信息为主体用数字为载体表达出来，构建虚拟电子信息模型代替现实项目，具有很高的开放性和互操作性，能够将大量的信息资源进行共享也是其设计初衷。

（2）BIM 的主要行为是建成和完善项目信息模型，为了满足项目的不同需要，根据职责岗位要求项目的所有参与方对模型信息修改、添加、导出和更新。

（3）BIM 的工作环境是以一个可复制的、无障碍的、可持续的、可审查的状态呈现，在这种环境下，参与在施工项目全生命周期中的各方都需要及时进行交流、沟通，经过分析项目的信息并共享项目信息，做出最终决定和完善工程项目的交付过程，可以使得项目高效运行。

1.1.2　BIM 的特征

1. 协调性

由于实际项目的庞大复杂性，传统的交底方法无法及时发现各个专业的问题，出现问题后不但影响工程的进度还造成人力、财力巨大浪费。BIM 技术恰恰能够在施工前解决这些问题,不仅可以解决建筑物前期施工各专业交叉碰撞问题给出最合适的解决方案,同时还生成协调数据用以检测具体的问题位置,还可以解决:协调电缆井与其他设计的布置以及净高的要求,协调污水排水系统的布置和其他设计的布置,协调消防楼梯与其他设计的布置。

2. 可视化

从字面意思可知,在 BIM 项目信息模型中,整个的建模过程都是可视化的,则可视化的结果不仅仅是用来展示效果图和生成相关的报表,更重要的是,项目的全生命周期包括项目设计、施工、管理运营的过程,还有在可视化的状态下进行交流、讨论和决策。项目的实体信息模型中构件之间形成的连接性、反馈性和互动性的可视。

3. 优化性

从普遍适用的角度考虑,有三个因素控制优化:时间、复杂程度和信息。

在 BIM 模型中,包含了许多实际建筑物包含的信息,如物理信息、几何信息、规则信息,当建筑物变化后相应的信息也会变化。

有两项工作可以优化 BIM:优化项目施工方案,优化特殊的施工项目设计。

4. 模拟性

BIM 与以往传统所用软件的方法中最大的区别就是在施工前,也就是设计阶段,BIM 可以对设计中的一些需要模拟的细节进行试验,如:模拟紧急疏散情况、模拟节能情况、模拟热量传导情况、模拟日照情况、模拟地基沉降情况等等。

运用 4D 模拟技术(添加时间进度的三维项目模型)展示项目为招投标赢得先天的优势,利用编制出的施工组织设计模拟真正的施工,以便选择合适的施工方案。还可以运用 5D 技术(除了添加时间进度外,还可以对三维模型添加造价控制因素),最终实现项目的成本控制:可以在后期运营阶段模拟一些紧急情况处理细节,如失火时模拟人员消防疏散情况和地震时模拟人员逃生情况等等。

5. 可出图性

这里所说的图纸并非是传统的建筑设计图纸,以及加工一些构件所需的图纸,而是通过用 BIM 技术对建筑物进行全方位的可视化展示、模拟、优化、协调后,出对建设单位有很大帮助的图纸:

(1)管线综合图(通过严格的碰撞检测和设计改正,符合合理的要求后)。

(2)预留洞口综合结构图(预留套管图)。

(3)修改建议方案和碰撞检测核错报告。

1.2 BIM 政策现状

1.2.1 国外 BIM 政策现状

BIM 技术应用在国外最早起源于北美和欧洲的几个国家,随着其效益的日益凸显,其他地区和国家也开始陆续推动 BIM 技术发展。整体来看,国外 BIM 技术应用政策路线的制定以及实施推动主要有政府部门推动、行业组织(协会) 推动以及企业自发推动三种模式,见表 1-1。

表 1-1 国外 BIM 政策

推广模式	典型国家	推进部门/组织	相关内容
政府推进	英国	英国内阁办公室	2011 年发布 BIM 技术应用第一个五年计划; 2016 年政府项目全面实现协同 3D-BIM 总目标
	新加坡	新加坡国家建设局	2011 年发布 BIM 技术应用发展规划路线:明确推动建筑业在2015 年前广泛使用 BIM 技术的课程,提供 BIM 专业学位
	澳大利亚	澳大利亚建筑环境工业理事会	2012 年发布《国家 BIM 技术应用行动方案》和详细的“国家 BIM 技术应用蓝图”方案建议; 2016 年 7 月 1 日起所有澳大利亚政府的建筑采购使用基于开放标准的全三维协同 BIM 技术进行信息交换
	韩国	韩国公共采购服务中心	2010 年 4 月发布了 BIM 技术应用路线图,要求在 2016 年前全部公共工程应用 BIM 技术
	美国	美国总务署(CAS)	2003 年推动全国 3D-4D-BIM 计划,从整个项目生命周期的角度来探索 BIM 技术的应用
		美国陆军工程兵团(USACE)	2005 年成立了项目交付小组来研究 BIM 技术的价值、为 BIM 技术应用策略提供建议,并于 2006 年发布了为期 15 年的 BIM 技术应用发展路线,承诺未来所有军事建筑项目都将使用 BIM 技术
行业组织推动	美国	Building SMART 联盟	专注于解决使用各方如何在项目生命周期各阶段共享准确的项目信息的问题。其下属的美国国家 BIM 技术标准项目委员会(NBIMS-US)专门负责美国国家 BIM 技术标准(NBIMS)的研究与制定
企业自发推动	挪威、丹麦、瑞典、芬兰		北欧国家主要在建筑预制化领域及早部署了 BIM 技术,促进包含丰富数据和模型的 BIM 技术发展

国外的政策目标显示,2016 年 BIM 技术已经在大量的政府项目中使用。在政策的宏观成熟度上,英国和美国较为成熟,韩国也表现出了同等的优势;在推广动力方面,英国动力最强;在政策行动上,美国、芬兰、韩国偏向于研究、教育和激励,而英国则比较侧重于强制和监督的方式。

1.2.2 国内 BIM 政策现状

近年来,随着 BIM 技术的日趋成熟,BIM 技术在轨道交通行业内的应用越来越广泛。国务院、住建部和交通运输部先后下发《关于促进建筑业持续健康发展的意见》《2016—2020 年建筑业信息化发展纲要》《城市轨道交通工程 BIM 应用指南》《推进智慧交通发展行动计划(2017—2020 年)》等文件,为“推动城市轨道交通 BIM 应用,提升城市轨道交通工程建设信息化水平和质量安全管理水平”指明了方向,国内 BIM 主要政策见表 1-2。

表 1-2 国内 BIM 政策

政策部门	政策文件名称	发布时间	内容摘要
住建部	《2011—2015 年建筑业信息化发展纲要》	2011 年 5 月 20 日	“十二五”期间,基本实现建筑企业信息系统的普及应用,加快建筑信息模型(BIM)、基于网络的协同工作等新技术在工程中的应用,推动信息化标准建设,促进具有自主知识产权软件的产业化,形成一批信息技术应用达到国际先进水平的建筑企业

续上表

政策部门	政策文件名称	发布时间	内容摘要
住建部	《关于征求关于推荐 BIM 技术在建筑领域应用的指导意见(征求意见稿)意见的函》	2013 年 8 月 29 日	2016 年以前政府投资的 2 万 m^2 以上大型公共建筑以及省报绿色建筑项目的设计、施工采用 BIM 技术。截至 2020 年,完善 BIM 技术应用标准、实施指南,形成 BIM 技术应用标准和政策体系
	《关于推进建筑业发展和改革的若干意见》	2014 年 7 月 1 日	推进建筑信息模型(BIM)等信息技术在工程设计、施工和运行维护全过程的应用,提供综合效益
	《关于推进建筑信息模型应用的指导意见》	2015 年 6 月 16 日	到 2020 年末,以下新立项项目勘察设计、施工、运营维护中,集成应用 BIM 的项目比例达到 90%;以国有资金为主的大中型建筑
	《2016—2020 年建筑业信息化发展纲要》	2016 年 8 月 23 日	着力增强 BIM、大数据、智能化、移动通信、云计算、物联网等信息技术集成应用能力,建筑业数字化、网络化、智能化取得突破性进展
	《城市轨道交通工程 BIM 应用指南》	2018 年 5 月	以推动城市轨道交通 BIM 应用,提升城市轨道交通工程建设信息化水平和质量安全管理水平
交通运输部	《推进智慧交通发展行动计划(2017—2020 年)》	2017 年 1 月	到 2020 年,逐步推进建筑信息模型(BIM)技术在重大交通基础设施项目规划、设计、建设、施工、运营、检测维护管理全生命周期的应用,实现基础设施建设和管理水平大幅度提升
国务院	《关于促进建筑业持续健康发展的意见》	2017 年 2 月	加快推进建筑信息模型(BIM)技术在规划、勘察、设计、施工和运营维护全过程的集成应用,实现工程建设项目全生命周期数据共享和信息化管理,为项目方案优化和科学决策提供依据,促进建筑业提质增效
	《关于加快推进国有企业数字化转型工作的通知》	2020 年 8 月 21 日	"十三五"期间,实现建筑企业信息系统的普及应用;全面提高建筑业信息化水平;以数字化、网络化、智能化取得突破性进展,提升数据资源利用水平和信息服务能力

1.3 BIM 应用现状

2008 年至今,BIM 研究和应用在全球范围内都迎来了爆炸式的增长。BIM 应用在建筑师或设计单位中已日趋成熟,其研究的重要性也日益凸显,成为建筑行业最热门的研究内容。

BIM 研究的内容和分支也愈来愈详细复杂,不仅有对数据交换问题等难题的持续研究,也出现了对施工现场、后期运营维护、效益评价和可持续绿色建筑发展等探讨的研究,包括 RFID 技术的采用、远程机械操作空间模拟、自动识别技术、激光扫描技术的实际应用等。新加坡、日本、英国、挪威、澳大利亚、韩国等国家纷纷制定了各自的行业数据交换标准,以完善推广 BIM 的业内应用。国内 BIM 实践呈现出在项目数量、实现质量、应用阶段及作用程度等方面的多元积极发展态势。上海中心大厦则是我国 BIM 实践的典型案例,以建设单位主导为项目 BIM 实施驱动,为 BIM 在设计、施工、运营与维护的全生命周期应用提供了现实客体，并随着绿色建筑理念的推广逐渐成为学术界关注的热点之一，主要表现为 BIM 在能耗分析、照明系统模拟、LEED®认证流程等方面的应用，同时 BIM 与激光扫描等相关技术结合也持续增长。可以推测，包括 BIM 模型与应用于工程分析（包括能耗分析、照明分析等）模型间的转化将会成为 BIM 研究热点之一。

1.3.1　BIM 技术在国外的发展状况

1. 美国

美国是较早启动建筑业信息化研究的国家，2003 年起，美国总务管理局（GSA）通过其下属的公共建筑服务处（Public Buildings Service，PBS）开始实施一项被称为国家 3D-4D-BIM 计划的项目，实施该项目的目的有：(1)实现技术转变，以提供更加高效、经济、安全、美观的联邦建筑；(2)促进和支持开放标准的应用。按照计划，GSA 从整个项目生命周期的角度来探索 BIM 的应用，其包含的领域有空间规划验证、4D 进度控制、激光扫描、能量分析、人流和安全验证以及建筑设备分析及决策支持等。为了保证计划的顺利实施，GSA 制定了一系列的策略进行支持和引导，主要内容有：

①制定详细明了的愿景和价值主张。

②利用试点项目积累经验并起到示范作用。

③加强人员培训，建立鼓励共享的组织文化。

④选择适合的软件和硬件，应用开放标准软、硬件系统构成了 BIM 应用的基础环境。

2. 英国

与大多数国家相比，英国政府要求强制使用 BIM。2011 年 5 月，英国内阁办公室发布了“政府建设战略（Government Construction Strategy）”文件，其中有整个章节是关于建筑信息模型（BIM），这些章节中明确要求，到 2016 年，政府要求全面协同的 3D-BIM，并将全部的文件以信息化管理。

英国的设计公司在 BIM 实施方面已经相当领先了，因为伦敦是众多全球领先设计企业的总部，如 Foster and Partners、Zaha Hadid Architects、BDP 和 Arup Sports，也是很多领先设计企业的欧洲总部，如 HOK、SOM 和 Gensler。在这些背景下，一个政府发布的强制使用 BIM 的文件可以得到有效执行，因此，英国的 AEC 企业与世界其他地方相比，发展速度更快。

3. 韩国

韩国在运用 BIM 技术上十分领先。多个政府部门都致力制定 BIM 的标准，例如，韩国公共采购服务中心和韩国国土交通海洋部。

韩国主要的建筑公司已经在积极采用 BIM 技术，如现代建设、三星建设、空间综合建筑事务所、大宇建设、GS 建设、Daelim 建设等公司。其中，Daelim 建设公司应用 BIM 技术到桥梁的施工管理中，BMIS 公司利用 BIM 软件 digital project 对建筑设计阶段以及施工阶段一体化进行研究和实施等。

4. 日本

日本软件业较为发达，在建筑信息技术方面也拥有较多的国产软件，日本 BIM 相关软件厂商认识到，BIM 是需要多个软件来互相配合，是数据集成的基本前提，因此多家日本

BIM 软件商在 IAI 日本分会的支持下,以福井计算机株式会社为主导,成立了日本国产解决方案软件联盟。此外,日本建筑学会于 2012 年 7 月发布了日本 BIM 指南,从 BIM 团队建设、BIM 数据处理、BIM 设计流程、应用 BIM 进行预算、模拟等方面为日本的设计院和施工企业应用 BIM 提供了指导。

1.3.2 BIM 技术在国内的发展状况

近年来 BIM 在国内建筑业形成一股热潮,除了前期软件厂商的大声呼吁外,政府相关单位、各行业协会与专家、设计单位、施工企业、科研院校等也开始重视并推广 BIM。2010 年与 2011 年,中国房地产协会商业地产专业委员会、中国建筑业协会工程建设质量管理分会、中国建筑学会工程管理研究分会、中国土木工程学会计算机应用分会组织并发布了《中国商业地产 BIM 应用研究报告 2010》和《中国工程建设 BIM 应用研究报告 2011》,一定程度上反映了 BIM 在我国工程建设行业的发展现状。根据两届的报告,关于 BIM 的知晓程度从 2010 年的 60% 提升至 2011 年的 87%。2011 年,共有 39% 的单位表示已经使用了 BIM 相关软件,而其中以设计单位居多。

住建部 2011 年 5 月 20 日发布的《2011—2015 年建筑业信息化发展纲要》中提到"十二五期间,基本实现建筑企业信息系统的普及应用,加快建筑信息模型(BIM)、基于网络的协同工作等新技术在工程中的应用,推动信息化标准建设,促进具有自主知识产权软件的产业化,形成一批信息技术应用达到国际先进水平的建筑企业",这是住建部首次提到"BIM"这一概念。

在之后陆续发布的政策中,住建部不仅深化了 BIM 的概念,更对于 BIM 技术的发展目标有了明确规定,例如,2014 年 7 月 1 日发布的《关于推进建筑业发展和改革的若干意见》中强调推进建筑信息模型(BIM) 等信息技术在工程设计、施工和运行维护全过程的应用,提高综合效益,推广建筑工程减隔震技术,探索开展白图代替蓝图、数字化审图等工作。2015 年 6 月 16 日发布的《关于推进建筑信息模型应用的指导意见》文件中明确了具体推进目标: 到 2020 年末,建筑行业甲级勘察、设计单位以及特级、一级房屋建筑工程施工企业应掌握并实现 BIM 与企业管理系统和其他信息技术的一体化集成应用; 到 2020 年末,以下新立项项目勘察设计、施工、运营维护中,集成应用 BIM 的项目比率达到 90%: 以国有资金投资为主的大中型建筑; 申报绿色建筑的公共建筑和绿色生态示范小区。

2016 年 8 月 23 日发布的《2016—2020 年建筑业信息化发展纲要》中积极推进"互联网 +"和建筑行业的转型升级。尤其在发展目标中重点突出了关于建筑信息化的具体落实计划:"十三五"时期,全面提高建筑业信息化水平,着力增强 BIM、大数据、智能化、移动通信、云计算、物联网等信息技术集成应用能力,建筑业数字化、网络化、智能化取得突破性进展,初步建成一体化行业监管和服务平台,数据资源利用水平和信息服务能力明显提升,形成一批具有较强信息技术创新能力和信息化应用达到国际先进水平的建筑企业及具有关键自主知识产权的建筑业信息技术企业。文件中提出了五大信息技术,其中 BIM 技术位列第一,全文中 BIM 一词的频率最高。同时在主要任务中对于企业信息化要求中再次强调深入研究 BIM,可见住建部对于 BIM 技术推广的力度和决心。

尤其是《关于推进建筑信息模型应用的指导意见》中提到的推进目标，给后面推进 BIM 政策的各省市地区提供了重要的政策制定参考依据。在住建部政策影响下，全国十几个省市地区已经在推进 BIM 技术在本地区的发展与应用。北京、上海、广东、广西、云南、沈阳、黑龙江、湖南、天津、济南、浙江、徐州等12个省市地区陆续出台相关 BIM 技术应用指导意见，全面贯彻落实住建部发布的 BIM 技术指导政策。

1.3.3　轨道交通 BIM 技术应用情况

西方发达国家的城市地铁轻轨建设已渐入沉寂期，BIM 的应用主要体现在改建、运营、维护方面。例如，伦敦地铁斥资7亿英镑进行维多利亚站的升级改造工程，其中运用 BIM 技术进行设计协同和施工管理，使建设单位、设计、施工、供应商四方可以高效协调工作；加拿大多伦多 Spadina 地铁扩建工程中，参建各方基于 Bentley Project Wise 进行3D设计协同；洛杉矶 Westside 地铁延长线工程包括14.48 km 地铁，新建7个地铁站，总投资51亿美元，工程采用 DB 交付模式，建设单位将 BIM 应用条款纳入承包方合约，要求以 BIM 为核心规划管理整个建造过程。

我国 BIM 技术在地上大型建筑项目中的应用如火如荼，但在地铁及地下空间工程方面的应用则处于起步阶段。中国香港与台湾是我国最早将 BIM 技术运用到城市轨道交通项目中去的地区。香港地铁早在2010年已经实现20多座车站的模型化，并且逐步发展成熟了开发商、设计承包商之间的3D协调机制，形成以 BIM 模型为基础并由人力资源管理系统、财务管理系统、预算管理系统、供应管理系统、设备维护管理系统等各个子业务系统支撑的一个信息管理的网络，实现采光、能耗、烟雾、客流和可视化碰撞检测等应用点。

在中国内地，城市轨道交通行业的 BIM 技术应用处于蓬勃发展的阶段。短短几年内，北京、上海、广州、深圳、宁波、武汉、无锡、长沙、南宁、厦门、石家庄、南京、西安、杭州、苏州、沈阳、大连等地的地铁项目中均在一定程度上应用 BIM 技术。目前，大部分城市地铁主要集中于模型的视觉效果展示、管线综合设计等点式应用。同时，部分城市正在探索轨道交通行业装配式施工、场地仿真、装修模拟等新应用。例如：

无锡市地铁1号线落霞路站等三站利用 BIM 技术进行深化设计工作，具体要求为：提供车站建筑模型，利用模型进行管线综合，基本解决管线碰撞问题，并对车站三维综合管线的成果进行展示。

西安市地铁4号线 BIM 试点项目利用 BIM 技术实现了现场施工的车站结构和临时场地布置三维可视化、关键工艺施工仿真、施工作业指导施工现场数据和计划进度管理等。

武汉市地铁2号线建设工程利用 BIM 技术在方案选择阶段对地铁车站客流进行三维动态仿真模拟，在施工阶段利用建设安全预警系统实现地铁工程监测管理与报警和施工风险的预警与控制。

除此之外，随着 BIM 理念的逐步深入，部分城市轨道交通项目的 BIM 技术应用突破点式的基础应用，开始探索 BIM 全生命周期应用目标，通过4D、5D模型模拟施工，合理配置资源，进行约束理论下的进度控制与成本控制，实现了精益建造和运营维护管理，以达到项目全生命周期效益最大化。例如：

北京市地铁在2012年的10号线二期项目中，开始运用 BIM 进行全生命周期的管理。

BIM 应用点主要集中在管线综合出图、碰撞检查、工程量统计、施工模拟、信息管理等。近年来,北京地铁结合京津冀经济发展战略,制定了全面的 BIM 应用规划,将实现全生命周期的管理。上海市地铁从 2011 年开始应用 BIM 技术,如今已经积累了较多的应用经验。城市轨道交通 9 号线延伸线、12 号线、13 号线、14 号线、17 号线等项目都采用了 BIM 技术来辅助项目的设计和施工,应用点包括 3D 设计、性能化分析、管线综合、4D 模拟、5D 算量、动态筹划与资源管理、记录模型以及基于 BIM 的运营维护系统开发等,总体围绕项目全生命周期 BIM 应用的目标。2014 年,上海申通地铁集团有限公司发起建立"上海市轨道交通 BIM 技术联盟",旨在城市轨道交通行业开展 BIM 技术研究、应用、推广等活动,整合上海城市轨道交通行业内有关科研院所、设计咨询机构等创新资源,搭建城市轨道交通 BIM 技术发展平台,构建创新、和谐的城市轨道交通 BIM 技术发展环境,促进城市轨道交通行业信息化发展。

1.3.4 轨道交通 BIM 技术应用难点

1. 实施标准不健全

目前国内各地城市轨道交通工程的应用条件不同,标准并不能通用,缺乏完整的、具有普适性和可操作性的国家标准工程参考。

2. 软件与平台尚不成熟

目前国内外主流商业平台多为资料管理系统,对城市轨道交通工程建设全生命周期的采集、存储及应用缺乏针对性和适用性。

3. 缺少专业人才

城市轨道交通工程 BIM 实施涉及工程技术、项目管理、模型建设、软件开发、数据管理等多方面的专业知识,需要 BIM 建模、应用、开发及管理等多梯度人才相匹配,目前社会的人才体系和人才队伍尚不能满足需要。

4. 管理体系不完善

城市轨道交通工程 BIM 实施并不仅仅是简单的技术问题,由于其改变了传统行业内各专业的工作协同方式,在一定程度上重组了传统的业务流程,使各方的工作关系发生了改变,目前配套的政策及法规体系尚不能满足其需要。

1.4 BIM 发展趋势

随着 BIM 技术的应用不断广泛与深入,目前 BIM 技术还在向以下方向发展:BIM 技术应用已逐渐步入注重应用价值的深度应用阶段,并正向多领域、全生命周期、集成化、管理应用等方向发展。并呈现出与项目管理、云计算、大数据等先进信息技术集成应用的"BIM +"特点。

多领域应用:BIM 技术正在由民用建筑领域向铁路、公路、市政等基础设施领域以及电力、石油石化等工业领域发展。基础设施工程通常是大规模带状工程,这对信息的表达、定位方式以及地理、地质信息上提出了新的要求。工业工程是大型庞杂的系统工程,专业、设备更为复杂,对模型的专业协同配合、规范化设计的要求更高。

全生命周期应用:BIM 技术正在由主要聚焦设计阶段的应用,向规划阶段、施工阶段以及运维管理阶段的应用延伸。规划阶段的选址、环境影响评估,施工阶段的算量、工艺模拟、物料管理,智能放样、三维扫描等,运维阶段的设备台账、道路管养等应用,都是 BIM 技术的重要应用或延伸。

集成化应用:BIM 技术正在由单业务应用向多业务集成应用转变,由单机应用向基于网络的多方协同应用转变。集成化的应用通常以信息模型为中心,通过标准与支撑平台实现参建人员的信息共享和传递。BIM 技术的协同化应用,可以支持项目各种信息的实时处理,强化各工种间的配合,降低设计错误风险,提高整个工程项目的质量和效率,降低成本,惠及工程建设全生命周期的各个阶段。

管理应用:BIM 技术正在由单纯的技术应用向工程与项目管理应用转变。传统以传递二维图纸和说明的项目管理,容易造成信息沟通不及时,设计意图表达不明确,设计成果对于施工、运营、维护和管理的支撑不足等问题。将 BIM 的信息与数据应用于数字化管理的方法,可通过信息共享、资源调配、进度控制、标准化等方式实现,为各级管理部门统揽可视化建设动态、辅助决策、实施调度指挥提供必要的技术手段;对降低成本、提高施工安全、施工质量水平等方面具有重大意义。

第2章　项目概况

近年来BIM技术在建筑工程项目中得到了较为深入地推广与应用。轨道交通项目相比于一般建筑工程项目，项目在前期规划阶段，需要进行线网规划、线路走向、线站位选取等复杂规划；在设计阶段，涉及线路、轨道、建筑、结构、通风空调、给水排水、消防、综合监控、供电、通信、信号、人防等近30多个专业，需确保各专业设计的协调；在施工阶段，其施工场所阴暗，施工布线复杂，专业管线和设备较多，各专业协调量大；在运维阶段，其运营客流量大，乘客对安全、准点的要求高，设备庞大且检修频繁。因此，城市轨道交通项目更加需要BIM技术的支持。

根据BIM技术目前的应用发展现状，未来它可以在轨道交通工程前期、设计、施工、运营等各个阶段中发挥重大作用，尤其是在设计阶段的方案设计、可视化表现、土建及设备各专业协同工作、土建设计及管线综合的自动碰撞检测、施工图设计等诸方面发挥其优势，有利于设计变更后的系统校核、对施工进行深化指导等，可以大大提高轨道交通工程的集成化程度，将设计乃至整个工程的质量和效率显著提高。

本书基于杭州至海宁城际铁路工程项目（以下简称“杭海城铁项目”）进行技术标准、方案设计验证、车站三维模型创建、深化设计、配合施工、协同管理等方面的研究，希望为后期BIM技术在轨道交通工程中全面推广应用奠定技术基础，逐步形成具有轨道交通特点的BIM应用标准体系。

2.1　项目简介

杭州至海宁城际铁路是浙江省都市圈城际铁路网中的一条放射型线路，它从杭州城市轨道交通线网中与已运营的1号线临平支线（远期9号线）衔接换乘后串联了嘉兴海宁市的临杭经济区（许村镇、长安镇）、周王庙镇、盐官镇、斜桥镇及海宁主城区，主要功能是承担杭州与海宁及周边地区间的城际联系功能，也发挥海宁地区内部公交骨干体系功能，是目前不多见的跨不同地级行政区的都市圈市域快速轨道交通项目之一，对海宁市域城镇一体化发展、促进海宁快速融入杭州都市经济圈及长三角城市群具有重要意义。

本工程线路全长48.18 km，设站13座。其中，余杭高铁站至浙大国际校区站（含）段线路长约46.38 km，此段高架线长33.37 km，设站12座，地下站4座，高架站8座，平均站间距约4.15 km；浙大国际校区站（不含）至碧云站段因规划沪乍杭铁路线位尚未确定，暂缓实施，该段长1.8 km，全部采用地下线，设站1座。相比其他常规铁路来说，本工程区间短、车站多，可以充分发挥BIM技术在车站以及管线综合、碰撞检查等方面的优势（图2-1）。

杭州至海宁城际铁路多处与既有交通、市政工程等交错关联，例如下穿杭州地铁1号线、下穿规划京杭运河二通道、上跨沪杭高速公路许衬互通立交、下穿500 kV秦由线等一系列重要交通、输电线路，施工环境极为复杂，引入 BIM 技术协调配合轨道交通与市政工程之间的设计、施工方案模拟，对稳定方案、降低造价、缩短工期起到极大的促进作用。

图 2-1　杭海城铁项目路线图

2.2　项目重点及难点分析

2.2.1　工期紧任务重

杭海城铁项目 2017 年 1 月举行开工仪式，9 月份开始进入全面施工阶段，根据项目计划，预计项目通车时间在 2021 年 6 月。施工时间短、项目难度大，质量要求高，如何运用 BIM 技术在如此紧张的工期中高质量完成项目施工，这对于各参建方都是一大挑战。

2.2.2　交通道路、市政管线综合协调困难

城际铁路项目工程在施工期间往往会涉及大量的行车组织需求的协调，而道路翻交往往会伴随着市政管线的搬迁，在以往的市政管线搬迁过程中，各种市政管线之间的空间位置关系错综复杂，在协调时，只能通过 CAD 平面图来观察管线的平面位置，而空间位置关系却很难直观地反映出来。于是，在以往管线搬迁过程中，易发生管位碰撞、管线搬迁筹划不合理、管线单位进场顺序错误导致后续管线无法搬迁、同一根管线需要搬迁多

次等现象。

将道路翻交与市政管线搬迁相互结合，统一协调部署就变得尤为重要，将两者的各个阶段相互对应，体现时间、空间上的相互关系，能够第一时间判别两者筹划的合理性。避免发生工作面相互交叉、时间上相互矛盾的情况发生，避免因返工造成的工期延误和经济损失，道路管线翻交示意图如图 2-2 所示。

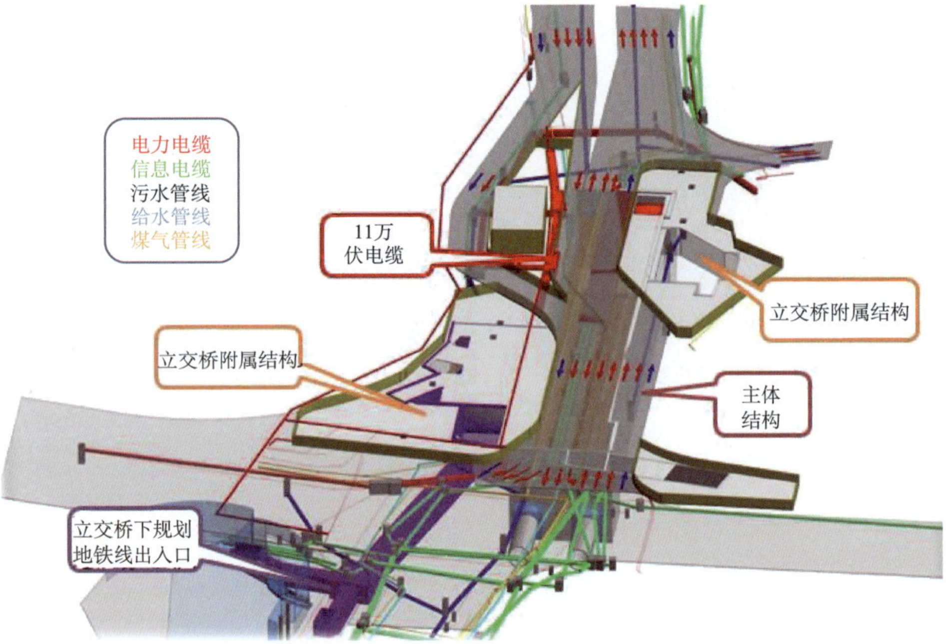

图 2-2　道路管线翻交示意图

2.2.3　BIM 模型与数据在全寿命周期各阶段的传递断层

BIM 工作从施工图设计阶段开始，设计院提供 LOD300 级 BIM 模型，BIM 模型如何有效传递至施工阶段，为施工单位所用，并提供工程设计基础数据。建设单位搭建项目协同管理平台继续采集和丰富施工阶段 BIM 数据信息，并有效传递至运维阶段，为运维阶段工程主体结构养护和运营管理提供数据可视化溯源。在全寿命周期各个阶段，各项业务都有相应的编码体系为主线，实现数据的有效管理，不同阶段不同编码体系的数据如何有效传递和协同共享，工作难度较大。

2.2.4　不同建模软件平台的 BIM 成果数据传递完整性难度大

设计阶段采用 Autodesk Revit、Autodesk Inventor、Tekla、Civil 3D 作为建模软件平台。

设计单位提供的工程 BIM 建模成果依托以上数种不同的软件平台，不同建模软件平台的 BIM 成果如何在同一平台下组装，并将设计阶段信息无损收集于统一的 BIM 数据服务中心，工作难度较大。

2.3 针对重难点采取的措施

2.3.1 采取 BIM 总体技术应用

BIM 技术的出现提供了打破传统城际铁路工程建设质量安全管理模式瓶颈的突破口。BIM 的核心就是利用 3D 建模技术搭建建筑工程项目的三维模型,同时为它添加完整的、实际的工程信息,以这个信息化的三维模型为基础,通过对项目信息的收集、交换、管理、存储和更新,为建设项目生命周期中的不同阶段和不同参与方提供及时、准确、足够的信息,用以支持不同阶段之间、不同项目参与方之间以及不同应用软件之间的信息交流和共享,最终实现项目设计、施工、运营、维护效率和质量的提高,以及工程建设行业持续不断的生产力水平的提高。

采取 BIM 总体技术应用中的 BIM 虚拟建造,在确保管线资料真实、准确的前提下,可以直观反映各类市政管线的空间位置关系,便于进行管线搬迁设计方案的优化、施工方案可行性的判定,以及相关管线搬迁单位进场搬迁顺序的协调和确定,从而检验管线搬迁的方案是否最优,是否存在不必要的多搬、漏搬、误搬的情况。同时在城际铁路 BIM 模型加上不同阶段的场地围挡布置、道路行车走向等模型信息,便可以很好地进行道路翻交阶段化的协调,可以直观地看到道路翻交后是否满足正常的行车需求,对车流会有什么样的影响,是否满足城际铁路建设的场地需求、建设期间相应道路的行车需求等。

2.3.2 采取杭海城际智慧建造管理平台

为杭海城铁项目搭建一个“平台 + 模型 + 数据库”的系统架构,将设计阶段 BIM 模型输出的文件格式进行破译,实现模型与属性数据分离储存,对模型赋予全寿命周期唯一性识别码,将唯一性识别码与属性数据唯一映射。遵从设计、施工和运维各个阶段的数据编码习惯,将施工和运维阶段采集数据与相应阶段编码进行关联,然后只需将各阶段的数据编码体系与上述的全寿命周期唯一性识别码进行映射关系处理,便可实现 BIM 数据在全寿命周期的无损传递和可视化溯源。

杭海城际智慧建造管理平台首先需要做的是对 Autodesk Revit、Autodesk Inventor、Tekla、Civil 3D 等软件输出的文件数据格式进行破译,掌握数据存储格式,做到可读取不遗漏。赋予模型全寿命周期唯一性编码,通过将模型和属性信息进行分离存储,模型和属性信息都和编码唯已映射,并可实现将不同建模软件平台形成的设计 BIM 成果进行统一存储。

第3章　BIM技术实施组织架构

3.1　浙江杭海城际铁路有限公司简介

浙江杭海城际铁路有限公司成立于2017年2月13日，注册资本68亿元，经营范围为城际铁路的建设、投资、开发及运营服务，是省交通集团控股子公司（图3-1）。

杭海城际铁路PPP项目特许经营期为29年，其中建设期4年、运营期25年，工可估算136亿元。项目线路两端地处杭州、海宁主城区，西起余杭高铁站（与已运营的杭州地铁1号线换乘）。作为浙江省首个轨道交通PPP示范项目和省交通集团第一个PPP项目，对创新交通投融资模式、建设低碳高效的节约型社会等具有重要意义，将进一步加快海宁融入杭州都市圈的步伐。

浙江杭海城际铁路有限公司将按照省领导和省交通集团领导的要求，高起点、高标准、高效率，苦干实干、只争朝夕、开拓创新，努力把杭海城铁项目建成示范、引领、安全、优质工程。

未来，浙江杭海城际铁路公司将勇于担当和履行省交通集团轨道交通板块公司的建设任务和相关职能，为省交通集团实现“125”发展目标作出积极贡献。

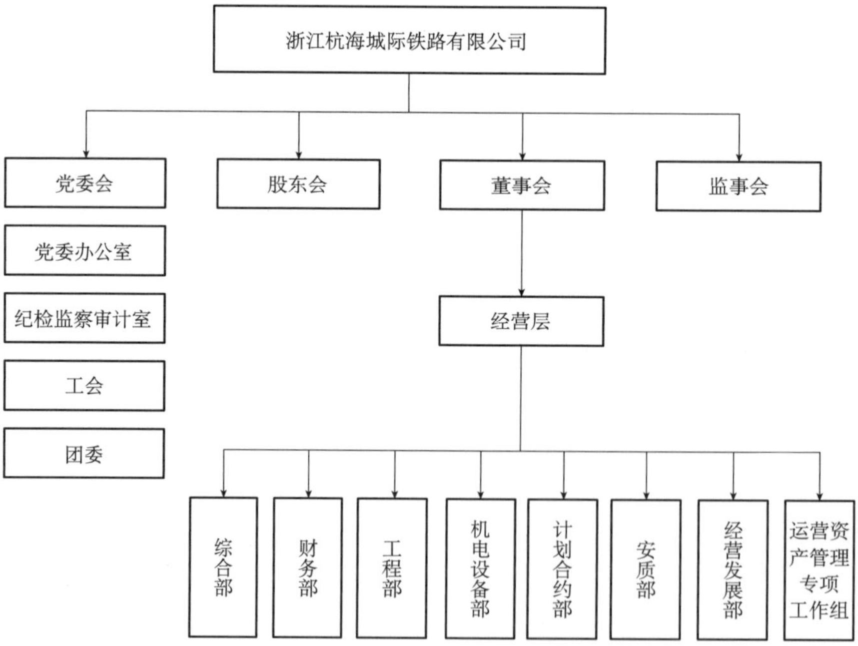

图3-1　杭海城铁公司部门架构图

3.2　BIM 领导小组组织架构

BIM 领导小组由建设单位浙江杭海城际铁路有限公司(以下简称“杭海城铁公司”)、设计总体单位中铁第四勘察设计院集团有限公司(以下简称“铁四院”)和 BIM 总体单位组成(图 3-2)。

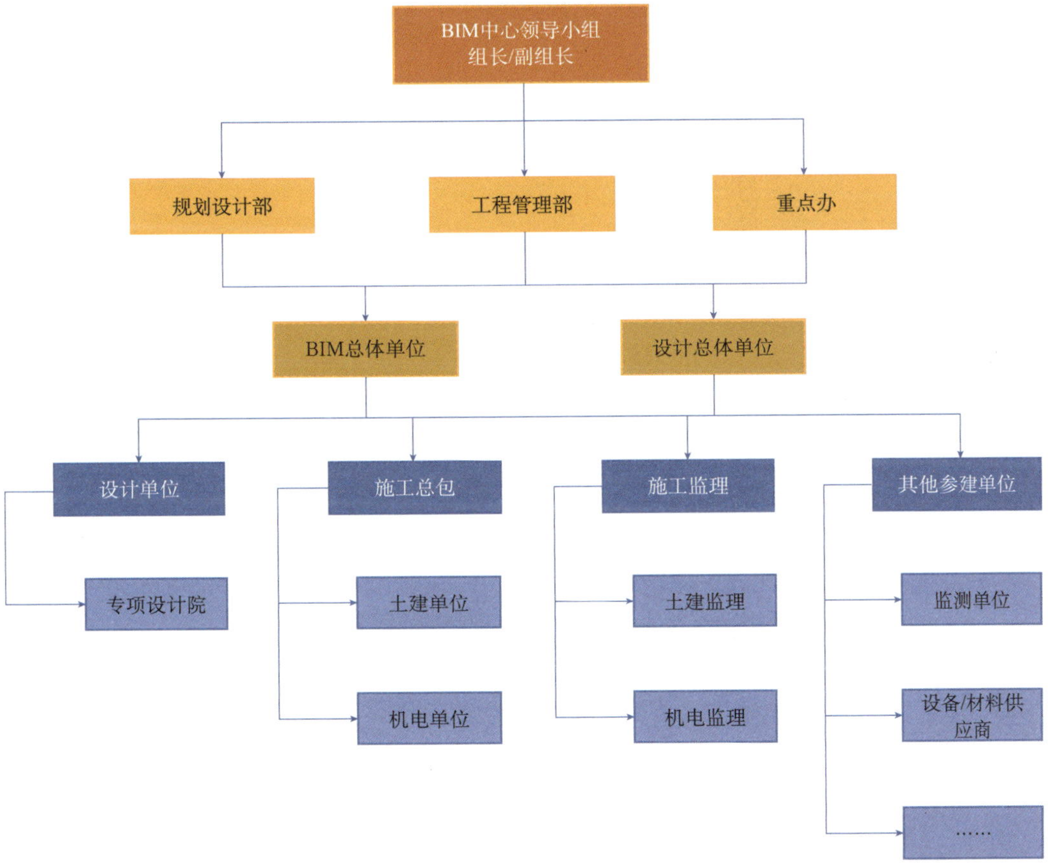

图 3-2　领导小组组织架构示意图

3.3　BIM 总体单位项目组织架构

为充分发挥三维信息模型技术应用价值,实现本工程项目建设期间过程信息化与精细化管理,确保本项目三维信息模型技术(BIM)工作的优质高效完成,计划配备强有力的三维信息模型工作团队进行全过程技术服务。BIM 总体为项目服务建立专门工程项目管理部,负责处理 BIM 技术应用的指挥、组织、协调、沟通和管理工作(图 3-3)。

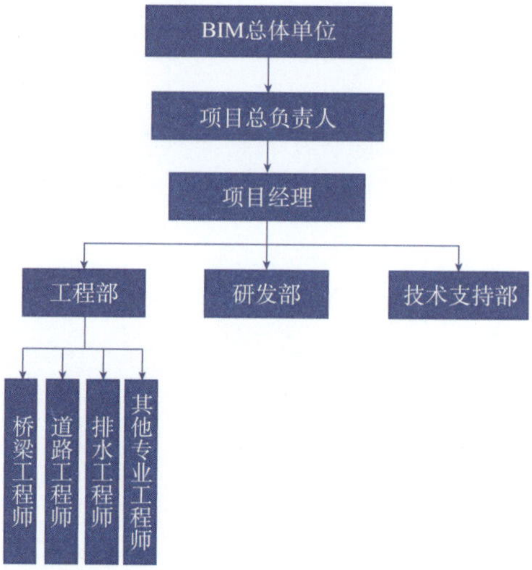

图 3-3　BIM 总体项目组织架构图

3.4　各方职责与义务

3.4.1　建设单位职责义务

(1)对 BIM 服务提出具体要求。

(2)组织协调参建各方应用 BIM 技术。

(3)督促 BIM 总体单位开展 BIM 应用工作及成果提交。

(4)验收制作完成的进度计划,验收进度追踪,制定纠偏措施。

(5)验收质量、安全事件是否处理到位。

(6)验收物料追踪事件。

(7)验收报警事件是否完成消警。

(8)查阅工作汇报(日报、月报、周报),协调处理参建方提出的问题。

3.4.2　BIM 总体单位职责义务

(1)制定杭海城铁项目《总体实施方案》《杭海城际智慧建造管理平台管理办法》《杭海城际项目 BIM 技术应用标准》。

(2)制定 BIM 工作组织架构,监督参建各方严格遵守 BIM 工作流程,协调分项 BIM 实施单位有序工作。

(3)制定 BIM 相关工作计划。

(4)配合建设单位组织各阶段 BIM 成果的验收,提交各阶段 BIM 成果的审核意见,并提交整改意见,协助建设单位进行 BIM 成果归档。平台内置了日报、周报、月报以及相应自定义的表格,建设单位可以自行上传和下载。

(5)培训参建各方应用杭海城际智慧建造管理平台。

(6)根据不同阶段的施工难点,合理选择BIM技术应用点,突出效果,体现价值,比如通过BIM的虚拟建造,呈现道路翻交、市政管线拆改、行车组织需求中的重难点问题,快速协调并进行可行性方案的确定。

(7)配合建设单位组织BIM应用的相关科研工作,形成《基于BIM的杭海城际智慧建造平台》科研成果。

3.4.3　设计单位职责义务

(1)提供各专业出图计划表。

(2)提供BIM模型、BIM提交成果清单列表及CAD图纸,CAD图纸应包括各专业图纸,BIM模型需与图纸保持一致并上传至管理平台。

(3)提供BIM虚拟展示成果。

(4)根据施工过程中合同范围内的设计变更积极配合优化模型。

(5)根据优化后的模型出施工图,施工图纸需与优化后模型保持一致,施工方BIM人员参与会签。

3.4.4　施工单位职责义务

(1)提交施工单位BIM技术实施方案。

(2)校核BIM总体(设计)交付使用的设计模型(图模一致)。同时进行施工BIM模型创建,提出优化方案报告。

(3)根据设计变更和现场实际施工情况更新施工模型,并做好模型更新记录定期提交总体存档。完成建设单位和总体布置的其他相关建模任务。

(4)根据建设单位和总体要求以及现场的实际需求制作必要的工艺模拟(分辨率1 920×1 080,内容包含该工艺施工的主要工序、必要的文字或语音注释)和工筹模拟(分辨率1 920×1 080,内容包含时间轴、工程量、必要的文字或语音注释),包含但不限于:场布模型(包含临时设施和临时措施)、施工组织工筹模拟、施工方案仿真模拟、施工工艺模拟、工程量统计及复核。

(5)施工前提供工程筹划和工程检验批划分计划等资料。

(6)施工过程中提供工程进度信息。

(7)甲供物资清单及供货计划。

(8)使用杭海城际智慧建造管理平台,发起质量安全文明施工事件,处理整改与自身相关的事件;将现场的报检流程通过平台发布,施工单位发起报检事件,监理单位负责处理此类工序报检事件;上传和更新周、月进度计划并与构件关联;上传施工日志并将相关工程资料上传至文档管理,例如设计变更单、会议纪要、检验批材料等;物料追踪;配合总体对接基坑监测系统和全球眼模块;整理平台使用过程中产生的问题和建议,不定期提交总体。

(9)做好BIM成果的整理提交存档,并提供竣工BIM模型,与现场统一、与竣工图纸统一、与设备材料统一,包含运营所需的信息参数。

3.4.5 施工监理单位职责义务

(1)需要掌握基本的 BIM 应用技能与参建各方工作完成情况,应能够使用建模软件浏览、查看模型,掌握各施工单位的模型应用情况。

(2)提供现场签证相关信息。

(3)复核平台模型与现场是否一致。复核施工方制作的进度计划是否符合建设单位方工期要求,复核施工方发起的进度追踪是否与现场一致。

(4)使用杭海城际智慧建造管理平台,对施工现场管理的进度、质量、安全文明施工等事件进行监督记录、上传、最后建设单位方验收完成闭环。

(5)参与物料追踪事件,确保物料质量检测合格后才可用于施工现场。

(6)参与报警事件,确保监测报警及时消警。

(7)填写总监日志。

(8)填写工作汇报(监理月报)。

3.4.6 第三方监测单位职责

(1)设置各工点监测项目、监测对象及其预警值。

(2)按时上传相关监测数据,进行警情管控。

(3)如发现问题,需及时发起报警事件至工程参建方,分析预警原因,参与制定处理措施,同时持续对报警事件进行跟踪直至消警。

(4)将过程监测数据分析后汇总、导出,撰写监测分析报告。

3.4.7 其他参与方职责义务

(1)保障工程重要数据能够接入模型,实现信息协同管理。

(2)甲供设备及材料供应方需提供设备族文件,族文件应包括如下信息:技术维修操作手册、生产厂商、供应商、出厂日期、供应日期、移交时间、设计使用年限、预期使用寿命、保修期。

(3)施工监控单位提供数据接口,保证施工监控信息能够关联到模型;健康监测单位提供数据接口,保证监测数据能够自动、实时的关联到模型。

第 4 章　BIM 技术实施计划目标

杭海城铁项目 BIM 工作分为建模及模型技术应用与基于 BIM 平台的协同管理两条主线，通过模型应用提升工程的建造水平、解决杭海城铁项目建设过程中的难点、减少不必要的工期延误，为实现工程精益建造提供技术支撑；通过杭海城际智慧建造管理平台，用三维模型集成工程全阶段、全业务的数据，达到信息共享、管理协同、提质增效的目的，为实现工程精益管理提供技术支撑。

4.1　BIM 技术应用目标

(1)充分发挥 BIM 模型三维可视化的技术优势，尽量减少工程变更以及不必要的工期延误。

(2)通过三维建造以及虚拟仿真，实现三维空间的漫游，对钢箱梁吊装、道路翻交以及管线搬迁等方案进行对比优化，辅助建设单位筛选方案。

(3)基于 BIM 的工程算量，通过各方统计工程量的对比检查，控制工程成本。

(4)探索先进的 BIM 技术应用模式，努力打造行业内具有特色的 BIM 技术应用案例。

(5)打造交通运输行业全寿命周期 BIM 技术应用示范性标杆工程。

4.2　BIM 平台协同管理目标

(1)发挥 BIM 模型信息集成优势。利用互联网先进技术，集成设计施工管理的数据，实现业务信息集中存储、管理和利用，为质量、安全、进度、造价的协同管理提供支撑。

(2)发挥 BIM 模型数据传递的优势。在工程各参与单位之间，以建设单位为核心，建立良好的信息共享和传输机制，借助网络实现各参与单位(如监理、总包、建设单位)之间的质量、安全信息通信和传输，促进各单位之间的协调和及时沟通，预防一些重大质量事故的发生，为实现工程全寿命周期的管理提供信息支撑。同时通过管理平台，实现进度、成本可视化精细化管理目标。

(3)发挥 BIM 平台各模块可视化、精细化、便捷化、标准化管理的优势，总结和梳理协同管理平台的技术准则，为形成 BIM 工程应用智能提供支撑。

(4)结合本项目的实际情况，针对城市复杂环境中城际铁路工程建设精细化管理进行全面专业的研究总结，形成《城市复杂环境中基于 BIM 的杭海城际智慧建造平台成果》，力争冲击浙江省科技进步奖。

4.3　BIM 技术实施的工作内容

BIM 总体的工作内容主要是推进 BIM 技术在项目的各个阶段参与应用，统筹管理各个

BIM 实施单位展开 BIM 技术应用相关工作，积极配合建设单位做好整个工程的项目管理，主动协调与设计、施工、监理及其他第三方技术服务单位等关系，保证整个项目顺利进行。针对项目的具体情况，在项目初始阶段敲定了一些工作内容，见表 4-1、表 4-2。

表 4-1　BIM 工作内容

工作阶段	工作节点	工作内容	实施依据	交付成果
前期调研阶段	三方协调会	BIM 咨询单位调研设计方、施工总包单位对项目 BIM 应用深度的需求	BIM 应用实施计划	应用需求书
准备阶段	《杭海城际项目智慧建造管理平台管理办法》《杭海城际 BIM 应用标准》《杭海城际项目 BIM 总体实施方案》	针对杭海城铁项目制定相关应用管理办法，形成可复用的标准文件	BIM 应用实施计划	《杭海城际项目智慧建造管理平台管理办法》《杭海城际 BIM 应用标准》《杭海城际项目 BIM 总体实施方案》
设计阶段	施工图 BIM 模型创建	运用 BIM 软件参数化建模	图纸	各专业 BIM 模型、族库
	设计校核	进行空间校核，检查桩基，承台与现状管线及地铁线路之间的间距。生成问题报告	BIM 模型	《设计问题报告》
	BIM 出图	建立 BIM 模型后，对桥梁道路模型整体、上部结构、下部结构等各种模型进行剖切并出具参考图	BIM 模型	BIM 图纸
	项目 3D 漫游展示	BIM 模型导入渲染漫游软件进行项目的展示与汇报	BIM 模型	漫游视频
施工准备阶段	《施工单位 BIM 实施方案》	施工总承办单位、专业分包单位编制各单位的 BIM 实施方案，由总包单位汇总	《杭海城际项目 BIM 总体实施方案》	《施工单位 BIM 实施方案》
	咨询单位编制《参建各方 BIM 实施方案》	BIM 咨询单位编制项目参见各方 BIM 实施细则，明确各方的职责	《杭海城际项目 BIM 总体实施方案》	《参见各方 BIM 实施细则》
	杭海城际智慧建造管理平台的需求调研	BIM 咨询单位调研项目各参与方对 BIM 项目管理平台的需求	《杭海城际项目 BIM 总体实施方案》	《参见各方 BIM 实施细则》
	杭海城际智慧建造管理平台的部署	BIM 咨询单位根据项目实施情况，部署杭海城际智慧建造管理平台在项目中的应用	《杭海城际 BIM 应用标准》	《杭海城际智慧建造管理平台部署方案》
	杭海城际智慧建造管理平台应用培训	对参见各方进行平台各模块应用培训，进行现场管理	《杭海城际项目智慧建造管理平台管理办法》	培训会议纪要
	各施工单位建立施工 BIM 模型	施工单位建立施工 BIM 模型	施工阶段图纸	BIM 施工模型
	BIM 三维设计交底	以 BIM 三维模型为基础进行可视化设计交底	BIM 模型	设计交底签证

续上表

工作阶段	工作节点	工作内容	实施依据	交付成果
施工阶段	施工单位创建分部分项施工 BIM 模型	各施工单位依据设计模型建立施工 BIM 模型	BIM 设计模型	施工 BIM 模型
	施工方案与总体施工组织计划 4D 仿真模拟	运用 BIM 技术对施工方案和施工组织设计进行数字化模拟	施工方案与施工组织设计	施工工筹模拟动画
	重难点施工仿真模拟	运用 BIM 技术对项目重难点进行施工模拟	施工方案	管线搬迁模拟动画、交叉施工模拟动画、交通疏解模拟动画
	施工场地三维布置	利用 BIM 的三维可视化、施工模拟等功能，真实反映出设备与现场的状况，作为管理人员沟通和决策的依据	场地平面布置图，施工组织设计	三维场地布置模型模拟视频
	施工模型深化	随着施工的深入不断深化各专业的施工模型	施工图，设计变更，材料信息	土建、机电、钢筋、市政管线深化模型
	施工模型上传杭海城际智慧建造管理平台	各专业施工模型上传至杭海城际智慧建造管理平台	《杭海城际项目智慧建造管理平台管理办法》	施工模型
	基于杭海城际智慧建造管理平台的进度管理	基于平台进行施工进度管理，包含进度计划、进度追踪、进度统计、进度纠偏	《施工进度计划》	《进度计划报告》、《进度追踪报告》、《进度统计报告》、《进度纠偏报告》。
	基于杭海城际智慧建造管理平台的质量、安全文明施工管理	对施工现场发生的质量、安全、文明施工等事件进行记录、上传，并将相关问题与 BIM 模型中构件相关联，便于及时对现场问题进行处理和整改以及日后对问题的追溯	质量、安全文明施工规定	质量、安全文明施工事件记录报告
	基于杭海城际智慧建造管理平台的物料管理	生成物料追踪二维码信息，打印并附在对应实体构件之上。扫码后显示出预存的构件信息	《杭海城际项目智慧建造管理平台管理办法》	现场设备编号与二维码对应文件
	设计变更管理	施工过程中将设计变更、技术核定单及时反映到平台模型中，对比变更前后模型差异，生成工程量变更清单，为进度计划调整、变更成本核算提供精细、准确的依据	设计变更文件	工程量变更清单
	施工现场监测数据管理	基于平台搭建监测模型，并将监测点与其所监测的实体构建相关联，将监测结果反映到三维模型上，及早发现工程隐患，提前做出处理	工程检测相关规定	监测记录、分析报告
竣工阶段	BIM 竣工模型	施工单位根据完成的工程建立 BIM 竣工模型	工程竣工要求	竣工模型
	施工 BIM 成果汇总	资料收集分析，总结得出汇总报告。有助于后续奖项评定	《杭海城际项目 BIM 总体实施方案》	模型、视频、分析报告
	施工 BIM 实施履约评价	分析各单位 BIM 应用情况	项目合同	《施工 BIM 履约评价报告》

续上表

工作阶段	工作节点	工作内容	实施依据	交付成果
科研阶段	科研	结合本项目的实际情况，针对城际铁路项目工程建设精细化管理进行全面专业的研究总结	项目管理全套资料	《基于 BIM 的杭海城际智慧建造平台》成果

表 4-2　BIM 工作提交计划表

BIM 咨询应用点工作计划				
BIM 咨询应用点	交付成果	交付时间	实施单位	成果检验单位
土建基础建模	模型及相关报告	2018. 03	设计单位、BIM 咨询单位	建设单位
机电基础建模	模型及相关报告	提资后一个月	设计单位、BIM 咨询单位	建设单位
装修基础建模	模型及相关报告	提资后一个月	设计单位、BIM 咨询单位	建设单位
GIS 倾斜摄影	模型	2018. 04	BIM 咨询单位	建设单位
项目 3D 漫游展示	漫游视频	2018. 04	设计单位、BIM 咨询单位	建设单位
4D 施工模拟	工筹模拟动画视频	相关提资后两周	施工总包单位、BIM 咨询单位	建设单位
道路翻交、管线搬迁模拟	管线搬迁模拟动画	相关提资后两周	施工总包单位、BIM 咨询单位	建设单位
重点施工工艺工法模拟（例如地墙）	工艺模拟动画	相关提资后两周	施工总包单位	BIM 咨询单位
施工场地三维仿真模拟	三维场地布置模型及模拟视频	2018. 04	施工总包单位	BIM 咨询单位

第 5 章　BIM 技术实施方案

5.1　实施方案概览

杭海城铁项目 BIM 技术应用硬件平台主要由杭海城铁公司、铁四院、BIM 咨询单位(上海同筑信息科技有限公司)、各施工承包商、工程监理共同出资建设,形成一个贯穿整个工程实施过程的临时网络,总体架构如图 5-1 所示。

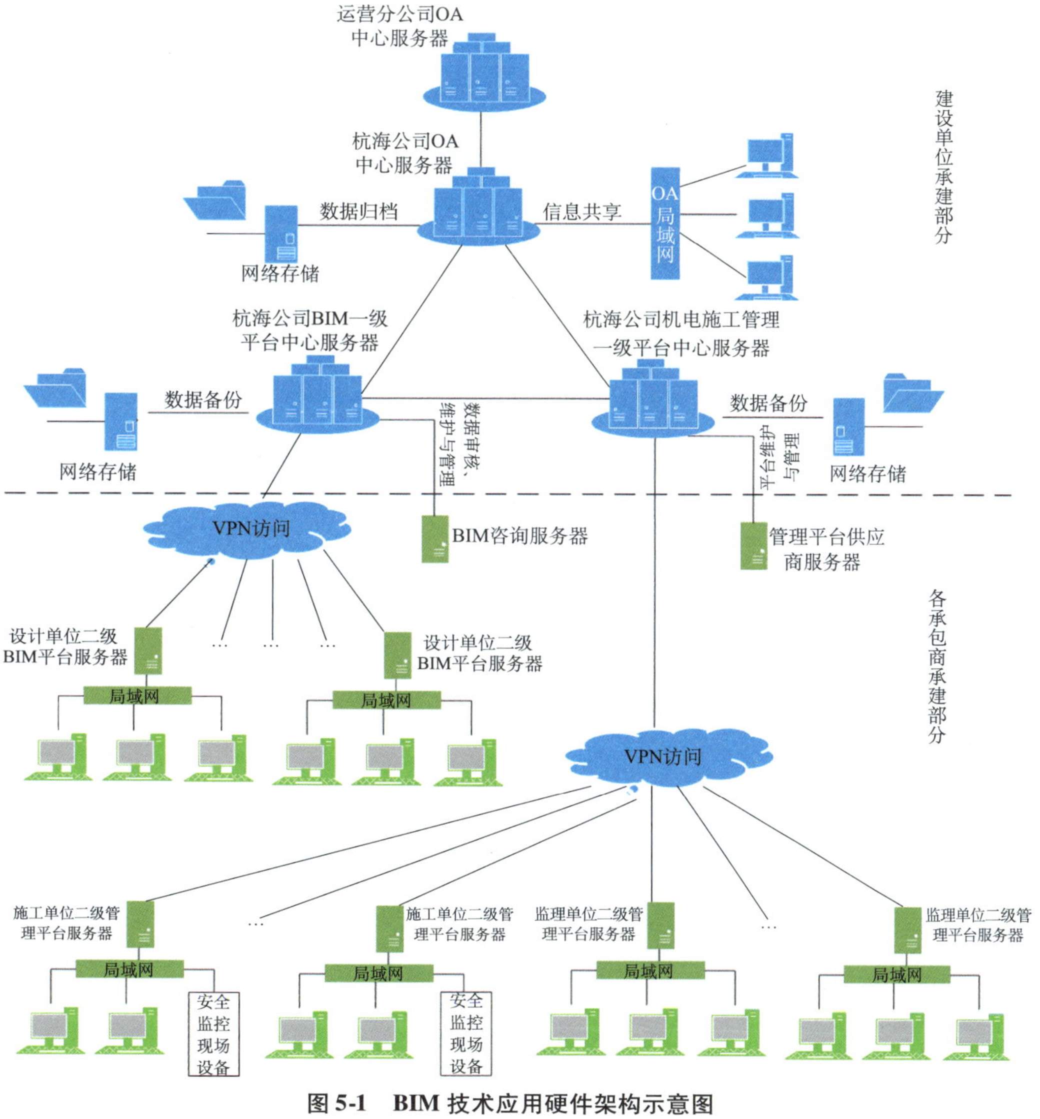

图 5-1　BIM 技术应用硬件架构示意图

BIM 技术应用网络应利用工业现货和本地电信网络资源,由二层网络构成,基于客户/服务器模式,采用 C/S 架构,为 BIM 技术应用协同平台提供硬件支持,同时还可与工程建设管理其他相关系统接口,分享 BIM 信息及数据。

(1)一级平台建设

设计用途的 BIM 一级平台在轨道交通项目设计开始时搭建,主要用于设计阶段各参与方的 BIM 系统工作、设计成果审核、递交及归档。

机电施工管理用途的一级平台在轨道交通项目施工准备阶段搭建,施工承包商、施工监理的 BIM 技术应用通过机电施工管理平台与设计用途的 BIM 一级平台链接,实现 BIM 技术应用的协同与信息及数据共享,完成设计成果的审核、递交及归档。

BIM 技术应用一级平台应与运维平台进行接口,共享施工阶段的 BIM 应用成果及数据,实现数字化竣工移交等功能。

杭海城铁项目 BIM 工作小组从 BIM 一级应用平台获取轻量化 BIM 模型,监督、审核各方形成的 BIM 数据模型及设计成果。

BIM 咨询方通过其设置的 BIM 咨询管理服务器及网络设备,实现对各设计方、施工方(通过杭海智慧建造管理平台)的 BIM 技术应用成果进行管理和技术支持,包括培训、BIM 数据审核、维护与管理、平台维护与管理等。

(2)二级平台建设

BIM 技术应用二级平台,包括设计用途二级平台和施工协同管理二级平台。

设计用途的 BIM 技术应用二级平台在设计招标完成,确定各标段设计承包商(设计咨询)后,根据合同的要求,分别由各设计承包商在 BIM 咨询方的指导下建成,并接入 BIM 技术应用一级平台,在工程施工竣工时,除 BIM 咨询方的二级平台继续保留外,其余由各设计承包商撤除。

施工协同管理二级平台在施工招标结束,确定各标段的施工承包商、施工监理,根据合同的要求,分别由各施工承包商及施工监理在施工协同管理平台供应商的指导下建成。在工程施工竣工时,由各设计承包商撤除。

5.1.1 硬件平台

1. 设计用途硬件平台设备配置

设计用途硬件平台部署及技术参数最低要求分别见表 5-1、表 5-2。

表 5-1 各参与方硬件部署列表

序号	硬件部署	相关参与方			
		建设单位	BIM 咨询	设计承包商	设计咨询
1	核心服务器(一级平台服务器)	●			
2	二级平台服务器		●	●	○
3	网络存储器	●	●	○	○
4	图形工作站	●	●	●	●
5	移动工作站	●	●	●	●

续上表

序　号	硬件部署	相关参与方			
		建设单位	BIM 咨询	设计承包商	设计咨询
6	工作台式机	●	●	●	
7	移动设备	○	●	○	

注:“●”表示必备硬件部署,“○”表示可选硬件部署。

表 5-2　电脑硬件配置

硬　　件	具 体 参 数	
核心服务器（一级平台服务器）	型　号	IBM System x3850 X5(7145I19)
	处理器	CPU 类型:Intel 至强 7500,CPU 型号:Xeon E7520
	主　板	扩展槽:7 展半长 PCI-E
	内　存	DDR3,32 GB(4×8 GB PC3-8500)
	存　储	4 块串行连接的 SCSI(SAS)500 G 硬盘,支持热插拔,RAID 模式:RAID 0,1,5
	网　络	双千兆网卡
	电源性能	热插拔电源 X2,电源电压:220 V,电源功率:1 975 W
二级平台服务器	型　号	IBM System x3850 X5(7145I19)
	处理器	CPU 类型:Intel 至强 7500　　CPU 型号:Xeon E7520
	主　板	扩展槽:7 展半长 PCI-E
	内　存	DDR3,16 GB(4×4 GB PC3-8500)
	存　储	4 块串行连接的 SCSI(SAS)500 G 硬盘,支持热插拔,RAID 模式:RAID 0,1,5
	网　络	双千兆网卡
	电源性能	热插拔电源 X2,电源电压:220 V,电源功率:1 975 W
网络存储器	型　号	DellPowerVault MD1220 SAS Enclosure
	基本系统	PowerVault™ MD1220 磁盘存储盘柜, 2U
	硬　盘	10 块 500 GB　2.5 英寸 7.2K RPM, SAS 硬盘
	控制卡	戴尔™ PERC H800A Raid 控制卡
	电源与电源线	用于 MD12X0 的冗余电源,用于 UPS/PDU 连接的带 IEC C13-C14 插头的电源线
图形工作站	型　号	DELL T7600
	处理器	英特尔®至强®处理器 E5-2650 (8 核, 2.00 GHz Turbo, 20 MB, 8.0 GT/s)
	操作系统	Windows® 7 旗舰版 64 位(简体中文)
	显示器	戴尔™ UltraSharp U2713HM 27 英寸宽屏 LED 背光 IPS 显示器
	内　存	32 GB (4×8 GB) DDR3 RDIMM 内存, 1 600 MHz, ECC
	硬　盘	系统盘:256 G SSD;数据盘:1TB 7200RPM 3.5″ SATA3 硬盘
	光　驱	8X 超薄 DVD-ROM 光驱
	显　卡	显卡: 6 GB NVIDIA Quadro 6000, 双显示器, 2 个 DP 和 1 个 DVI, 戴尔™ Precision R5400/T5500/T7500

续上表

硬　件	具体参数	
移动工作站	型　号	ThinkPad W530(2438A11)
	处理器	第三代英特尔®酷睿™ i7-3720QM 处理器(2.6 睿频至 3.6 GHz)
	操作系统	Windows 7 专业版 64 位
	芯片组	英特尔® QM77 芯片组
	内　存	8 GB/32 GB（标准/最大）,1 600 MHz,PC3-12800 DDR3 内　存
	硬　盘	1TB,SATA,5400 转
	显　卡	双显卡可切换,NVIDIA® Quadro® K2000M,2 GB 独立显存
工作台式机	CPU	Intel 英特尔 Core 酷睿 i7-3770（四核八线程/3.4 GHz/8 MB 三级缓存/HD4000/22nm/77W/LGA1155）中文原盒
	主　板	P8Z77-V LX 主板(Intel Z77 芯片组/LGA1155)
	内　存	DDR3 1600 16 G（8 G×2）台式机内存
	硬　盘	系统盘:256 G SSD;数据盘:1 TB 7200RPM 3.5″ SATA3 硬盘
	显　卡	GTX7605 显卡(GTX760 芯片组/2 048 M/DRR5)
	显示器	Dell 戴尔 UltraSharp U2412M 24 英寸宽屏 LED 背光 IPS 液晶显示器
	光　驱	DVR-220CHV DVD 刻录机
	机　箱	中塔式机箱
	电　源	额定 600 W 台式机电源
	键盘鼠标	Microsoft 微软精巧套装 600 黑色
移动设备	型　号	Apple iPadAir 16 G

注:以上仅为推荐配置。

2. 施工协同管理平台 BIM 技术应用相关设备配置

施工协同管理平台中与 BIM 技术应用相关的硬件部署及最低配置要求见表 5-3、表 5-4。

表 5-3　施工协同管理平台中各参与方 BIM 技术应用相关硬件部署列表

序号	硬件部署	相关参与方			
		建设单位	平台提供方	施工承包商	施工监理
1	核心服务器(一级平台服务器)	●(1 台)			
2	二级平台服务器		●(1 台)	●(1 台/标段)	●(1 台/标段)
3	网络存储器	●(1 套)	●(1 套)	●(1 套/标段)	●(1 套/标段)
4	图形工作站	●(1 台)	●(1 台)	●(2 台/站)	●(1 台/标段)
5	移动个人终端	●(3 台)	○	○	●(3 台/标段)
6	工作台式机	●(1 台)	●(1 台)	●(1 台/站)	●(1 台/标段)
7	移动工作站	○	○	○	○

注:表中“●”表示必备硬件部署,“○”表示可选硬件部署。

表 5-4　电脑硬件配置

硬　　件	具体参数	
核心服务器(一、二级平台服务器)	CPU 类型	智能英特尔至强 E3-1230
	内　存	16 GB(4 ×4 GB) DDR3 2 100 MHz SDRAM 内存
	显　卡	4 GB 独立显存,可支持 3 台显示器同时显示
	USB 接口	不低于 6 个 USB 3.0
	标准声卡	集成
	硬　盘	512 G　SSD 固态硬盘及 4TB 机械硬盘
	网　卡	10/100/1 000 M 以太网卡
	屏幕大小	27′16:9 LED 背光显示器 ×3
	光　驱	蓝光光驱(可刻录)
	键　盘	USB 防水键盘
	鼠　标	USB 光电鼠标
	操作系统	WIN2008 SERVER 操作系统
网络存储器	型　号	DellPowerVault MD1220 SAS Enclosure
	基本系统	PowerVault™ MD1220 磁盘存储盘柜, 2U
	硬　盘	10 块 500 GB　2.5 英寸 7.2K RPM, SAS 硬盘
	控制卡	戴尔™ PERC H800A Raid 控制卡
	电源与电源线	用于 MD12X0 的冗余电源,用于 UPS/PDU 连接的带 IEC C13-C14 插头的电源线
图形工作站	CPU 类型	智能英特尔 酷睿 i7-3770 处理器
	内　存	16 GB(4 ×4 GB)DDR3 2 100 MHz SDRAM 内存
	显　卡	2 GB 独立显存,可支持 2 台显示器同时显示
	USB 接口	不低于 6 个 USB 3.0
	标准声卡	集成
	硬　盘	256 G SSD 固态硬盘及 1TB 机械硬盘
	网　卡	10/100/1 000 M 以太网卡
	屏幕大小	23′16:9　LED 背光显示器
	光　驱	蓝光光驱(可刻录)
	网络连接	应具备 WIFI 无线上网和蓝牙功能
	键　盘	USB 防水键盘
	鼠　标	USB 光电鼠标
	操作系统	WIN8.1 操作系统
移动工作站	型　号	ThinkPad W530(2438A11)
	处理器	第三代英特尔®酷睿™ i7-3720QM 处理器(2.6 睿频至 3.6 GHz)
	操作系统	Windows 7 专业版 64 位
	芯片组	英特尔® QM77 芯片组
	内　存	8 GB/32 GB (标准/最大),1 600 MHz,PC3-12800 DDR3 内存
	硬　盘	1TB,SATA,5400 转
	显　卡	双显卡可切换,NVIDIA® Quadro® K2000M,2 GB 独立显存

续上表

硬　　件	具体参数	
工作台式机	CPU	Intel 英特尔 Core 酷睿 i7-3770 （四核八线程/3.4 GHz/8 MB 三级缓存/HD4000/22nm/77W/LGA1155）中文原盒
	主　板	P8Z77-V LX 主板（Intel Z77 芯片组/LGA1155）
	内　存	DDR3 1600 16 G（8 G×2）台式机内存
	硬　盘	系统盘：256 G SSD；数据盘：1 TB 7200RPM 3.5″ SATA3 硬盘
	显　卡	GTX7605 显卡（GTX760 芯片组/2048M/DRR5）
	显示器	Dell 戴尔 UltraSharp U2412M 24 英寸宽屏 LED 背光 IPS 液晶显示器
	光　驱	DVR-220CHV DVD 刻录机
	机　箱	中塔式机箱
	电　源	额定 600 W 台式机电源
	键盘鼠标	Microsoft 微软精巧套装 600 黑色
移动个人终端	系　统	WIN8、安卓 4.4.3、IOS7
	CPU	四核 CPU、主频不小于 2.0 GHz
	运行内存	2 GB
	存储空间	32 GB
	屏　幕	9.7 英寸，屏幕分辨率：2 048 × 1 536，屏幕描述：电容式触摸屏，多点式触摸屏，指取设备：触摸屏
	网络连接	具备 WiFi 无线上网功能和 4 G（向下兼容 3 G）网络功能，支持 802.11b/g/n 无线协议
	电　池	电池类型：聚合物锂电池，续航时间：默认不小于 8 h

5.1.2　软件平台

BIM 技术应用软件平台是基于标准软件，通过市场渠道直接购买后组网搭建的协同平台，在 BIM 技术应用平台软件包括基本操作软件系统、办公支持软件、BIM 技术应用相关软件等。

基本操作软件系统随硬件一并采购，办公支持软件由各参与方根据所购硬件功能及作用在市场上直接购买标准软件。BIM 技术应用软件应根据表 5-5 软件部署要求，选择配置，在市场上购买标准软件。

表 5-5　应用软件配置

序号	软件列表	相关参与方						
		建设单位	BIM 咨询	设计承包商	施工承包商	设计咨询	施工监理	施工管理平台提供方
1	Autodesk BuildingDesignSuite 2016	●	●	●	●			
2	Autodesk RevitServer 2016							●

续上表

序号	软件列表	相关参与方						
		建设单位	BIM 咨询	设计承包商	施工承包商	设计咨询	施工监理	施工管理平台提供方
3	Autodesk Revit 2016							●
4	Autodesk AutoCAD 2016					●	●	
5	Autodesk NavisworksManage 2016					●	●	

注：表中"●"表示选用标准软件。

5.1.3　管理平台

杭海城铁项目施工阶段 BIM 技术应用管理平台由以下几个部分构成，包括：管理机构及管理人员、作业流程、管理办法、BIM 模型设计及交付标准。

1. 管理机构、分工与协作关系

BIM 技术应用管理机构在杭海城铁公司的主导下，由工程建设参与方共同组建，分工协作，共同推进 BIM 技术在杭海城铁项目施工阶段内的应用，管理机构的总体架构如图 5-2 所示。

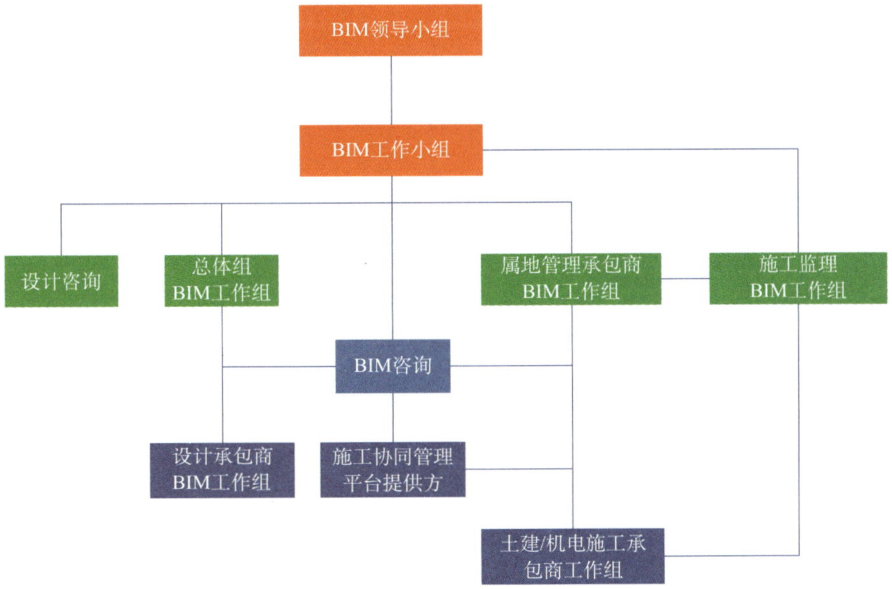

图 5-2　BIM 管理机构总示意图

在杭海城铁公司内部成立由总工程师任组长的 BIM 技术应用领导小组，成员应包含土建及机电与 BIM 技术应用相关的副总工、设计管理部门、机电系统设备建设管理部门、运营部门的部门负责人，BIM 技术领导小组的职责主要为督促、检查、考核集团公司 BIM 技术应用工作小组的工作情况，对 BIM 技术应用重大问题进行决策。

杭海城铁公司 BIM 工作小组：专职于 BIM 技术在杭海城铁项目施工阶段内应用的系统

管理和持续推进工作，BIM 工作小组负责人来自杭海城铁公司设计管理部门，小组成员从杭海各业务部门抽调，组成固定的 BIM 工作小组，明确 BIM 技术应用需求，组织、协调、监督各参与方的 BIM 技术应用情况，并负责 BIM 应用成果的收集、整理和归档。

设计咨询：在杭海城铁公司 BIM 工作小组的领导下，按照咨询合同的相关规定，研究落实杭海城铁公司 BIM 技术应用需求，对设计承包商提交的 BIM 设计成果（包括中间成果）进行审核，提供咨询意见。

总体组 BIM 工作组：根据总体总包合同的规定，设置 BIM 工作组，专职于设计阶段的 BIM 技术应用管理工作，负责组织、协调和监督各设计承包商的 BIM 技术在设计中的应用情况。

BIM 咨询单位：按照合同规定，为杭海城铁项目 BIM 技术在施工阶段的应用提供技术支持服务，协助杭海城铁公司搭建杭海智慧建造管理平台（含标准族库模型）及制定相应的标准，协助总体总包组在设计阶段的 BIM 技术应用管理，协助施工监理、属地管理承包商在施工阶段的 BIM 技术应用管理，审核 BIM 设计成果，收集、整理、固化 BIM 技术应用成果，为各参与方提供 BIM 技术平台、操作软件的培训及成果提交与验收等。

属地管理承包商 BIM 工作小组：按照合同的规定，负责其属地管理范围内各施工承包商在施工设计阶段的 BIM 技术应用的组织、协调与监督。

施工监理 BIM 工作小组：按照合同的规定，审核其分管项目施工承包商提交 BIM 技术应用成果，并提供相应的审核意见。

机电设备系统施工承包商 BIM 工作小组：使用和完善设计 BIM 模型，并完成 BIM 模型的施工深化设计，按照合同的要求，在规定的 BIM 技术应用点应用 BIM 技术，并向杭海城际铁路有限公司提供 BIM 设计成果。

机电施工管理平台提供方：协助杭海城铁公司搭建施工阶段的 BIM 技术应用协同平台，提供相关的技术支持。

2. 作业流程

杭海城铁公司 BIM 小组在 BIM 技术应用开展前，应协调各方，基于不同的 BIM 技术应用点制订相应的作业流程，这些流程包括但不限于 BIM 技术应用流程、三维建模作业流程、三维模型审核流程、三维模型交付流程。详细的作业流程，参见第 5 章内容的介绍。

3. 管理办法

BIM 小组应结合杭海城铁项目 BIM 技术应用情况，制定严格的 BIM 技术应用管理办法，明确内容及范围、组织架构、计划管理、质量控制、工作协调、沟通及汇报、评估与考核。

4. BIM 模型设计及交付标准

BIM 模型设计及交付标准由 BIM 咨询方结合杭海城际铁路建设及运营需求制定，通过杭海城铁公司聘请的专家评审后发布实施，用于统一各参与方的 BIM 模型应用及 BIM 成果交付行为。

通过标准的制定，能保证各参与方的 BIM 模型的统一性，保证各阶段 BIM 模型信息的兼容性和继承性，保证各阶段 BIM 技术应用作业衔接紧密，减少不同阶段 BIM 技术应用的重复作业。

BIM 应用模型设计及交付标准应包含：确定 BIM 模型的建模范围及设计深度；根据模

型用途,设计模型的类型、归集及作用域;根据模型的类型设计模型的属性(几何信息和非几何信息);根据工程实施阶段,确定模型信息完善度。

5.1.4　工作内容

BIM 技术在轨道交通工程中应用的主要工作内容包括但不限于:

(1)BIM 技术应用的策划与规划。

(2)BIM 技术应用平台的设计、搭建与操作。

(3)三维模型设计协同。

(4)三维模型设计作业的组织、协调与管理。

(5)三维设计成果审查、固化、应用与维护。

(6)BIM 技术应用效果验证、评估与考核等。

5.2　BIM 技术实施方案

5.2.1　建筑结构模型建立及设计协调

本工作内容的分项目标为:根据最新版本的图纸和资料,结合施工单位现场实际施工数据,建立三维 BIM 基础模型如车站、区间隧道等主体建筑结构和车站附属。对建模过程中发现由设计或施工导致的违规、不合理等问题提交具有指导意义的建模检查报告,配合建设单位进行整改,并及时同步更新相应 BIM 模型。

1. BIM 主要工作流程

BIM 建筑结构模型建立及设计协调主要工作流程如图 5-3 所示。

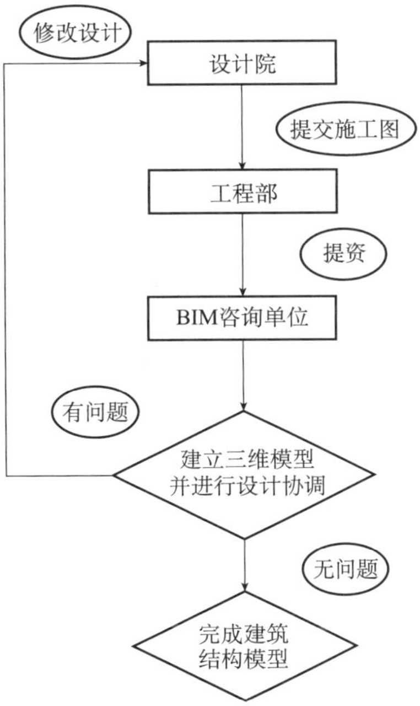

图 5-3　土建模型建立流程图

2. BIM 工作重点

(1)各类建筑门、楼梯构件与结构体之间的安装空间错位、不足。

(2)管井连贯性问题(错位)。

(3)电梯井道与结构冲突。

(4)预留预埋错位、遗漏。

3. BIM 工作实施主要内容及成果

(1)BIM 建模,根据确认图纸建立对应版本模型。

(2)碰撞检查,并以报告形式出具碰撞报告。

(3)空间分析,并以报告形式出具空间分析报告。

(4)辅助出图,基于 BIM 模型的优化方案,利用可视化三维技术,辅助设计院优化图纸。完成后的分析报告成果见表 5-6。

表 5-6　土建模型分析报告

问题 3	
BIM 结构模型 + 建筑	CAD 结构图纸
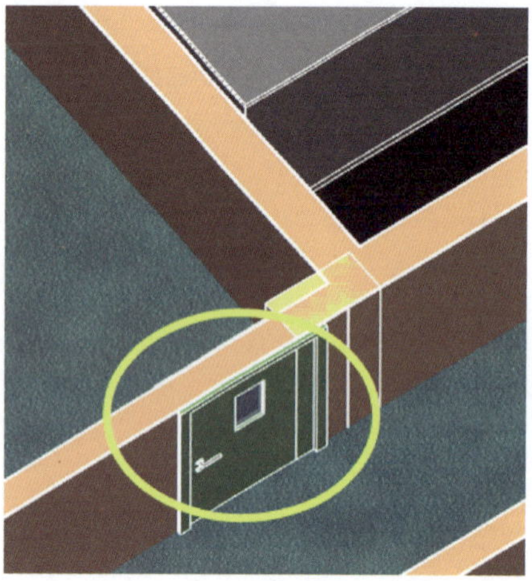	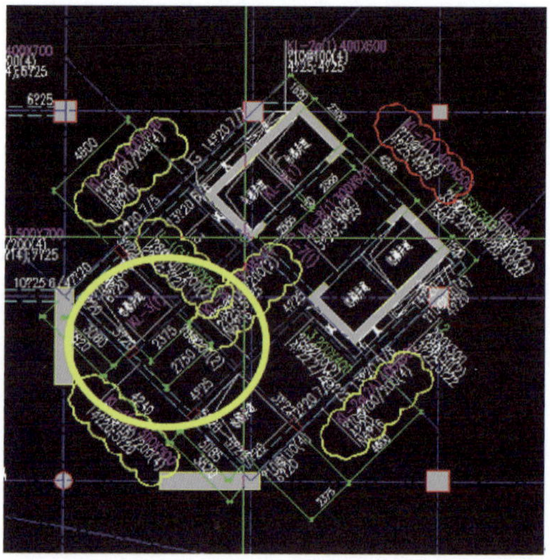
位置	地下三层 3C. D 轴交 3C. 2
描述	地下三层新添立柱与原建筑门冲突
解决方案	修改门的位置

完成后的建筑结构模型成果如图 5-4 所示。

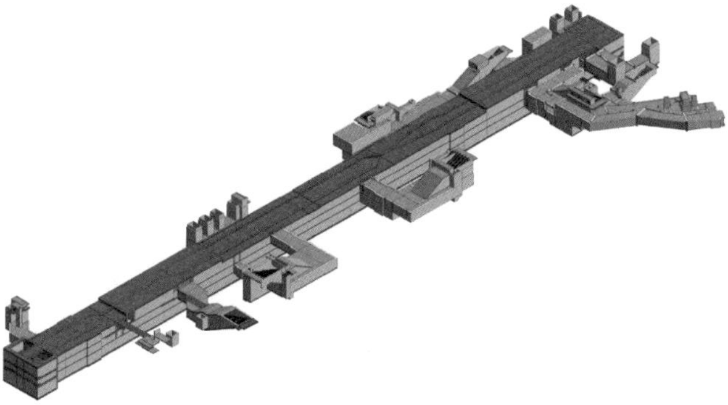

图 5-4　土建模型完成效果

5.2.2　机电设备模型建立及设计协调

本工作内容的分项目标为:根据设计单位提交的施工图纸和资料,结合提供的各类机电设备系统(含综合管线及支吊架)设计信息、产品参数,分专业进行机电设备系统 BIM 模型建立,并进行相关设计协调及时同步更新相应模型。

1. BIM 主要工作流程

BIM 机电模型建立及设计协调主要工作流程如图 5-5 所示。

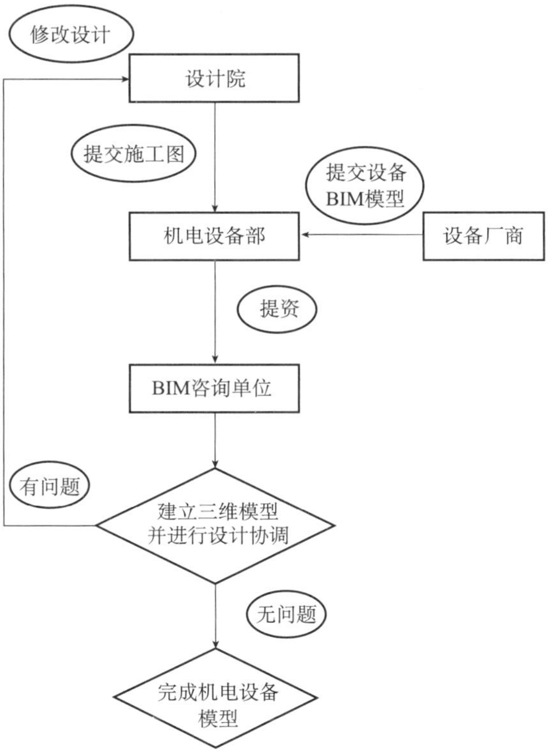

图 5-5　机电模型建立流程图

2. BIM 工作重点

(1)机电管线之间的冲突问题。

(2)机电大型设备吊装问题。

(3)管线设备维修空间不足问题。

(4)净高不足问题。

3. BIM 工作实施主要内容及成果

(1)BIM 建模,根据确认图纸建立对应版本模型。

(2)碰撞检查,并以报告形式出具碰撞报告。

(3)空间分析,并以报告形式出具空间分析报告。

(4)辅助出图,基于 BIM 模型的优化方案,利用可视化三维技术,辅助设计院优化图纸。完成后的分析报告成果见表 5-7。

表 5-7　机电模型分析报告

<table>
<tr><td colspan="2">碰撞 5</td></tr>
<tr><td>BIM 模型(修改前)</td><td>BIM 模型(修改后)</td></tr>
<tr><td>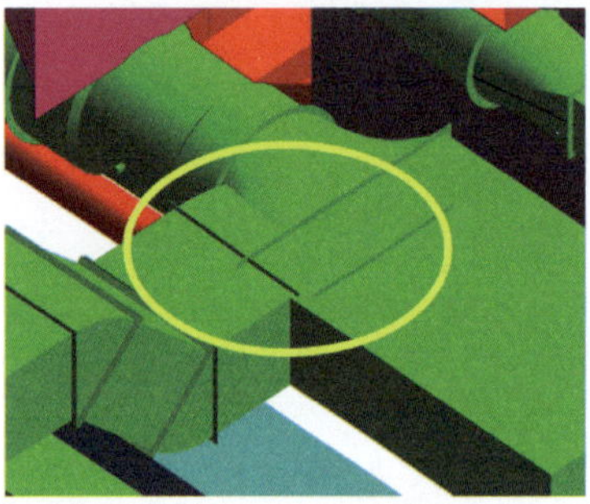</td><td></td></tr>
<tr><td>位置</td><td>站厅层:22-23 轴间与 B 轴交点上方</td></tr>
<tr><td>解决方案</td><td>将送风管标高局部变为 2.5 m</td></tr>
</table>

完成后的机电模型成果如图 5-6 所示。

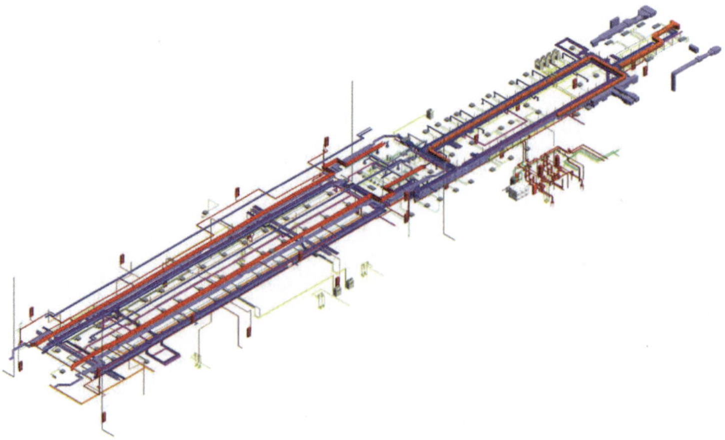

图 5-6　机电模型完成效果

5.2.3　装修模型建立及装修设计协调

本工作内容的分项目标为：根据装修设计单位提交的装修设计资料，并结合提供的应用于工程的各类装修设施、设备产品信息、参数，分阶段建立 BIM 应用车站的装修方案 BIM 模型、装修施工图 BIM 模型，由总工办组织装修方案 BIM 模型的建立，由机电设备部组织装修施工图 BIM 模型的建立，并进行相关设计协调及时同步更新相应模型。

1. BIM 主要工作流程

BIM 装修模型建立及装修设计协调主要工作流程如图 5-7 所示。

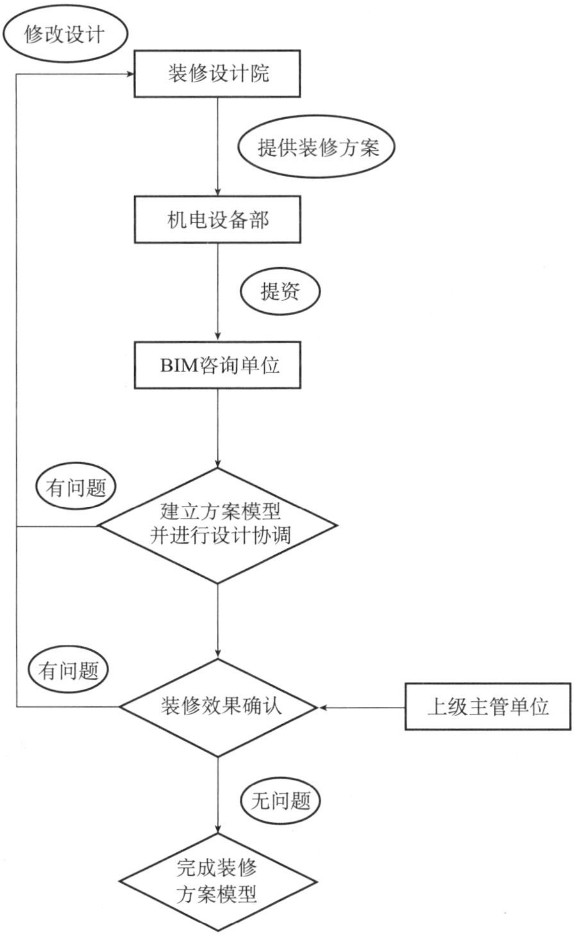

图 5-7　装修模型建立流程图

2. BIM 工作重点

(1)墙面、地面的分缝问题及安装面板等冲突。

(2)喷淋、风口、灯具、吊顶造型之间的冲突问题。

(3)固定设备间冲突问题，如广告牌阻挡监控设备。

(4)装修方案效果问题。

(5)净高不足问题。

3. BIM 工作实施主要内容及成果

(1)BIM 建模,根据确认图纸建立对应版本模型。

(2)碰撞检查,并以报告形式出具碰撞报告。

(3)空间分析,并以报告形式出具空间分析报告。

(4)辅助出图,基于 BIM 模型的优化方案,利用可视化三维技术,辅助设计院优化图纸。

(5)动态模拟漫游,利用可视化三维技术,辅助展示装修方案效果,完成后的分析报告成果如图 5-8 所示。

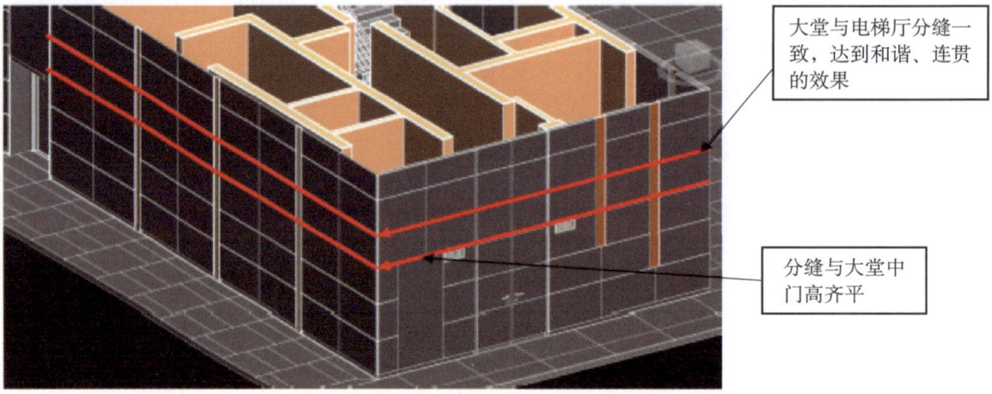

图 5-8　装修模型分析报告

完成后的装修模型成果如图 5-9 所示。

图 5-9　装修模型完成效果图

5.2.4　多系统综合与协调

本工作内容的分项目标为:基于 BIM 应用车站建筑、结构、机电设备(含综合管线)、通信信号、装修、导向等多个单专业三维 BIM 基础模型,建立多专业的综合性 BIM 模型,进行设计“错、漏、碰、缺”综合性检查与设计协调,开展建筑净空检查、碰撞检查、消防疏散检查、无障碍通道检查、设备通道检查、装修效果模拟、环境漫游等应用，出具相关检查报告并配合设计单位进行优化设计，最后建立无设计“错、漏、碰、缺”的专业完整的综合性 BIM 模型。多系统综合与协调需要由总工办组织完成。

1. BIM 主要工作流程

BIM 多系统综合与协调主要工作流程图如图 5-10 所示。

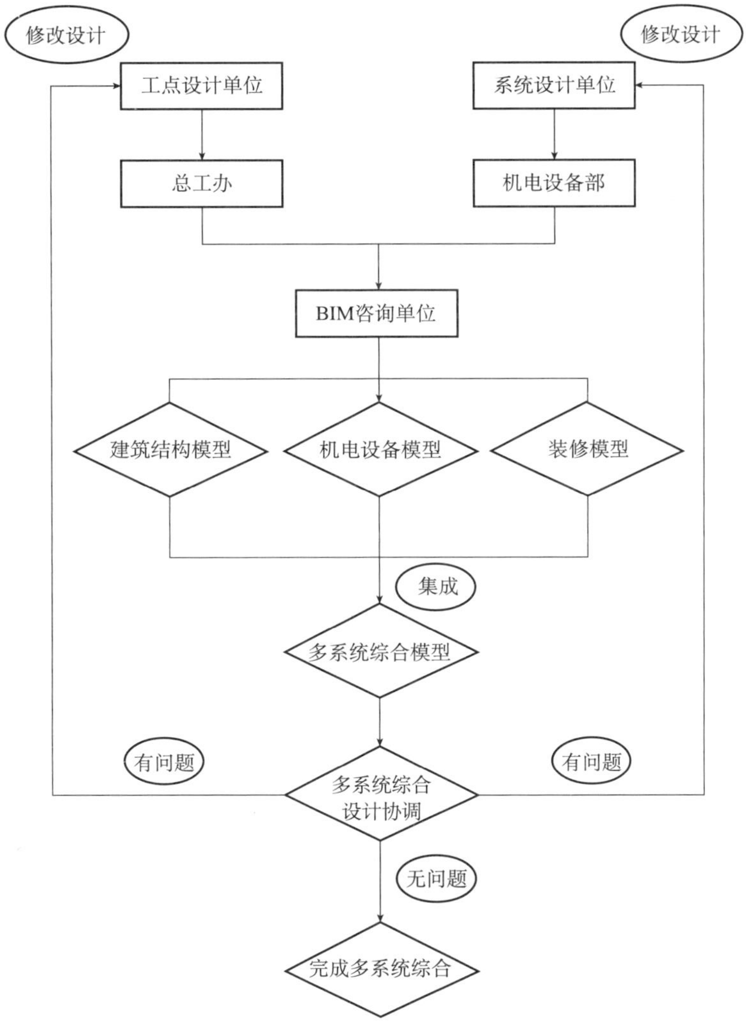

图 5-10　设计协调流程图

2. BIM 工作重点

(1)机电管线与土建碰撞问题。

(2)吊顶造型、龙骨与原土建及机电模型的碰撞问题。

(3)管线综合排布问题。

(4)管线穿越土建结构预留洞问题。

(5)净高不足问题。

(6)使用性能分析,如消防疏散检查、无障碍通道检查、设备通道检查。

3. BIM 工作实施主要内容及成果

(1)将各专业深化模型进行优化整合。

(2)碰撞检查,并以报告形式出具碰撞报告。

(3)空间分析,并以报告形式出具空间分析报告。

(4)BIM 管线综合深化设计。

(5)辅助出图,基于 BIM 模型的优化方案,利用可视化三维技术,辅助设计院优化图纸。

(6)动态模拟漫游,利用可视化三维技术,辅助校验交通流线。

完成后的分析报告成果如图 5-11、图 5-12 所示。

描述	卫生间排风管原管底标高为 3 080 mm,与天花灯槽及桶灯相撞,无法满足 3 000 mm 标高要求
优化	考虑污水管等管道坡度后,将排风管上抬至管底标高为 3 130 mm,同时,避开筒灯位置,使其满足 3 000 mm 天花标高要求
优化后三维	

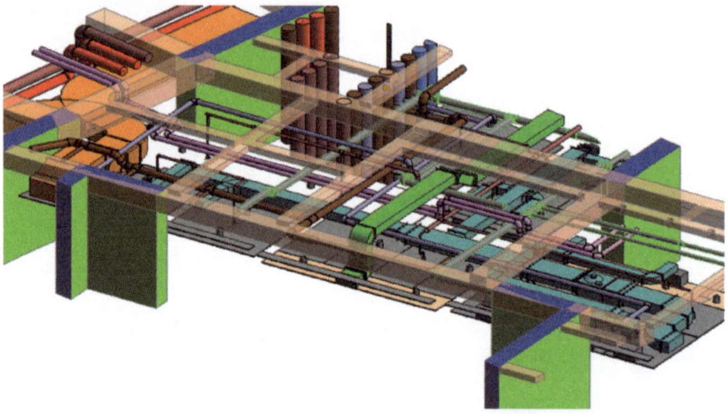

图 5-11　管综设计分析报告

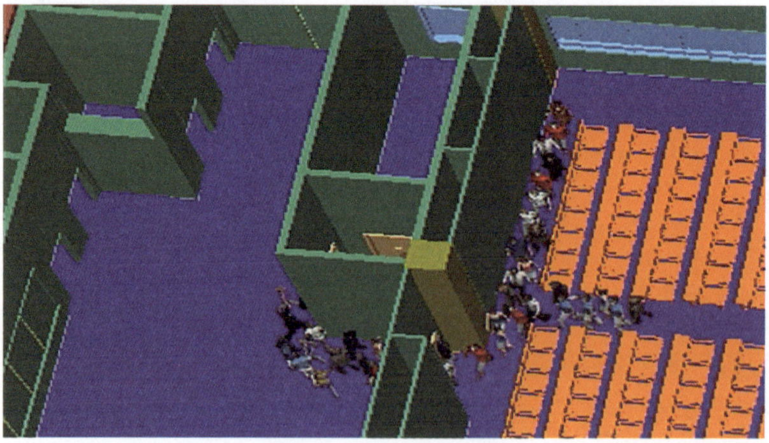

图 5-12　人员疏散模拟

完成后的多系统综合模型成果如图 5-13 所示。

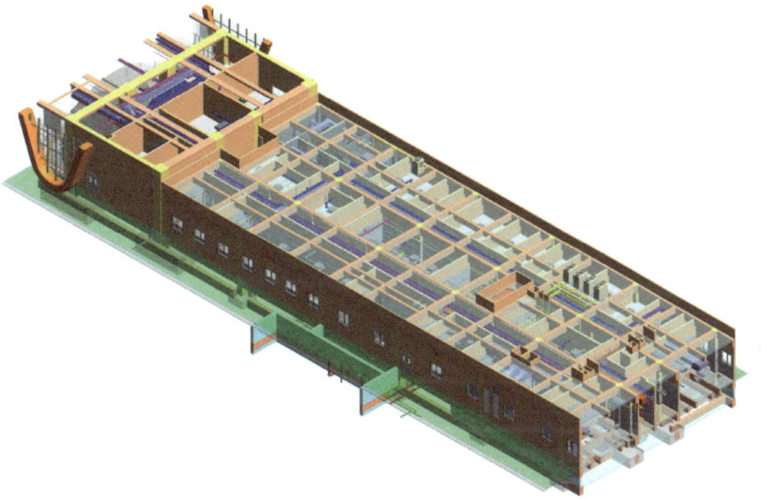

图 5-13　土建—装修—机电模型完成效果

5.2.5　出具多系统综合协调成果图纸

本工作内容的分项目标为：根据 BIM 多系统综合协调成果，在机电施工之前、装修施工之前，按建设单位要求出具包括且不限于如下的相关成果图纸，如机电单专业 BIM 图纸、建筑留洞 BIM 图纸、综合管线 BIM 图纸、装饰装修 BIM 图纸等。

出具管线综合剖面成果如图 5-14 所示。

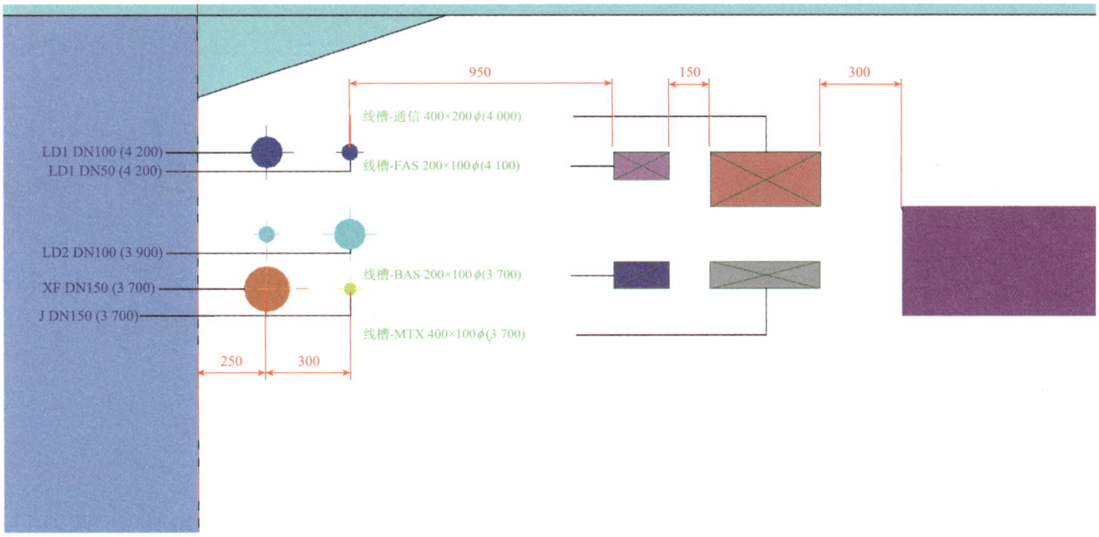

图 5-14　管综深化设计剖面出图(单位：mm)

出具结构预留洞成果如图 5-15 所示。

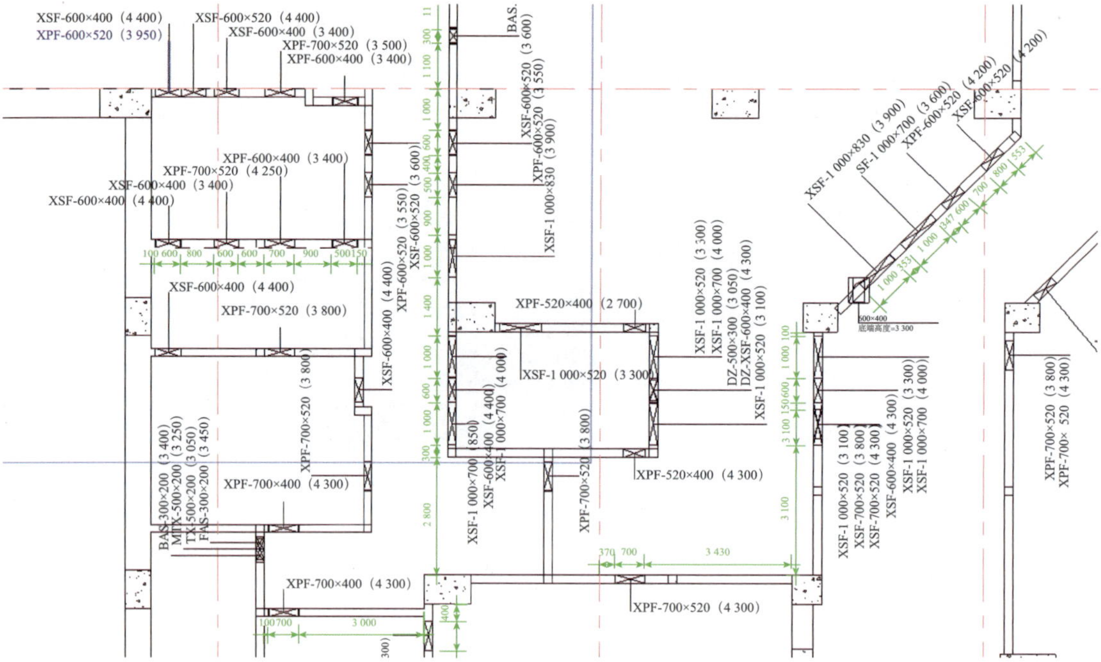

图 5-15　管综深化设计预留孔洞出图(单位:mm)

出具管线综合图纸如图 5-16 所示。

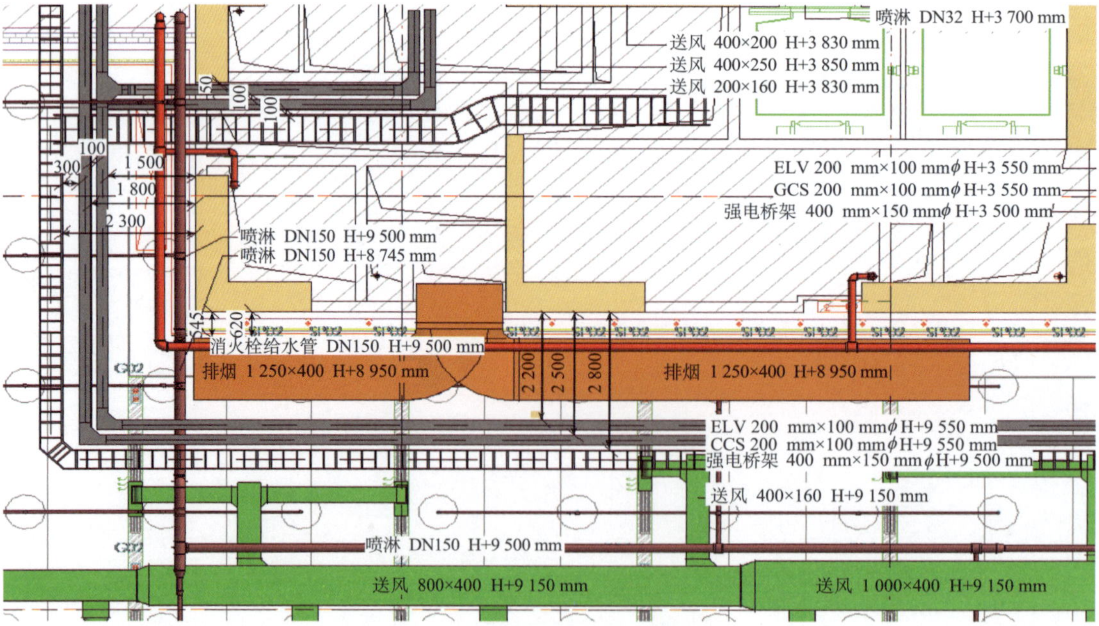

图 5-16　管综深化设计平面图

出具管线净高分析报告成果如图 5-17 所示。

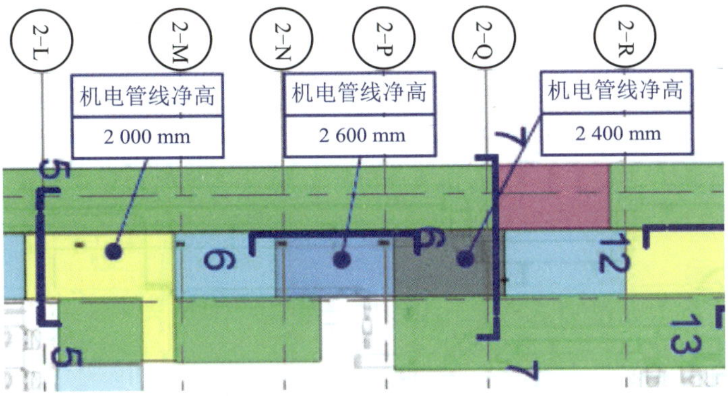

图 5-17　净高分析报告

5.2.6　竣工 BIM 模型归档

本工作内容的分项目标为：根据工程竣工资料，将 BIM 模型中构件或者设备与相关电子文档关联，形成竣工 BIM 模型电子数据库，建立 BIM 应用车站的竣工 BIM 模型并进行信息化归档，完成全线竣工 BIM 模型并通过虚拟验收。由工程部、机电设备部联合组织完成。

1. BIM 主要工作流程

竣工 BIM 模型归档主要工作流程图如图 5-18 所示。

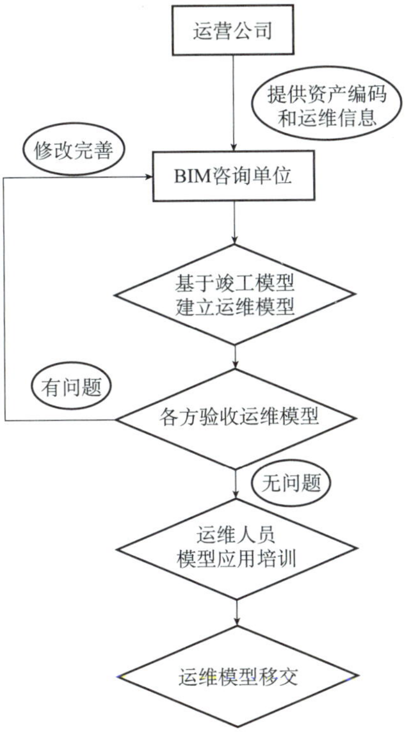

图 5-18　竣工模型建立流程图

2. BIM 工作重点

(1)设备与材料管理。在施工作业模型中添加完善构件信息、进度信息、设备和材料采购信息。

(2)依据工程进度实施输入变更信息。包含工程设计变更,施工进度变更。

(3)将 BIM 模型与现场实景对比,更新 BIM 模型。

(4)竣工验收资料添加,包含单不限于:现场核定单、监测信息、材料检验报告、设施设备等监测报告、各分项验收报告及其他施工过程控制相关信息等。

3. BIM 工作实施主要内容及成果

(1)竣工模型:确保模型与施工现场一致,搜集设施设备各类属性信息,将运维所需信息录入 BIM 模型,最后对模型数据的准确性进行校对,满足相关要求后交付项目公司。

(2)竣工验收资料:与竣工模型关联,导出所有设施设备清单。

竣工 BIM 模型成果如图 5-19 所示。

图 5-19　现场与竣工模型对比图

5.2.7　运维 BIM 模型移交

本工作内容的分项目标为:基于归档后的竣工 BIM 模型,结合运营单位的维护管理要求,通过录入资产编码等运维信息与数据,建立运维 BIM 模型并移交建设单位。所移交的 BIM 模型除可在平台进行相应演示外,必须为后期运维管理预留数据接口,满足后期运维系统开放性的要求,从而实现运维管理信息化、巡检维修精细化与可视化。

1. BIM 主要工作流程

BIM 运维 BIM 模型移交主要工作流程图如图 5-20 所示。

2. BIM 工作重点

(1)结合运营单位的维护管理要求,通过在 BIM 模型中录入资产编码等运维信息与数据。

(2)搭建 BIM 技术应用平台进行信息化、可视化、精细化管理。通过属性查询进行设备维护管理,查询重要设备维护记录、资产信息管理、查找故障控制设备等。

3. BIM 工作实施主要内容及成果

本阶段是建筑项目管理的最后阶段,承担运营与维护的所有管理任务,其目的是为用户

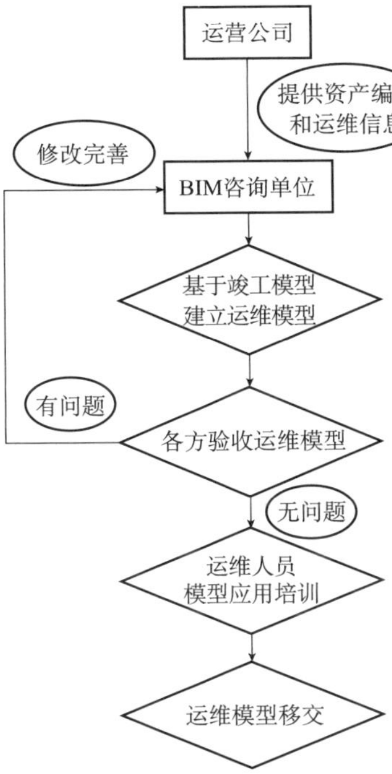

图 5-20　运维模型移交流程图

(包括运营人员与乘客)提供安全、便捷、环保、健康的建筑环境。主要工作内容包括设施设备维护与管理、物业管理以及相关的公共服务等。

(1)将模型内各个构件与维养计划、要求相结合,能够根据相关的维养要求自动生成例行维养计划表,配合维养。

(2)对于突发的维护情况,如渗漏、管片破损、管线故障等维修情况,能够及时反馈到模型中,并记录下来,便于统计、总结相关故障的原因。

(3)真实记录设备从安装、使用、维修直至报废更换的全寿命周期的信息记录,同时对于维养所需要的建设信息,也能够第一时间查询。

5.3　管理平台应用内容

为充分发挥 BIM 技术可视化、虚拟仿真、信息集成、共享与流转等优势,在项目实施过程的工程决策、规划、设计、施工和资产移交中全面使用 BIM 协同管理平台,以减少返工浪费,缩短工期,提高工程质量和投资效益,进一步加强项目监管部门对项目建设过程的监察和管控,提高建筑工程信息管理水平。

5.3.1　设计阶段

1. 设计方案决策

(1)将 BIM 方案模型轻量化并上传平台。

(2)在平台中通过对模型进行旋转视角、楼层筛选、剖切、测距、漫游等操作,评判备选方案模型的可行性、功能性、美观性等方面。

(3)进行比选,形成最终设计方案模型。

2. 设计进度管控

(1)设置图纸和模型提资时间节点。

(2)临近时间节点,平台发出提示信息,上传图纸和模型。

(3)超过时间节点,平台预警。

(4)本模块与变更管理模块联动,设计变更后,系统将自动推送给消息给相关人员,施工方也可及时更新 BIM 模型,避免施工错误。

3. 设计成果管理

(1)建立统一的设计成果(包括 BIM 数据)集中存储与管理平台,保证各专业交付数据的及时性与一致性。依据设计人员专业不同,分配不同的权限,确保能够相互得到及时准确的信息,工作开展顺畅有序。

(2)通过平台,能够随时随地访问工程文件;网页端和移动端直接浏览;将二维图纸与 BIM 模型关联,提高浏览效率,自动记录保留文档所有历史版本,方便追溯、查阅文档历史信息,并可进行下载等操作。

(3)在平台中搭建杭海城铁项目建设前期证照资料库,设定前期办事流程,供管理人员查看。

5.3.2 施工阶段

1. 进度管理

通过拆分各专业 BIM 模型,使各构件与工程量清单、分部分项工程等形成关联,在杭海智慧建造管理平台中进行进度管理,实现项目建设过程中 5D 管理与进度纠偏。具体流程如图 5-21 所示。

2. 质量、安全与文明施工管理

(1)通过搭建质量关键工序控制点、重大风险源数据库和文明施工措施要点,使其与分部分项工程一一对应。

(2)模型与进度计划相关联,随施工推进,通过平台推送质量、安全控制任务推送给相关责任人,实时指导现场施工。

(3)对施工现场发生的质量、安全、文明施工等事件进行记录、上传,并将相关问题与 BIM 模型中构件相关联,便于及时对现场问题进行处理和整改以及日后对问题的追溯。

(4)并可通过移动端(PAD、手机)将现场发现的工程质量问题与 BIM 模型构件关联,形成质量管理事件,记录入云平台,通过“发起—经办—督办—验收”的全过程事件闭环。

3. 施工安全监控与预警

(1)在平台中整合主体结构、周边环境、场地布置、围护结构、道路管线等 BIM 模型,搭建安全监测模型。

(2)并将监测点与其所监测的实体构件相关联,将监测结果实时反映到三维场景。

(3)形成各种监测结果的分析报表,并按安全隐患的级别自动推送给相应的管理人员。

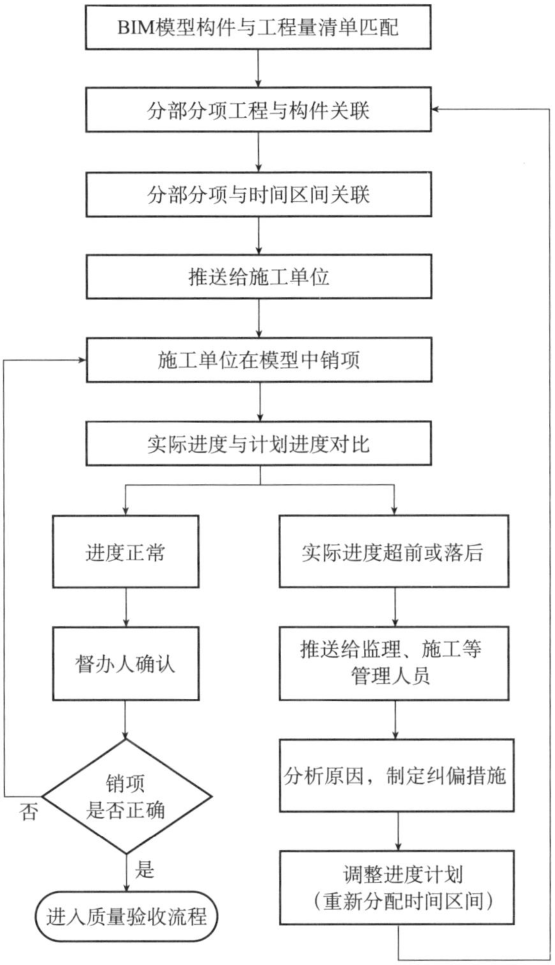

图 5-21　进度计划与纠偏流程图

(4)通过动态获取现场监测数据,在三维视图中标示预警信息,并自动推送预警通知到相关责任人。

(5)管理人员在收到预警信息的同时便可通过平台移动端 APP 查看隐患对应的工程图纸、空间位置、围护方案、周边建筑管线等工程信息。

5.3.3　资产移交阶段

基于归档后的竣工 BIM 模型,结合运营部门的维护管理要求,通过录入资产编码等运维信息与数据,建立运维 BIM 模型并移交建设单位。所移交的 BIM 模型除可在平台进行相应演示外,必须为后期运维管理预留数据接口,满足后期运维系统开放性的要求,从而实现运维管理信息化、巡检维修精细化与可视化。

(1)整理竣工模型,根据运营需求添加运维阶段所需的相关信息参数。

(2)收集运维信息资料,将信息逐一与模型中设备关联,例如设备型号。供应厂商、安装时间、安装单位、保修时间、大修频次等。

(3)预留机电设备维修保养信息记录,后期运养记录可以随时查阅。

(4)出具单项建筑资产清单,上传平台,进行虚拟资产移交。

5.3.4 运维阶段

通过对 OPC 通信协议进行接口开发,实现对原有项目中设施设备的数据联通,达到智能预警、三维联动和数据实时监控的效果,全面提高安防等级,加强应急能力。借助国际前沿的 FM 管理理念,将线下工作数字化、流程化,通过系统实现工单的自动派发,对任务和人员实现统一高效的管理。

本项目拟建设的 BIM 运维平台将实现 BIM 运维管理的移动化、可视化和智能化,可以在浏览器、平板电脑和手机上进行快速查看和任务处理,真正实现移动办公、轻松办公、智能办公。

平台主要功能:集成了 GIS 信息、BIM 信息、运维系统、运维 FM 系统等,并对接原有 OA 系统,可实现信息化资产管理、工单管理、设施设备运营监控等功能。

1. 资产管理

(1)应用目的

所有设备是否正常运行在平台 BIM 模型中直观显示,运维管理人员可以 360°无死角查看。可实现经选择的联动序列的启/停、执行状态的信息,以及在 BIM 信息库中的表现。可实现经选择的子系统所有参数的变化值,以及故障报警的信息,同时能自动切换到 BIM 的相应场景。

(2)应用内容

对 BIM 模型中的各类设备进行分类编码,将模型对应的设备编码与公司现有的资产清单系统生成的资产编码一一对应;通过资产清单表,可以快速检索和定位 BIM 模型中对应的设施设备、查看设备的基本信息(位置、型号、厂商)、使用手册、维保手册、维修记录等。

(3)应用流程

①基于基础信息模型,赋予设施设备资产编码信息,信息包括但不限于站点、专业、类型、编码、安装时间、启用时间、例行保养时间间隔、维修时间间隔等。

②由 BIM 模型生成设施设备电子资产清册。

③通过关键词或分类检索各类设施设备;通过资产清单表,可以检索和定位 BIM 模型中对应的设施设备。

2. 设备维护

(1)应用目的

实现备品备件库存自动预警和使用"痕迹化"管理;实现可视化巡检、设备维保和工单派发。

(2)应用内容

主要包括设备维保、设备巡检和工单三个部分。将设备维保需求置于 BIM 数据库,到时间自动产生"计划性维修工单",依照设备维保手册内维保周期和定期巡视的要求,自动产生设备巡检任务，推送至相关人员处理；未在规定时间内处理的，自动产生“维保工单”。

①设备维保

建立各项目通风空调系统、污排水系统等运维分析系统，并生成备品备件使用报表，实现库存自动预警。

对设备故障类型自动归类分析，供运维部门进行维保方案的优化。

对备品备件的采购、入库、库存、领用、返修率等情况，实现全程跟踪记录，并可以和BIM模型关联，实现备品备件使用的“痕迹化”管理。

②设备巡检

在模型中设定安保人员巡检路线、时间以及排班表等，定时提醒相关人员进行巡更检查，推送到相关人等的多客户端。安保人员可手持移动终端，跟着模型内规划的室内导航轻松完成巡更任务，在定点进行刷卡，或者二维码或者RFID等的定点记录（根据硬件系统），可辅助以在巡检点的照片、录音、录像进行记录。系统自动记录每次巡更的路线、完成路线和完成时间。

③工单系统

将设备维护和保养需求置于相应的BIM数据库，自动形成“计划性维修工单”；通过移动设备，生成与BIM模型相关联的“员工报账工单”；通过与运维系统融合，由运维系统自检到故障而生成的“自检工单”；设置各类设施设备的日常巡查计划和巡查技术要求，平台根据巡查结果，生成的“巡查自检工单”。

3. BA系统可视化

（1）应用目的

通过与现有BA设施设备对接，实现实时监测和查看设备的运行状态，部分实现远程控制，并对设备能源使用情况进行统计和分析。BA系统自检到的故障会产生“自检工单”转到工单系统处理。

（2）应用内容

通过BIM模型与所有的设备进行数据联动，可实现远程实时查看设备的运行状态，部分实现远程控制，避免了人工的浪费；还可以通过时间设定，实现开关及参数调节的自动转换。设备实时监控并对所有设备使用的能源进行横向和纵向的分析，用以通过更好的管理实现节能减排，实现企业运维人员成本和能源成本的大幅降低。

例如，可实现在平台BIM模型中监测生活变频给水泵运行情况及供水压力，监测水箱、水池水位，发出水位偏低或溢水报警。监测生活变频给水泵出水压力，当低于设定值时，显示及声音提示，发出故障警报。达到报警条件，将向所有相关人等的多客户端进行警报推送，在模型中标定详细位置，并且附有信息描述问题所在。

4. 隐蔽空间管理

（1）应用目的

通过该模块管理复杂的地下管网，如污水管、排水管、网线、电线以及相关管井，在BIM可视化模型中主观查看相互位置关系，重要开关和阀门的位置，提高工程应急处理的响应速度；二次装修的时候可以避开现有的管网位置，便于管网维修、更换设备和定位。

(2)应用流程

通过 BIM 模型使复杂的地下管网可视化;关键部位模型特殊处理,比如重要节点、阀门等;通过模型轻量化等技术,上传至管理平台,集成各数据信息;监测数据实时传至平台,并通过移动互联技术,第一时间了解各位置信息和安排应急工作;通过平台信息集成,使得数据永久保存,为以后的二次装修提供完整的服务和参考。

5. 能源管理

(1)应用目的

对项目的能源消耗进行实时可视化查看、统计分析。根据分析,可以提高运维管理,从而实现节能减排,达到节省人工和成本的目的。

(2)应用内容

通过安装的智能水、电表,对能耗数据实时采集、传输、初步分析、定时定点上传等基本功能,并具有扩展性,对能源消耗情况进行统计分析,比如各区域,每日用水量,每周用水量等;并对异常能源使用情况进行警示或者标识。

通过自动水、自动电表的能源消耗记录及所有设备的开关状态,可根据时间段进行能源统计分析,也可对不同的设施设备耗电比例进行统计。

6. 安保管理

(1)应用目的

基于 BIM 的视频安保系统实现安防监控的可视化管理,提高大型项目(人流量大、场地面积大、突发情况多)安全保护效率。

(2)应用内容

通过配备监控大屏幕可以对整个广场的视频监控系统进行操作;在平台中选择建筑某一区域,可以直观地看出该楼层所有摄像头的位置;一旦产生突发事件,基于 BIM 的视频安保监控就能结合与协作 BIM 模型的其他子系统进行突发事件管理。

对于运维管理人员,利用无线终端来定位保安的具体方位。一旦发现险情,管理人员就可以利用平台来指挥安保工作。

5.4 BIM 工作流程

在施工阶段,BIM 技术应用工作流程主要包括:

(1)施工阶段 BIM 技术应用流程。

(2)三维设计成果优化及审核流程。

(3)BIM 施工模型建模及送审流程。

(4)竣工模型建模及数字化竣工移交流程。

5.4.1 施工阶段 BIM 技术应用流程

施工阶段 BIM 技术应用流程是项目建设阶段 BIM 技术应用的主线,涵盖所有应用点及施工安装的全过程,是设计阶段 BIM 技术应用的纲领性流程,体现 BIM 技术应用的基本过程。

施工阶段 BIM 技术应用流程如图 5-22 所示。

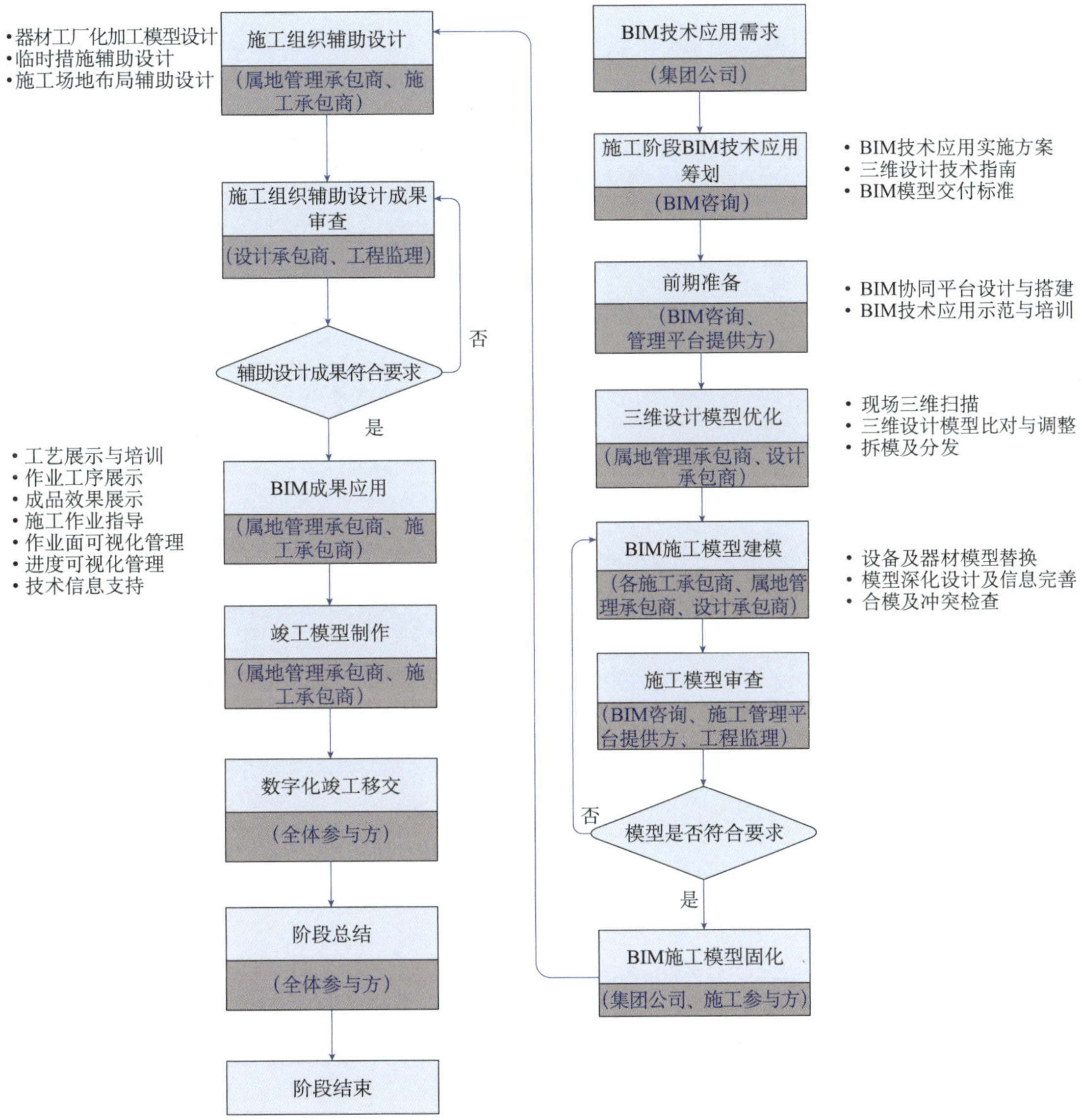

图 5-22　施工阶段 BIM 技术应用流程示意图

5.4.2　三维设计成果优化及审核流程

在施工准备阶段，各属地管理承包商在设计承包商的支持下，基于设计阶段固化的三维设计成果，与施工现场扫描数据进行比对，修正三维设计成果，并与各施工承办商共享修正后的三维设计模型，作业流程如图 5-23 所示。

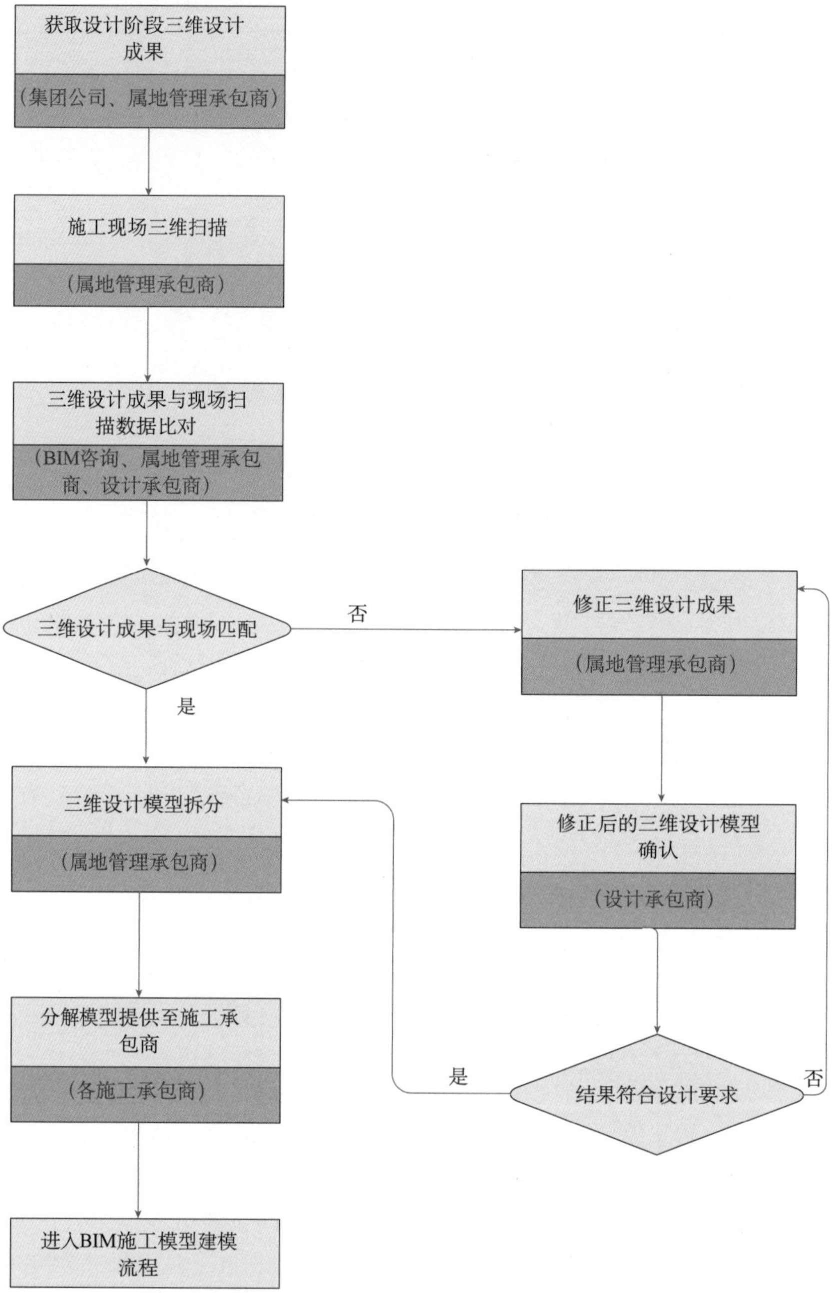

图 5-23　三维设计成果优化及审核流程示意图

5.4.3　BIM 施工模型建模及送审流程

在施工准备阶段，各施工承包商在属地管理承包商的统一协调下，在设计承包商、系统及设备供应商、集成商及 BIM 咨询方的支持下，基于修正后的三维设计成果，对三维设计成果进行深化，形成可用于指导施工的 BIM 模型，作业流程如图 5-24 所示。

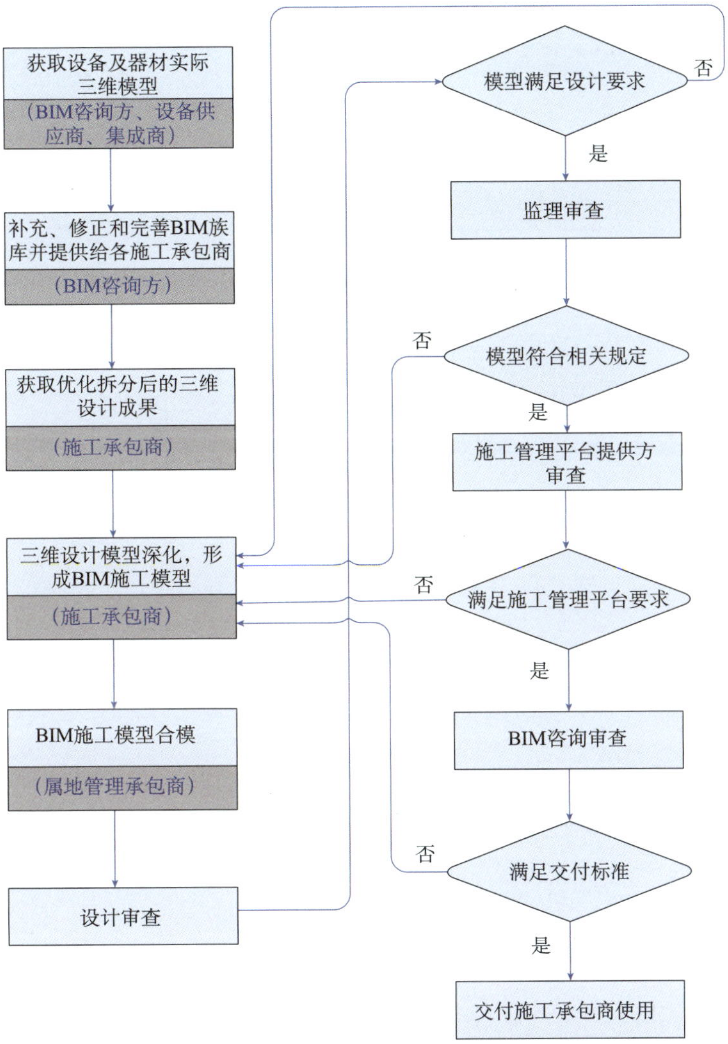

图 5-24　BIM 施工模型建模及送审流程示意图

5.4.4　竣工模型建模及数字化竣工移交流程

在施工过程中，各施工承包商应按照现场施工实际情况完善 BIM 施工模型，形成竣工 BIM 模型，并将竣工模型交由属地管理承包商进行合模。在竣工验收阶段，各施工承包商在属地管理承包商的统一协调下共同参与，在移交设备的同时完成数字化竣工移交工作，作业流程如图 5-25 所示。

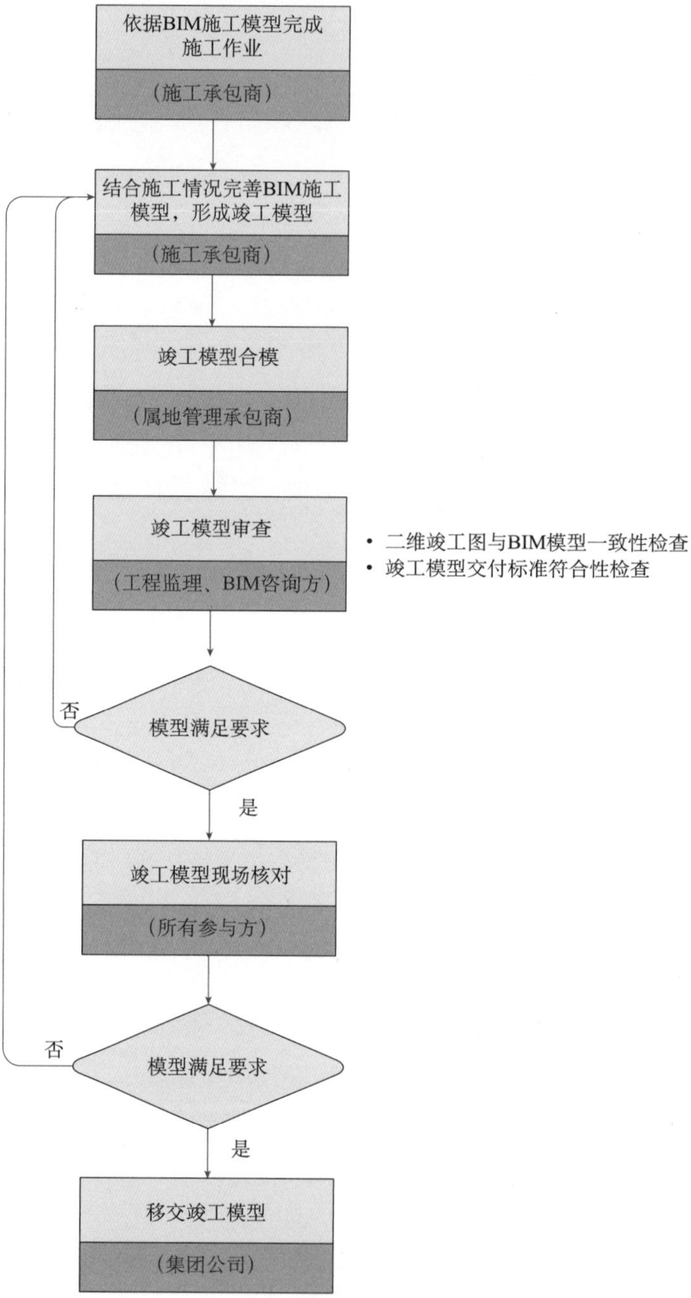

图 5-25　竣工模型建模及数字化竣工移交流程示意图

第6章　BIM工作保障措施

6.1　质量管理体系

为保障本工作方案的顺利实施，充分发挥BIM技术应用对杭海城铁项目的价值，特拟定如下几项工作保障措施：

（1）严格遵守BIM工作领导小组的工作安排，履行本职工作。

（2）基于本工作方案，各工作内容的组织部门尽快制定各项BIM技术工作内容详细实施方案。

（3）宣贯BIM技术理念、意义与价值，在各参建方中均形成普遍认同与积极参与信息化建设的良好氛围；改变传统管理理念，建立适合BIM技术应用的工程管理模式。

（4）在BIM技术应用过程中，注重技术与经验的总结，建立促进BIM技术应用的措施与管理办法。

（5）加强BIM技术专业人员培训，提高BIM技术管理人员素质。

6.2　质量控制要点

在满足建模精度标准要求和模型规划要求的前提下，建模过程中应着重注意以下几点：

1. 建筑专业建模：要求楼梯间、楼梯、电梯间、管井、配电间、空调机房、泵房、天花 板高度等定位必须准确。

2. 结构专业建模：要求梁、板、柱截面尺寸与定位尺寸必须准确。

3. 给排水专业建模：各系统的命名必须正确，有坡度的水管必须建出坡度，阀门及保温层也须建模。

4. 暖通专业建模：各系统的命名须正确，影响管线综合的设备、末端需建模，如：风机盘管、风口等；暖通水系统同水专业建模要求；有保温层的风管，保温层也须建模。

5. 电气专业建模：要求系统名称须与图纸一致。

具体要求见表6-1 ~ 表6-3。

表6-1　项目基本设定核查

序号	检查控制项	核查要求与方式
1	BIM模型必须包含符合项	线型图案应包含基本的实线、划线、虚线、点划线等，并且不应出现过多CAD图层的英文线型名称
2	BIM模型应设置符合项目表达的对象样式	核查BIM模型中对象样式表中是否均设置合理线型、线宽、线颜色

续上表

序号	检查控制项	核查要求与方式
3	BIM 模型应设置满足施工图模型设计的视图样板及三维各专业视图浏览样板	1. 核查是否有平立剖及详图各专业对应样板； 2. 核查视图样板设置是否合理； 3. 主要视图是否直接关联视图样板
4	BIM 模型必须包含应有的拆分逻辑，进行工作划分，并建立明确协同工作机制	BIM 模型按需根据专业、类型进行模型拆分，用链接形式协同或者是否以工作集形式协同
5	BIM 模型构件命名应规范表达	1. 应采用统一的命名逻辑体系，具体命名方法可参照模型标准定义； 2. 核查符号是否统一，应采取统一的加减乘除符号表达，例如乘号应统一采取“X”“x”或“ * ”其中一个符号
6	BIM 模型材质库命名应规范要求	1. 应采用统一的命名逻辑； 2. 图形颜色表达应与材质外观保持协调； 3. 材质名称应完整表达外观特性
7	BIM 模型中应包含应有的项目参数	1. 核查项目中是否按照标准有应有的项目参数； 2. 核查项目中是否有过多的项目参数设置项； 3. 核查项目中构件是否有过多的冗余参数信息； 4. 核查模型中是否录入满足标准要求的设计参数信息
8	BIM 模型必须包含项目设计的所有管线系统	1. 项目浏览器、系统浏览器核查，是否包含所有系统类； 2. 机电链接总文件，明细表统计是否包含所有设计系统类
9	BIM 模型应按照标准规定颜色、线型、符号、材质，分系统表达	1. 主要三维视图与平面视图中，模型是否有颜色区分； 2. 颜色是否符合标准要求； 3. 核查线型表达及管件符号显示； 4. 核查管线系统材质
10	BIM 模型必须包含满足设计需求的管段尺寸设定	检查模型 MEP 设置，核查管道管段、风管管段设置是否符合设计表达要求，符合实际需要的管段尺寸设定
11	BIM 模型应包含适当的过滤器设定	模型可以包含系统过滤器设置，方便隔离选取，以及开关控制

表 6-2　项目完整性核查

序号	检查控制项	核查要求与方式
1	BIM 模型必须包含所有应定义的轴网，且应在个平面视图中正确显示	1. 主要平面视图中，依据设计要求核查轴网是否有缺漏； 2. 核查各层平面视图，轴网是否正确显示
2	BIM 模型必须包含主要的标高	1. 核查标高是否与施工图一致； 2. 主要立面剖面视图中，核查标高是否正常显示
3	BIM 模型必须包含所有定义的立面剖面	1. 平面视图中应包含所有应定义的立面和剖面标记； 2. 切换到相应立面剖面视图，查看视图深度、专业设定是否满足设计需要
4	BIM 模型必须包含完整的空间定义	切换到相应标高平面视图，检查空间是否均有定义功能，如桥面标高、桥墩标高、地面标高等

续上表

序号	检查控制项	核查要求与方式
5	空间的高度定义(包括吊顶)	1. BIM 模型检查各房间的高度是否具备; 2. 核查房间是否根据需求定义高度
6	所有的空间必须有唯一的编码标识	输出明细表,核查空间 房间编号是否具备,是否有逻辑条理,是否满足设计或者运维商管需求
7	BIM 模型必须包含施工图表达、模型专业分工后所应全部构件元素	1. 项目浏览器中,应包含各专业设计内容内的构件元素; 2. 模型生成的图纸与各专业二维样板图对照,核对是否有缺漏; 3. 框选模型生成视图,查看模型线、详图线、详图项目、填充区域的数量,应控制在单视图构件数的 10% ~ 20% 之间。其中主体构件不得以线替代
8	BIM 模型必须包含项目设计的材质做法	1. BIM 模型必须包含材质做法表中所有的材质,有完善的材质库,核查材质库内容,并核查材质库命名逻辑; 2. 等必须包含所有的构造做法设置; 3. 核查非系统族是否有相应材质做法设置

表 6-3　图模一致性核查

序号	检查控制项	核查要求与方式
1	模型反应三维形体与二维图纸表达一致	1. 模型生成平立剖视图与图纸对应,视图应保持位置一致性; 2. 尺寸应与二维图纸保持一致; 3. 模型形体逻辑必须按照设计逻辑搭建,并满足实际构造要求
2	模型反应节点构造,应与二维详图表达一致,或者应设定相应二维详图表达与模型存在关联	1. 模型生成节点构造,与详图对应,节点细度应保留 1:50 的细节构件精度; 2. 详图构件可以不在模型中表达如螺丝、垫片等,但主体构件不可用模型线、详图线代替

6.3　人员技术培训

项目实施阶段,进行 BIM 应用软件制图流程及基本命令等基本操作培训;项目设计过程中,对参与项目的甲方人员进行实践培训,使参建人员能熟练掌握 BIM 软件的功能使用,并具备项目的实施能力,具体见表 6-4。

表 6-4　技术培训表

序号	培训项目	主要培训内容	针对人员
1	BIM 基本概念培训	包括 BIM 的概念,工程应用的内容和思路,相关软件的简单了解	项目管理人员
2	BIM 软件培训	主要包括 Revit 等软件,了解软件特性,并能够进行简单的操作演示,添加修改模型信息	项目主要参与人员
3	工程 BIM 模型的熟悉、了解	对于本工程模型的认知,了解各个构件的分布和建立规则	项目主要参与人员

续上表

序号	培训项目	主要培训内容	针对人员
4	针对施工仿真模拟培训	能够将工程筹划和模型相互结合,并能够用于指导施工,运用动态模型进行施工技术交底、配合精确施工	施工技术人员
5	管理信息和模型的结合	BIM 模型中的管理信息的查询、录入及修改	项目主要参与管理人员
6	项目可视化管理	包括投资、进度、质量安全管理	建设方管理人员
7	运维管理平台培训	熟悉运维系统的运行,并能查询运维所需要的相关信息,同时能够添加、修改相关的运维信息完善模型	运维管理人员

6.4 BIM 工作制度

6.4.1 周例会制度

为了及时准确的进行沟通信息、安排工作、处理遗留问题、提高工作效率特制定此周例会制度。

1. 例会时间及参会人员

(1)原则上周例会每两周开一次,例会时间为周三上午 9:30 进行,会议时长控制在1 ~ 2 h 之内。遇到会议冲突需调整例会召开时间的情况将另行通知开会时间。

(2)周例会由 BIM 总体主持召开,建设单位(杭海城铁公司)领导出席会议和指导工作。原则上各个参建方 BIM 工作实际负责人需要按时参加,不得无故缺席,不能参加会议的负责人需向建设单位或总体提前请假,并指派熟悉工作开展情况的其他人员参会。

2. 会议内容和要求

(1)参加例会的各个参建方必须将工作周报于例会召开前一天以电子邮件的形式发到总体指定的工作邮箱中,由 BIM 总体统一汇编和印发。

(2)参加例会各方应在会前做好提问解答的准备,必要的应准备好相应的资料备问。

(3)参与会议的人员必须进行会议签到并自觉维护会场秩序,将手机调整至静音状态,如需接听电话需尽量小声不影响他人汇报或者到会议室外接听。

(4)会议上汇报的主要内容主要有三点:①上周工作完成情况;②本周工作计划安排;③需要建设单位或总体帮助解决的问题。汇报内容允许的情况下尽量以 BIM 模型或平台为媒介进行汇报。

(5)会议结尾将由建设单位和总体进行会议总结以及强调下一步工作重点。

3. 会后工作落实

(1)周例会结束后,由总体负责整理会议纪要,会议纪要应力求全面、客观、准确,并由会议主持人审批发放到各参会单位。

(2)对周例会上形成的决议,与会人员应根据会议纪要的要求,保质保量按时完成工作。

6.4.2 考核制度

针对 BIM 工作开展中可能遇到的各类问题,特制订总体考核制度表见表 6-5。

表 6-5　总体考核制度表

序号	考核项目		考核内容	分值	考核主体	得分	评分标准
1	组织管理 20 分	人员组织	项目负责人及主要咨询人员到位情况	5	建设单位 BIM 总体		人员配置不到位一人/次扣 1 分。集团及项目公司重要会议,项目负责人不到会,发生一次扣 1 分
			是否有项目负责人、主要咨询人员更换情况	5			未经报备擅自更换人员一人/次扣 1 分
			设计人员素质是否满足工作要求	0			不能满足工作要求,特别是不能及时处理现场,还需上报,影响 BIM 设计进度,发生一人/次扣 2 分
2	BIM 咨询进度 30 分	计划制定	是否根据 BIM 咨询进度计划要求制定详细、可行的进度计划	6			未编制,扣 2 分;计划不详细或可行性存在问题,发生一次扣 2 分
		计划执行	是否按计划向建设单位、总体单位汇报项目进度信息	6			未上报进度信息,扣 2 分;进度信息不全,缺一项扣 1 分
			是否按时提交 BIM 模型等文件,与项目综合进度计划的要求保持一致	6			不按时且影响工程进度,发生一次扣 6 分
			计划执行是否有延误,并影响工程进度	6			影响 BIM 综合计划的相关进度和节点,经核实的一次扣 6 分
			是否按时提交每周工作简报	6			延迟,扣 1 分;内容不符,扣 1 分;未提交,扣 2 分
3	BIM 咨询实施 50 分	标准落实	是否贯彻实施建设单位发布的各项 BIM 应用标准	10			不按照建设单位标准执行的,发生一次扣 2 分
			是否按时参加 BIM 总体例会	5			未参加,扣 2 分;召开会议后不能跟进落实会议工作的,发生一次扣 1 分
			是否按时提交规定的 BIM 成果	5			未按时提交成果,发生一次扣 2 分
		BIM 成果	各阶段 BIM 应用点是否应用到位	10			有一个应用点未实施到位扣 2 分
		节点汇报	是否保质保量地完成建设单位、总体总包安排的汇报工作	10			汇报质量不到位的,发现一次扣 2 分
		贯彻力度	对建设单位、总体总包 BIM 工作指令的贯彻力度	10			贯彻不到位,发生一次扣 2 分

第7章　基于 BIM 模型的基础应用

7.1　应用原则

杭海城铁项目施工阶段 BIM 技术应用应本着“科学、务实”的精神，为确保此项工作能真实可靠推进，应遵循以下基本实施原则，包括但不限于：

BIM 技术应用应由建设单位公司主导，BIM 咨询、总体总包、各参与方配合，共同完成施工阶段的 BIM 技术应用。

BIM 技术应用应系统化、持续化，涵盖轨道交通工程的全生命周期。

BIM 技术应用应保持多维度，应能满足工程技术、建设管理和运营维护等不同维度的需求，在设计 BIM 模型相关属性方面应统筹考虑。

BIM 技术应用本着提高作业效率，降低劳动强度的原则来实施，应建立协同工作平台，提供标准族库，如有必要，还应进行软件二次开发或引进成熟的软件平台，以提高 BIM 技术应用水平。

BIM 技术应用采取循序渐进分阶段实施的方式，根据工程不同阶段的需求，提前规划，不断完善、深化 BIM 成果，并能为后续阶段 BIM 成果的应用提供基础数据。

设备 BIM 族库开发应根据工程实施的不同阶段需求进行开发和应用，逐步完善，BIM 族库非几何信息的设计应超前统筹规划，信息内容应按照设计阶段、施工阶段和运维阶段分阶段填充，BIM 族库中相同性质的模块属性在不同的阶段应具有继承性，以减少不同阶段模块应用中的信息再输入。

BIM 技术应用应有标准化的和可复制的硬件平台支持，且此硬件平台根据需要应具有可拓展性、可融合特性，满足工程不同阶段 BIM 技术应用的需求。

各参与方应成立专门的 BIM 应用工作组织，持续、系统性地推进 BIM 技术在工程全生命周期中的应用。

BIM 技术应用配套统一的工作流程和相应的管理办法，对 BIM 技术应用效果进行持续跟进、评估和考核。

7.2　设计阶段应用情况

7.2.1　BIM 选线及方案设计

线路起始于杭州余杭高铁站，终点站位于海宁市浙大国际校区站，全线周边城市化程度高，总长 46.38 km，其中地下线 11.76 km，高架线 33.48 km，过渡段长 1.05 km，共设站 12 座，地下站 4 座，分别为位于杭州市的余杭高铁站，位于海宁市的皮革城站、海昌路站及浙大国际校区站。速度目标值为 120 km/h，采用 B 型车 4 辆编组、直流 1 500 V 架空接触网受电。

本工程项目复杂，相继穿越了运营中的杭州地铁 1 号线及沪杭高铁、沪杭高速公路、杭嘉高压燃气管、秦由高压电力线等众多建构筑物，控制因素多，项目难度大。需结合 BIM 技术进行选线与方案设计。具体线路走向如图 7-1 所示。

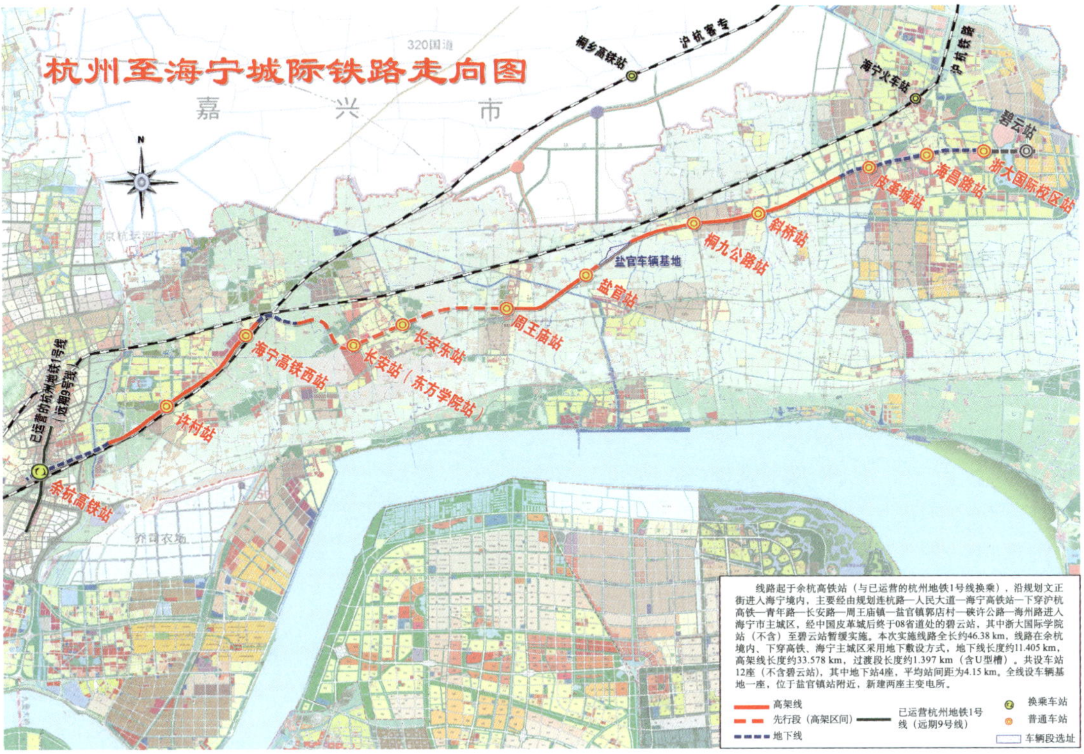

图 7-1　杭海城际铁路线路走向图

1. 选线设计

在现有的 BIM 软件中，采用 InfraWorks 软件进行选线设计，生成实体的区间模型（隧道、高架）的方式进行选线设计，不再是线路中心线的表达方式。线路选线尤其着重下穿高铁、沪杭高速公路、皮革城天桥等重点部位。

线路在许村镇采用高架平行于沪杭高铁布设，之后再斜下穿沪杭高铁及沪杭高速公路。此部位需精确控制隧道区间与现有的构筑物的关系，在保证安全的同时，方案更合理。

通过倾斜摄影形成全线 GIS 模型，并以 InfraWorks 对航察模型进行精细化加工，得到贴合现实的精确实地模型。基于该模型进行选线设计，能够直观有效地考虑和避让项目沿线的规划学校、道路、互通匝道等控制因素。

通过研发，实现 Inventor 精确的设计与 InfraWorks 方案选型双向联动，通过以往多个项目积累的 Inventor 通用模块库在方案阶段即可调用并得到精确的 BIM 模型。在方案阶段即可精确测量和判断下穿、并行处的最小间距是否符合规范和施工要求，并直接在 InfraWorks 里随时调整优化。

2. 场地研究

场地是影响建筑物定位的主要因素，是确定建筑物的空间方位和外观、建立建筑物与周围景观的联系的过程。在此阶段，可通过 BIM 结合地理信息系统（Geographi Information System，简称 GIS），对场地及拟建的建筑物空间数据进行建模，帮助项目在规划阶段评估场地的使用条件和特点，从而做出新建项目最理想的场地规划、交通流线组织关系、建筑布局等关键决策（图 7-2）。

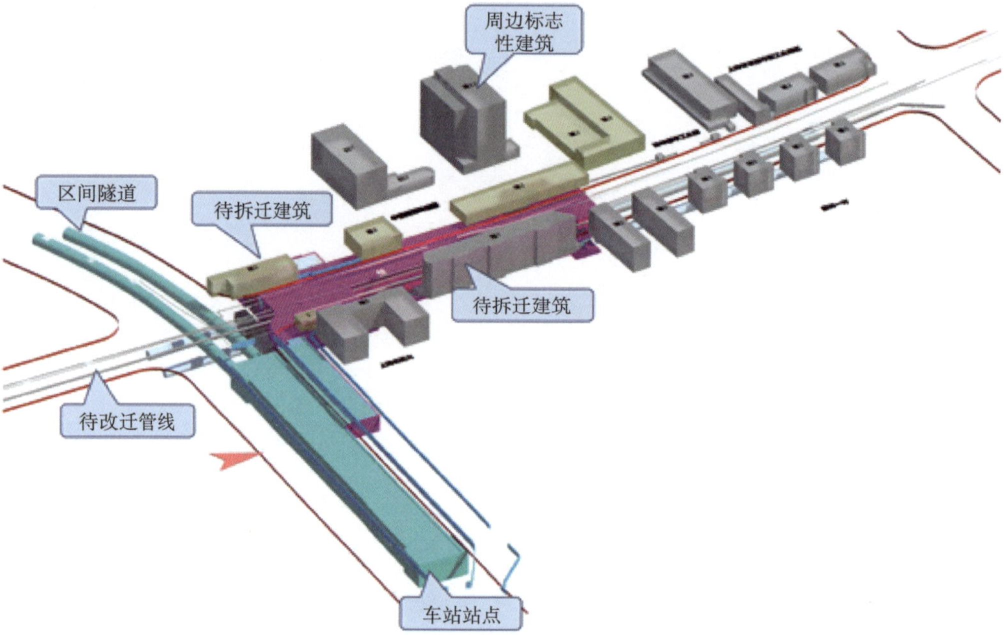

图 7-2　场地规划图

本项目采用倾斜摄影技术生成周围三维环境模型，三维环境模型带宽为线路中心线两侧 300 m，为场地研究提供详实数据基础。通过轻量化技术将倾斜摄影与 BIM 模型进行融合，得到 BIM 模型在三维环境中的关系，对场地进行研究比较，得到最佳场地方案设计（图 7-3）。

图 7-3　BIM + GIS

3. 方案论证

此阶段,项目投资方可以使用 BIM 来评估设计方案的布局、视野、照明、安全、人体工程学、声学、纹理、色彩及规范的遵守情况。甚至可以通过 BIM 对建筑局部的细节推敲,迅速分析设计和施工中可能需要应对的问题。方案论证阶段还可以借助 BIM 提供方便的、低成本的不同解决方案供项目投资方进行选择,通过数据对比和模拟分析,找出不同解决方案的优缺点,帮助项目投资方迅速评估建筑投资方案的成本和时间。对设计师来说,通过 BIM 来评估所设计的空间,可以获得较高的互动效应,以便从使用者和建设单位处获得积极的反馈。设计的实时修改往往基于最终用户的反馈,在 BIM 平台下,项目各方关注的焦点问题比较容易得到直观的展现并迅速达成共识,相应的需要决策的时间也会比以往减少。

利用 BIM 技术对下穿沪杭高铁段方案的进行设计论证(图 7-4),分别研究了沿道路南侧 U 型槽、沿道路南侧隧道和沿道路北侧隧道等三种方案,综合考虑区段工程费用、对既有道路影响、管线迁改、对沪杭高铁和沪杭高速公路影响、区段运营费用及工程实施难度等因素,通过 BIM 模型模拟分析和数据对比,最终确定下穿沪杭高铁段线路走向、区间埋深等要点,降低了工程实施难度。

图 7-4　下穿高铁方案论证

4. 土建模型设计

采用 Revit 链接形式,建立了土建模型,包含围护、建筑、结构模型。建模的精度要求达到 LOD300,能直接出图。建模的构件及要求见表 7-1。

表 7-1　土建建模构件信息表

围护专业	
混凝土支撑	构件尺寸准确,定位准确,添加材质、编号信息
钢支撑	构件尺寸准确,定位准确,添加材质、编号信息
圈梁	构件尺寸准确,定位准确,添加材质、编号信息
地下连续墙	构件尺寸准确,定位准确,编号准确,包括导墙、封堵墙
格构柱/槽钢	构件尺寸准确,定位准确,添加材质、编号信息
钻孔灌注桩	构件尺寸准确,定位准确,添加材质、编号信息
三轴搅拌桩、止水帷幕、旋喷加固等	构件尺寸准确,定位准确,添加材质、编号信息
结构专业	
结构梁	构件尺寸准确,定位准确,添加材质、编号信息、项目名称、系统区域、计量单位等信息

续上表

结构专业	
结构板	构件尺寸准确,定位准确,添加材质、编号信息、项目名称、系统区域、计量单位等信息
结构柱	构件尺寸准确,定位准确,添加材质、编号信息、项目名称、系统区域、计量单位等信息
结构墙	构件尺寸准确,定位准确,添加材质、编号信息、项目名称、系统区域、计量单位等信息
建筑专业	
建筑墙	构件尺寸准确,定位准确,添加材质、编号信息、项目名称、系统区域、计量单位等信息
楼梯	构件尺寸准确,定位准确,添加材质、编号信息、项目名称、系统区域、计量单位等信息
自动扶梯	构件尺寸准确,定位准确,添加材质、编号信息、项目名称、系统区域、计量单位等信息
门窗	构件尺寸准确,定位准确,添加材质、编号信息、项目名称、系统区域、计量单位等信息
栏杆	添加材质、编号信息、项目名称、系统区域、计量单位等信息

土建模型建模开始前,应设定"正北"和"项目北",并与场地模型、地下障碍物和地下管线模型坐标一致,保证模型整合时坐标对应,不需人为调整。

各车站土建模型均按照统一标准,统一构件属性赋予进行模型创建,为后续的方案优化、施工模型数据应用提供基础。具体车站设计模型如下:

余杭高铁站

余杭高铁站是杭州至海宁城际铁路第 1 座车站,位于杭州市余杭区,与已运营的杭州市轨道交通 1 号线余杭高铁站换乘,地下三层岛式车站。小里程端设双折返线(图 7-5)。

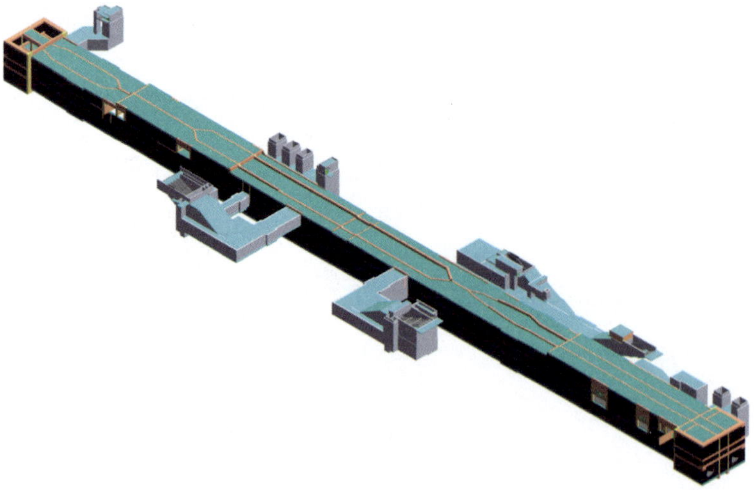

(a) 土建模型

图 7-5

(b) 主体剖面

图 7-5　余杭高铁站

许村站

许村站是杭州至海宁城际铁路第 2 座车站，为高架三层侧式车站。小里程端设单渡线（图 7-6）。

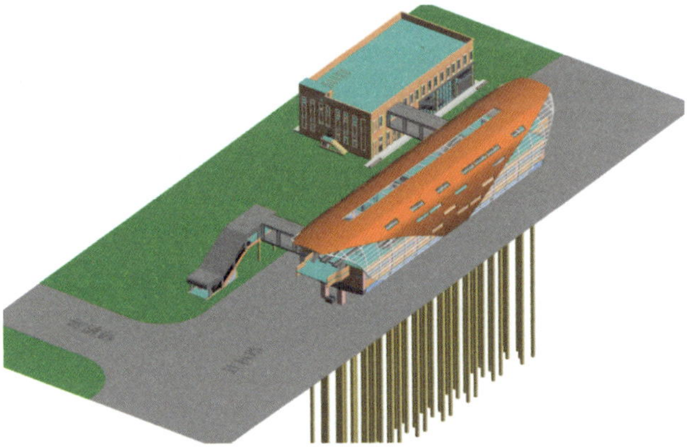

(a) 土建模型

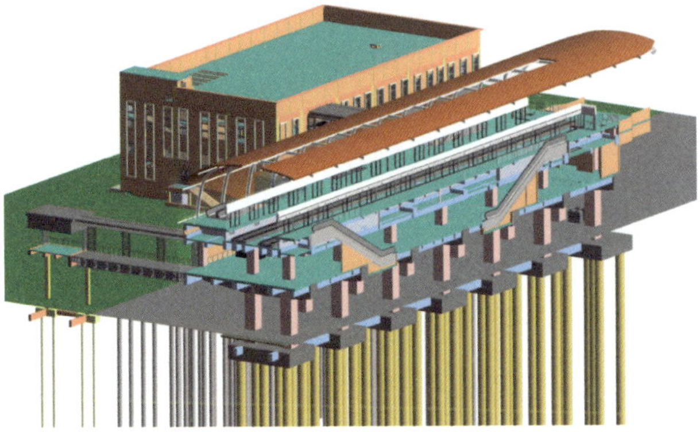

(b) 主体剖面

图 7-6　许村站

海宁高铁西站

海宁高铁西站是杭州至海宁城际铁路第 3 座车站，为高架车站。与现有的余杭高铁站进行换乘。为高架三层侧式车站。小里程端设单渡线，站后设双停车线（图 7-7）。

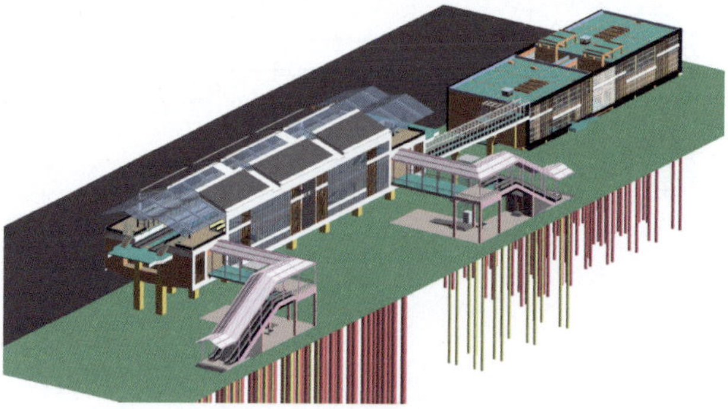

(a) 土建模型

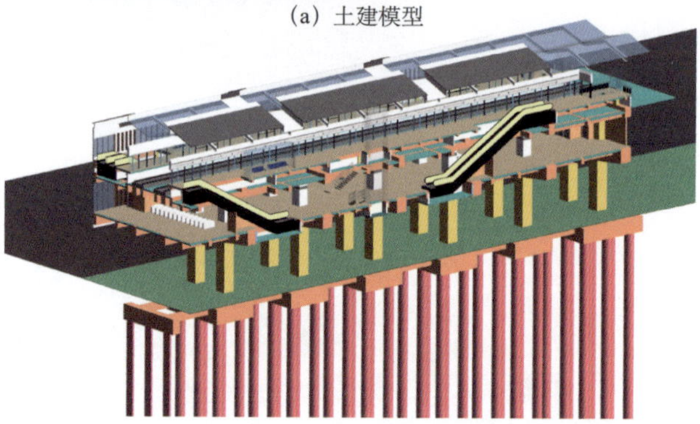

(b) 主体剖面

图 7-7　海宁高铁西站

长安站

长安站是杭州至海宁城际铁路第 4 座车站，为高架三层侧式车站。大里程端设单渡线（图 7-8）。

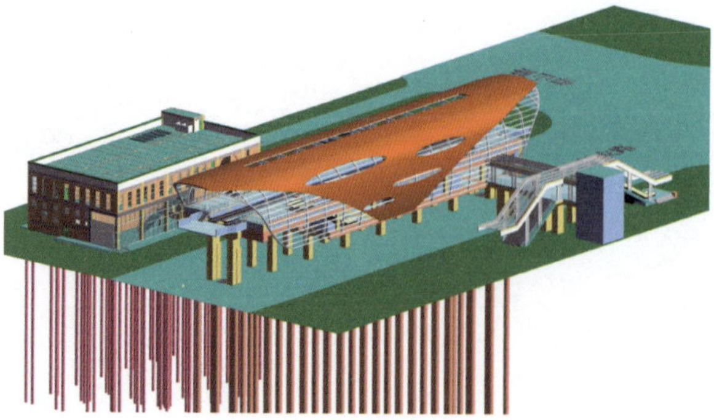

(a) 土建模型

图　7-8

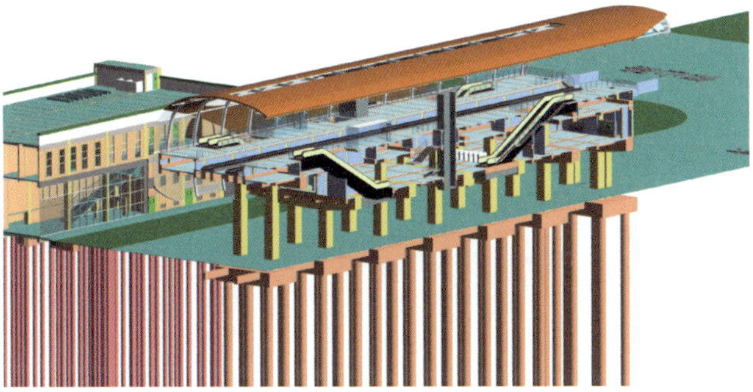

(b) 主体剖面

图 7-8　长安站

长安东站

长安东站是杭州至海宁城际铁路第 5 座车站,为高架三层侧式车站(图 7-9)。

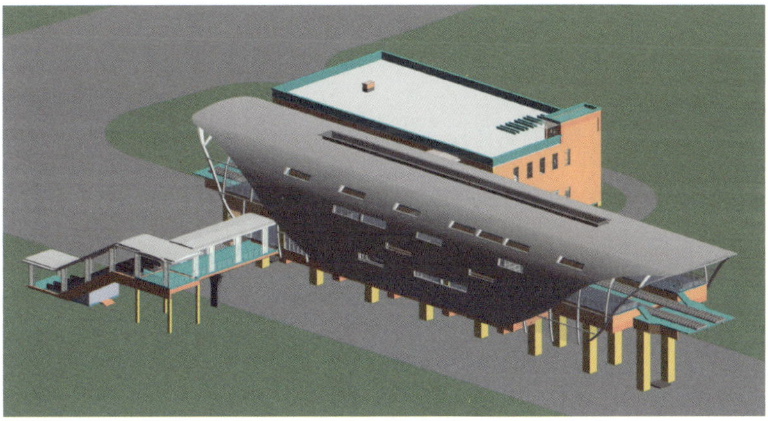

(a) 土建模型

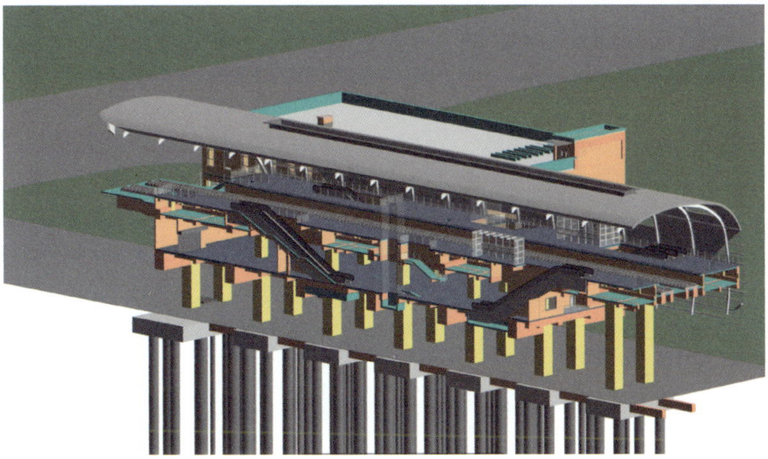

(b) 主体剖面

图 7-9　长安东站

周王庙站

周王庙站是杭州至海宁城际铁路第 6 座车站，为高架三层侧式车站。设两侧越行线，大里程端设单渡线（图 7-10）。

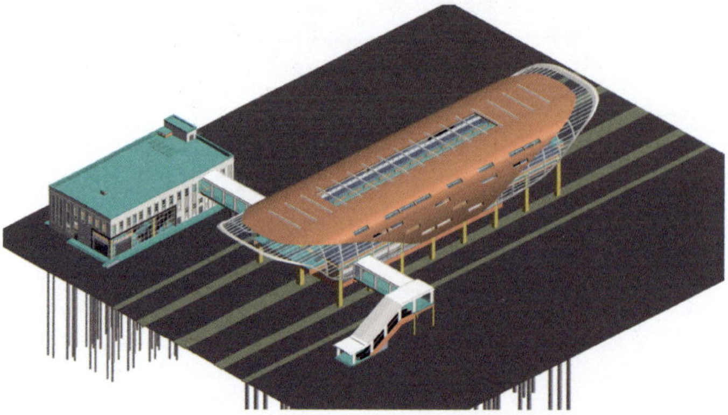

（a）土建模型

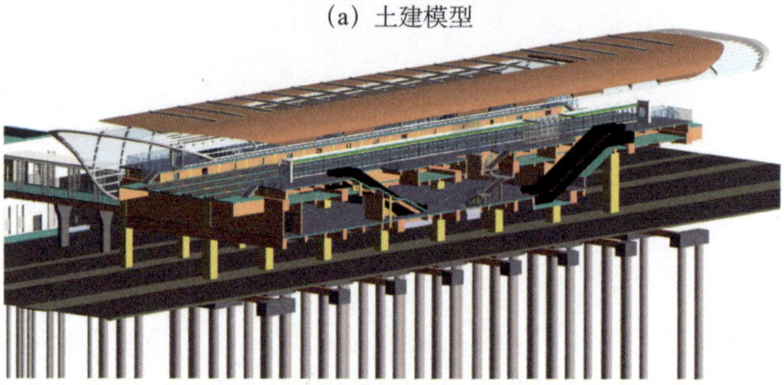

（b）主体剖面

图 7-10　周王庙站

盐官站

盐官站是杭州至海宁城际铁路第 7 座车站，为高架三层侧式车站（图 7-11）。

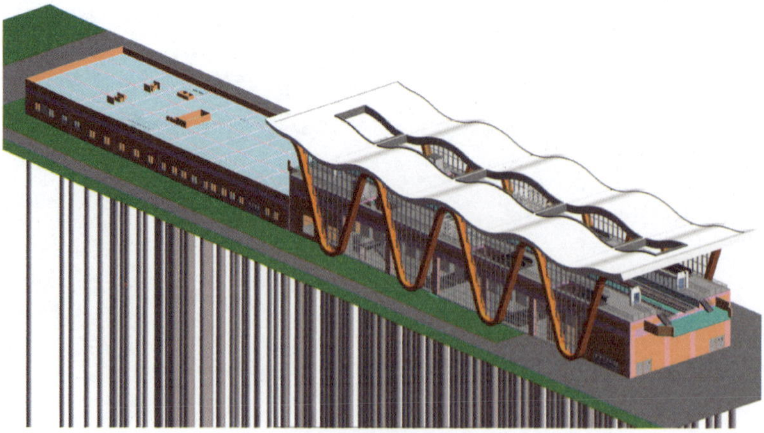

（a）土建模型

图　7-11

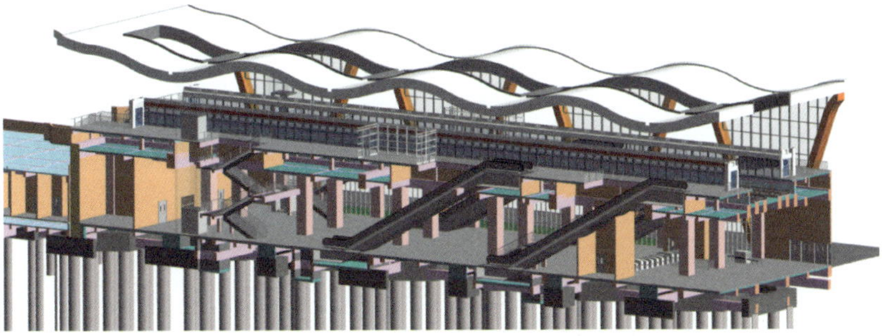

（b）主体剖面

图 7-11　盐官站

桐九公路站

桐九公路站是杭州至海宁城际铁路第 8 座车站，为高架三层侧式车站（图 7-12）。

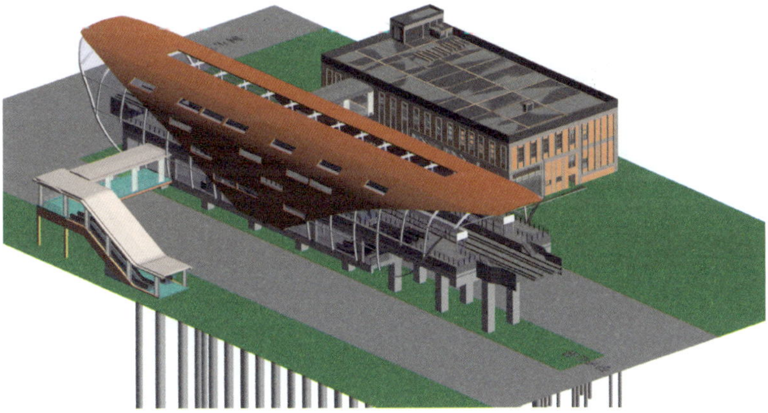

（a）土建模型

（b）主体剖面

图 7-12　桐九公路站

斜桥站

斜桥站是杭州至海宁城际铁路第 9 座车站，为高架三层侧式车站。设双侧越行线，大里程端设单渡线（图 7-13）。

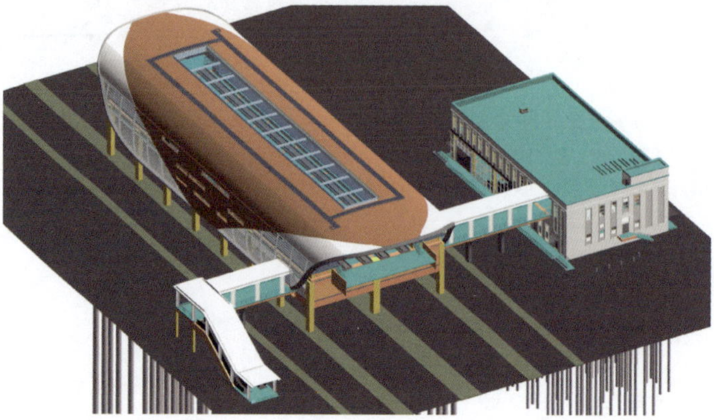

(a) 土建模型

(b) 主体及附属剖面

图 7-13　斜桥站

皮革城站

皮革城站是杭州至海宁城际铁路第 10 座车站，为地下两层岛式车站。大里程端设单独线（图 7-14）。

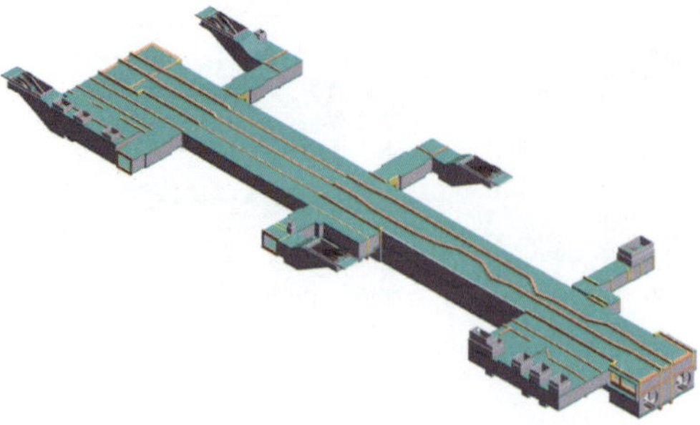

(a) 土建模型

图　7-14

(b) 主体剖面

图 7-14　皮革城站

海昌路站

海昌路站是杭州至海宁城际铁路第 11 座车站,为地下两层岛式车站(图 7-15)。

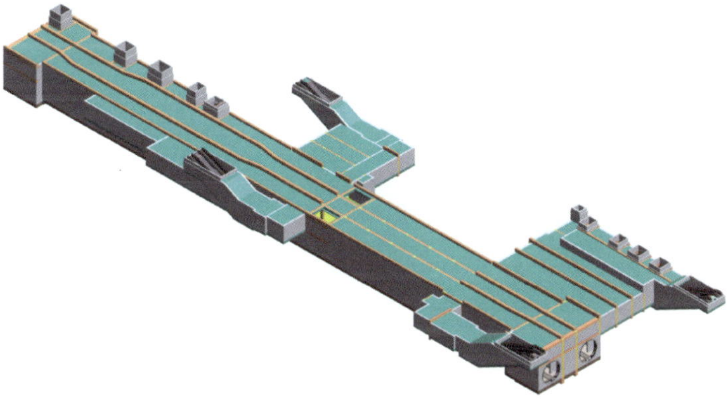

(a) 土建模型

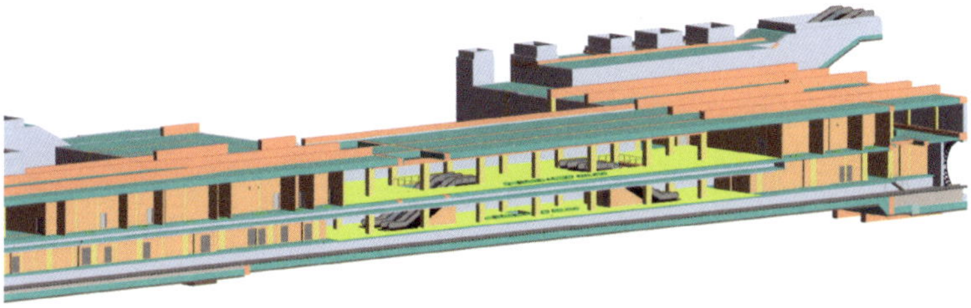

(b) 主体剖面

图 7-15　海昌路站

浙大国际校区站

浙大国际校区站是杭州至海宁城际铁路第 12 座车站,为地下两层岛式车站。为本线路的终点车站。大里程端设双折返兼停车线(图 7-16)。

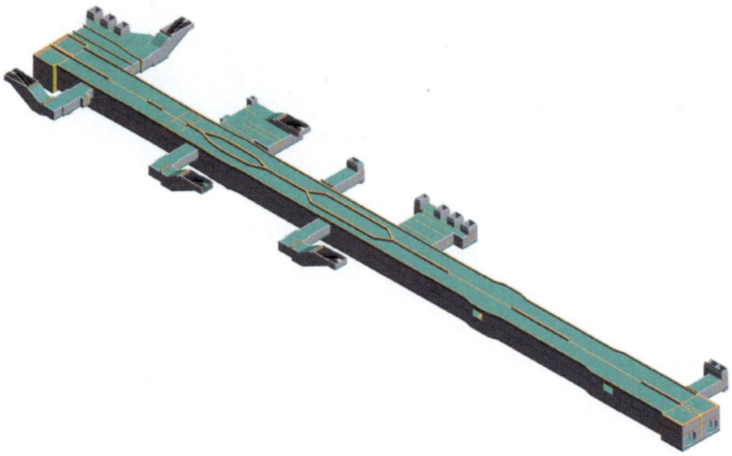

(a) 土建模型

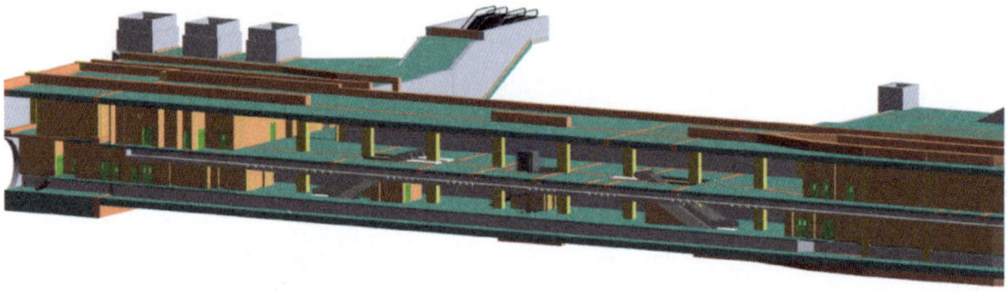

(b) 主体剖面

图 7-16　浙大国际校区站

7.2.2　BIM 桥隧设计

1. 交付标准

(1)交付物

①建筑信息模型应包含项目交付所需的几何信息和属性信息。

②建筑信息模型基于模型单元进行信息交换和迭代,并应将阶段交付物存档管理。

③建筑信息模型可索引其他类别的交付物。交付时,应一同交付,并确保索引路径有效。

(2)模型格式要求

桥梁专业基于 Autodesk Revit 软件设计的工程模型,存储为 . rvt 格式文件。基于 Autodesk Navisworks 软件生成的工程浏览模型,存储为 . nwc 或 nwd、nwf 格式文件。

(3)交付要求

桥梁专业模型交付精度标准按照《杭州至海宁城际铁路 BIM 模型交付标准》执行,达到 LOD300 标准,并满足下列要求:

①模型信息已经审核、清理优化。

②BIM 模型应保证几何信息和属性信息能够有效传递。

③模型信息属实,几何尺寸和相对位置关系准确无误。

④模型信息与提交的报表、图纸等内容一致。

2. 设计成果

(1)实施原则与工作组织

桥梁专业基于参数化、模块化、结构化设计思路,运用 REVIT 进行桥涵 BIM 精细化建模,建立一整套城际轨道交通桥梁构件库,从而实现基于 BIM 三维设计的桥梁工程应用。针对大跨度斜拉桥建模,基于 EXCEL 参数表来驱动桥梁构件族的参数变化,实现了整座斜拉桥参数化梁段的快速生成。

(2)组件建模

根据线路、桥梁专业资料,通过 REVIT 三维建模软件,建立相对应的模型,并添加元数据编码。

杭海城际铁路全线构件众多,涵盖桥梁专业各个方面,下面分别从涵洞、梁、墩台几个方面做相关说明。

①涵洞建模

a. 框架涵

在创建涵洞模型时,依据涵洞中线与线路夹角大小,可划分为两种类型,一种是正交涵洞,另一种是斜交涵洞(图 7-17)。

(a) 正交涵洞　　(b) 斜交涵洞

图 7-17　涵洞类型图

两种涵洞类型均可划分为洞口、涵身、基础垫层三个部分来建立相关模型。其中洞口采用概念体量族,涵身和垫石均采用公制结构框架－梁和支撑族来建立(图 7-18)。

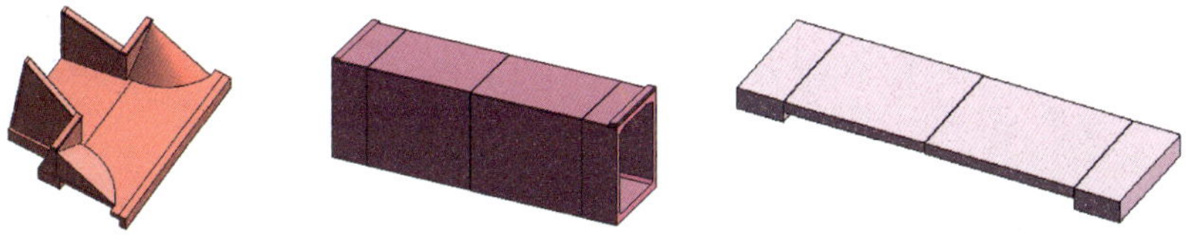

(a) 涵洞洞口　　(b) 涵身　　(c) 基础垫层

图 7-18　涵洞组成构件图

b. 盖板涵

盖板涵是一类特殊的涵洞,洞口有两类,图 7-19 为竖井式出入口,另一类为八字翼墙式洞口,与一般涵洞洞口相同。盖板涵涵身呈"阶梯状",在建模时可一阶一阶拼接。

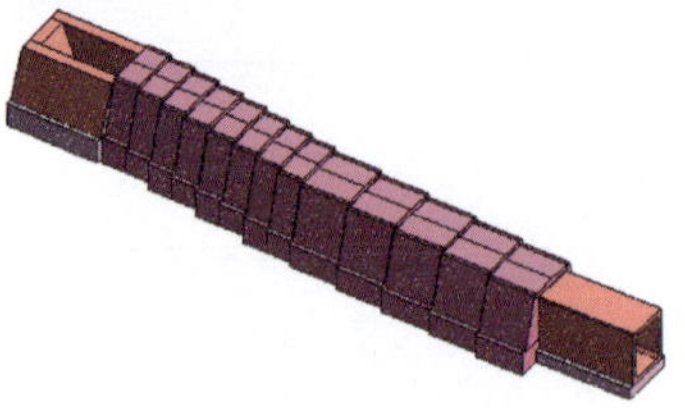

(a) 盖板涵

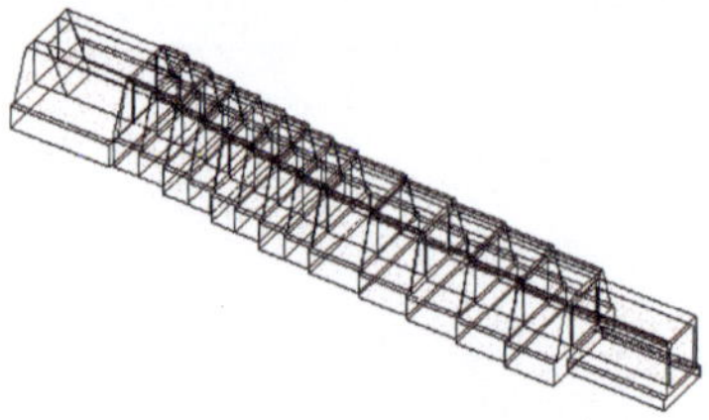

(b) 盖板涵线框图

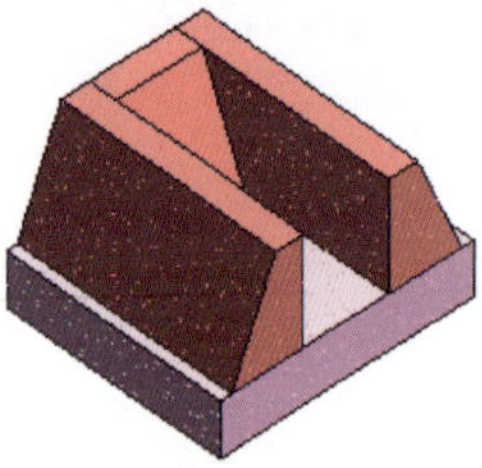

(c) 竖井洞口

(d) "阶梯状"涵身

图 7-19　盖板涵分解图

②简支梁建模

简支梁的建模,利用公制结构框架—梁和支撑标准构件族样板创建简支梁的构件族,达到重复利用的目的。具体步骤:新建一个族,选择公制结构框架—梁和支撑,定义有助于控制对象可见性的族的子类别;布局有助于绘制构件几何图形的参照平面,添加尺寸标注以指定参数化构件几何图形;绘制不同梁段位置横截面形状,拉伸或融合创建实体单元,最后给创建的实体添加材质和装饰。

30 m、35 m 简支梁是杭海城际铁路桥梁项目中最常见、最具有代表性的结构之一。创建简支梁时,绘制截面创建拉伸和融合生成实体(图 7-20、图 7-21)。

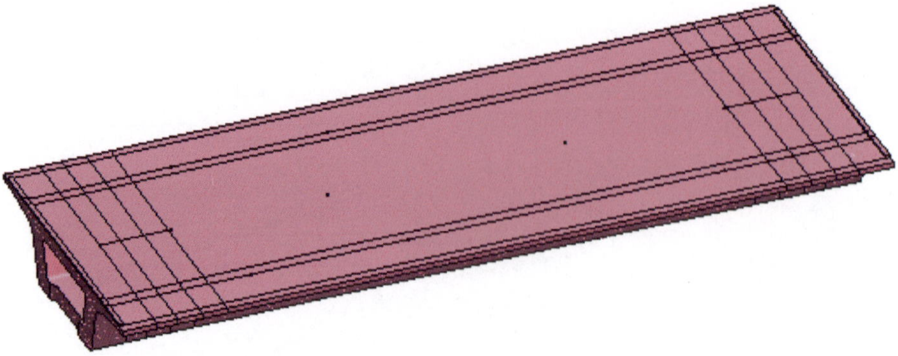

图 7-20　简支梁

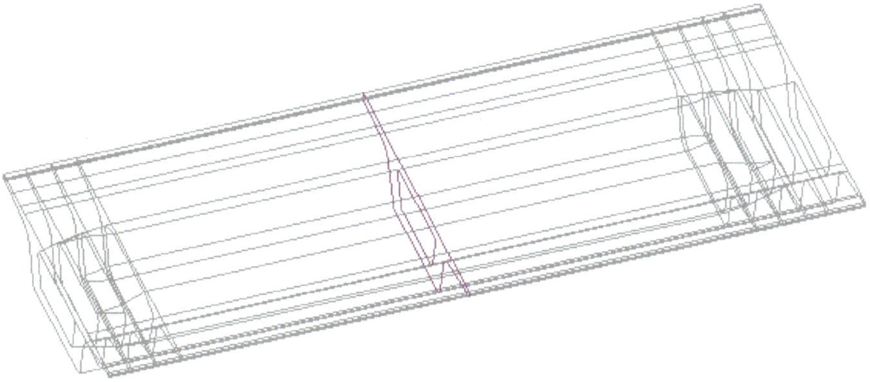

图 7-21　简支梁截面

③连续梁建模

杭海城铁项目,连续梁也是常见桥梁结构。建模步骤:依节段划分,分别创建公制结构框架 - 梁和支撑构件族;在结构样板项目文件中按照线路走向依次放置各节段,并给各节段设置起始点高程,最后链接到项目文件中。下面以一联连续梁为例加以说明(图 7-22、图 7-23):

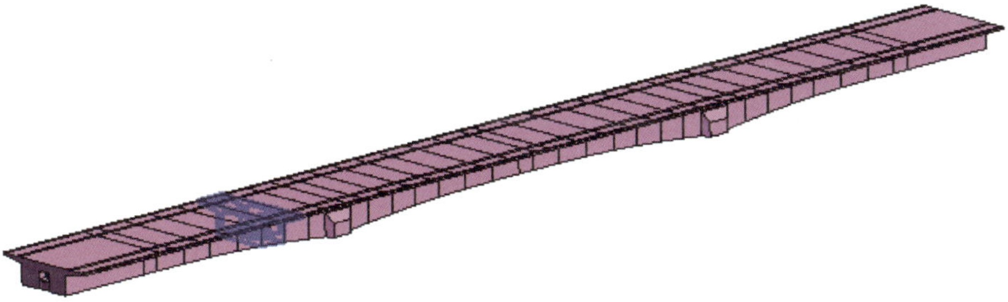

图 7-22　连续梁

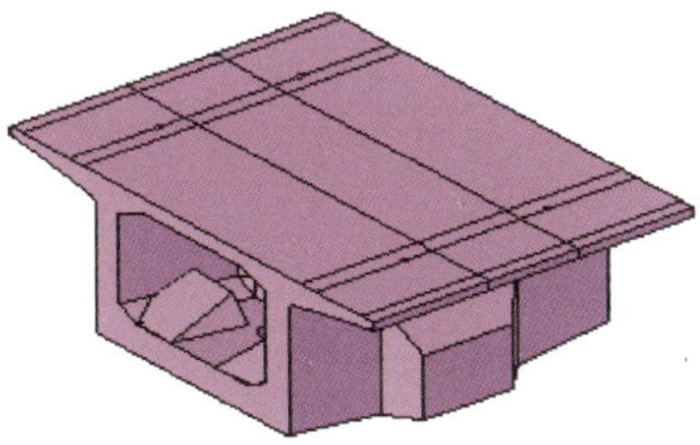

(a) 0号节段

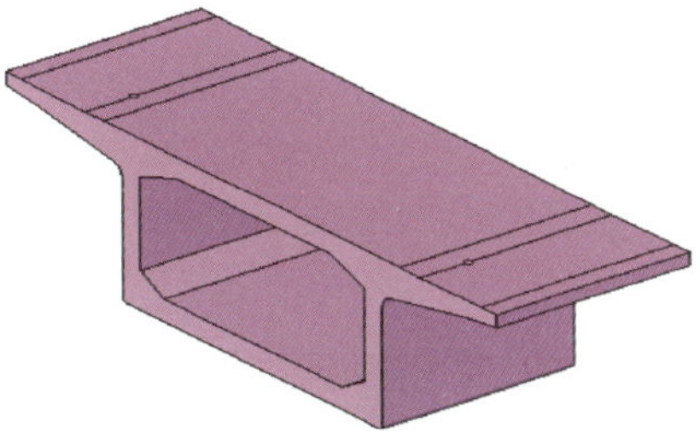

(b) 6号节段

图 7-23　连续梁节段图

④连续刚构梁建模

为方便建模,将刚构桥上下部结构分别建模,再组装模型。

a. 连续刚构

连续刚构如图 7-24 所示，墩身类型如图 7-25 所示。

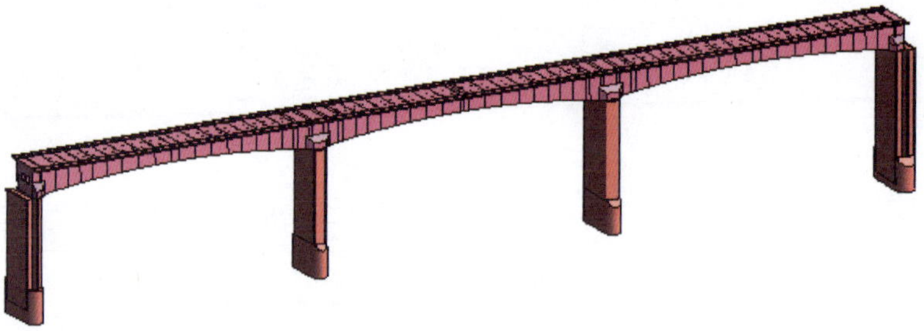

图 7-24　连续刚构

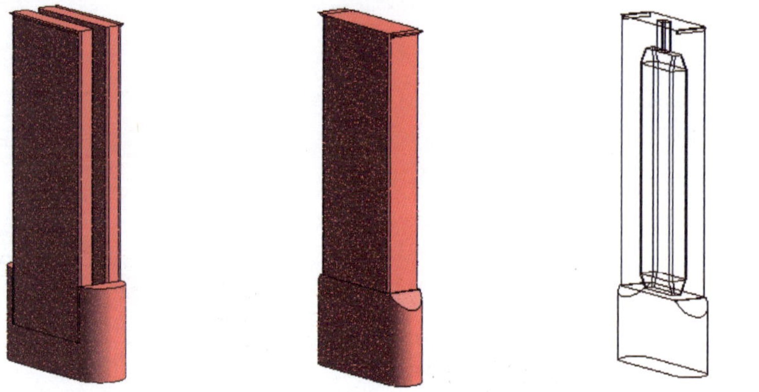

(a) 边墩矩形实心墩　(b) 中墩矩形实心墩　(c) 中墩矩形空心墩

图 7-25　墩身类型图

b. 两联刚构连续梁

两联刚构连续梁，里程号呈左线展开，根据线路位置呈曲线放置，截面尺寸也随之改变，如果采用上述连续梁拼接的方式进行建模工程量较大，且难以保证节段之间能较好地融合在一起。而利用 Dyanmo for Revit 插件，编制自动建模程序恰好可以解决这一问题。通过创建参数化截面轮廓族(族中原点放置在左线)，将其载入到 Dynamo 中，利用自动化编程形成实体，然后转化为常规模型导入到 Revit 当中，即完成变截面刚构连续梁模型(图 7-26～图 7-30)。

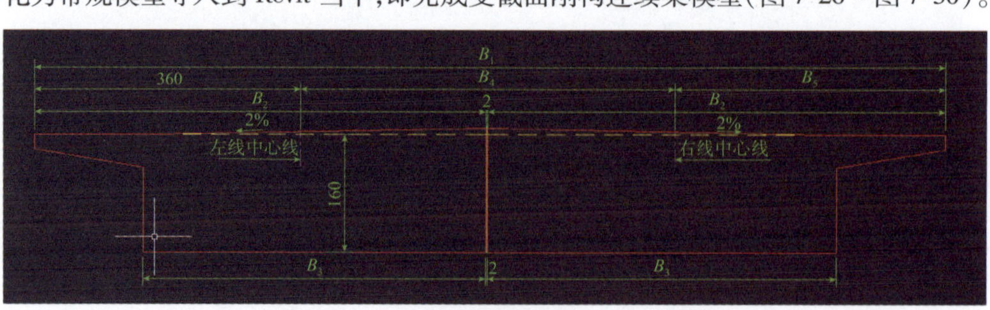

(a) 断面示意图

图　7-26

左线里程号	距离梁端距离(m)	B_1 (cm)	B_2 (cm)	B_3 (cm)	B_4 (cm)	B_5 (cm)	左线里程号	距离梁端距离(m)	B_1 (cm)	B_2 (cm)	B_3 (cm)	B_4 (cm)	B_5 (cm)
XMDL2DK0 + 124. 050	0	1 223. 8	610. 9	465. 9	503. 7	360. 1	XMDL2DK0 + 183. 000	58. 95	1 374. 5	686. 3	541. 3	654. 4	360. 1
XMDL2DK0 + 125. 000	0. 95	1 225. 5	611. 8	466. 8	505. 4	360. 1	XMDL2DK0 + 185. 000	60. 95	1 379. 3	688. 7	543. 7	659. 2	360. 1
XMDL2DK0 + 127. 000	2. 95	1 230. 0	614. 0	469. 0	509. 9	360. 1	XMDL2DK0 + 187. 000	62. 95	1 384. 0	691. 0	546. 0	663. 9	360. 1
XMDL2DK0 + 129. 000	4. 95	1 235. 4	616. 7	471. 7	515. 3	360. 1	XMDL2DK0 + 189. 000	64. 95	1 388. 7	693. 4	548. 4	668. 6	360. 1
XMDL2DK0 + 131. 000	6. 95	1 240. 9	619. 5	474. 5	520. 8	360. 1	XMDL2DK0 + 191. 000	66. 95	1 393. 4	695. 7	550. 7	673. 3	360. 1
XMDL2DK0 + 133. 000	8. 95	1 246. 4	622. 2	477. 2	526. 2	360. 2	XMDL2DK0 + 193. 000	68. 95	1 398. 1	698. 1	553. 1	678. 0	360. 1
XMDL2DK0 + 135. 000	10. 95	1 251. 8	624. 9	479. 9	531. 7	360. 1	XMDL2DK0 + 195. 400	71. 35	1 402. 7	700. 4	555. 4	683. 5	359. 2
XMDL2DK0 + 137. 000	12. 95	1 257. 2	627. 6	482. 6	537. 1	360. 1	XMDL2DK0 + 197. 000	72. 95	1 407. 3	702. 7	557. 7	687. 2	360. 1
XMDL2DK0 + 139. 000	14. 95	1 262. 6	630. 3	485. 3	542. 5	360. 1	XMDL2DK0 + 199. 000	74. 95	1 411. 9	705. 0	560. 0	691. 8	360. 1
XMDL2DK0 + 141. 000	16. 95	1 268. 0	633. 0	488. 0	547. 8	360. 2	XMDL2DK0 + 201. 000	76. 95	1 416. 4	707. 2	562. 2	696. 3	360. 1
XMDL2DK0 + 143. 400	19. 35	1 273. 3	635. 7	490. 7	554. 2	359. 1	XMDL2DK0 + 203. 000	78. 95	1 420. 9	709. 5	564. 5	700. 8	360. 1
XMDL2DK0 + 145. 000	20. 95	1 278. 6	638. 3	493. 3	558. 5	360. 1	XMDL2DK0 + 205. 000	80. 95	1 425. 4	711. 7	566. 7	705. 3	360. 1
XMDL2DK0 + 147. 000	22. 95	1 283. 9	641. 0	496. 0	563. 8	360. 1	XMDL2DK0 + 207. 000	82. 95	1 429. 8	713. 9	568. 9	709. 7	360. 1
XMDL2DK0 + 149. 000	24. 95	1 289. 1	643. 6	498. 6	569. 0	360. 1	XMDL2DK0 + 209. 000	84. 95	1 434. 2	716. 1	571. 1	714. 1	360. 1
XMDL2DK0 + 151. 000	26. 95	1 294. 4	646. 2	501. 2	574. 3	360. 1	XMDL2DK0 + 211. 000	86. 95	1 437. 4	717. 7	572. 7	718. 5	358. 9
XMDL2DK0 + 153. 000	28. 95	1 299. 6	648. 8	503. 8	579. 5	360. 1	XMDL2DK0 + 213. 000	88. 95	1 439. 3	718. 7	573. 7	719. 3	360. 0
XMDL2DK0 + 155. 000	30. 95	1 304. 8	651. 4	506. 4	584. 6	360. 2	XMDL2DK0 + 215. 000	90. 95	1 440. 0	719. 0	574. 0	720. 0	360. 0

(b) 梁宽参数表

图 7-26　变截面两联刚构连续梁(单位:mm)

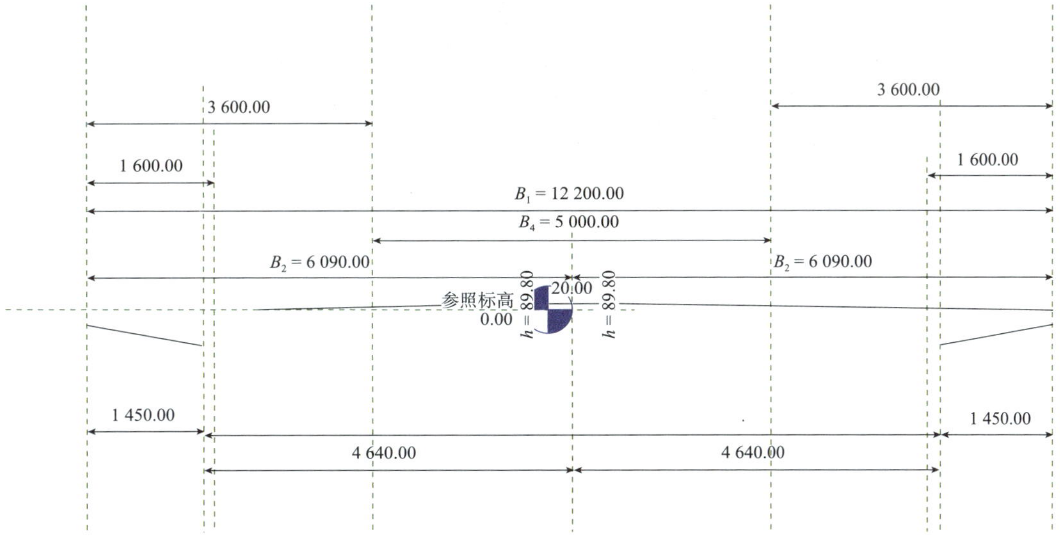

图 7-27　参数设置(单位:mm)

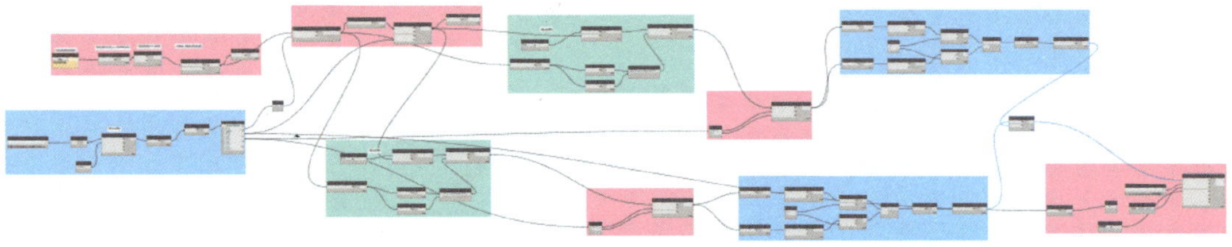

图 7-28　Dynamo 节点设置

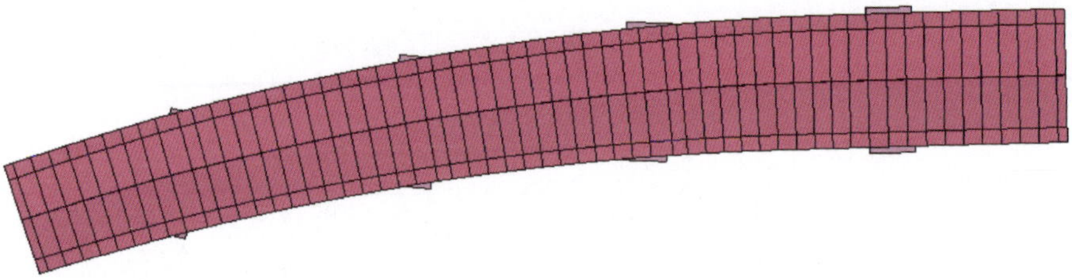

图 7-29　刚构连续梁平面

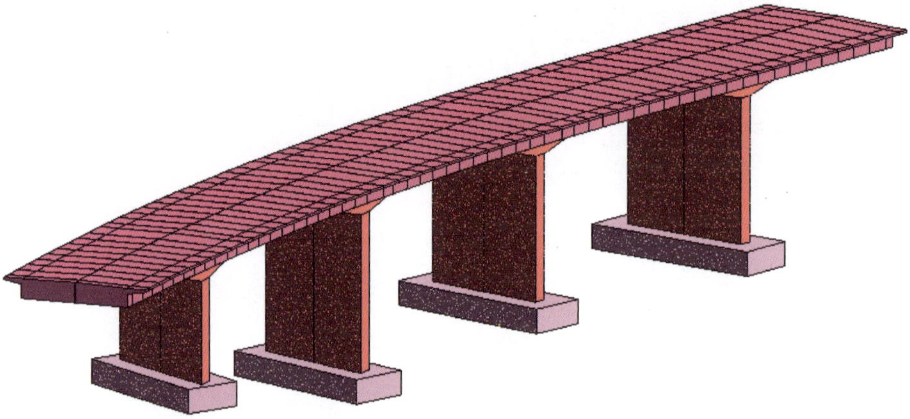

图 7-30　刚构连续梁侧面

⑤框架桥

框架桥与框架涵相同,均为框架结构。框架桥与涵洞的建模方法一致,分为框身、洞口和基础。框架桥沿框架轴线方向框架身有两种形式,一种平行式框身,一种是非平行式框身(图 7-31)。

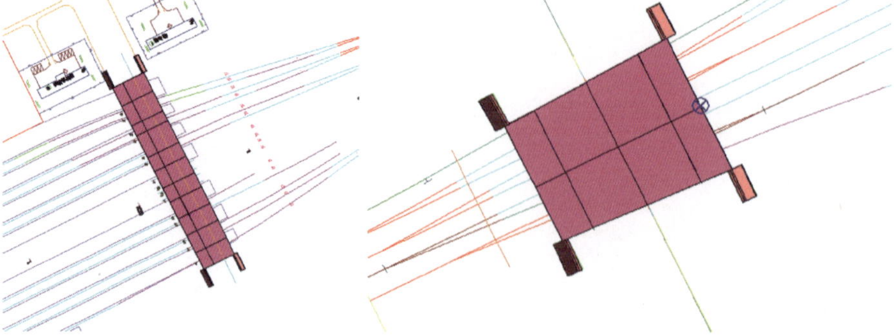

(a) 平行式框身框架桥　　(b) 非平行式框架桥

图 7-31　框架桥类型图

⑥钢桁梁

钢桁梁桥最常用的是平面桁架，在竖向荷载作用下其受力实质是格构式的梁。主桁由上弦杆、下弦杆和腹杆组成，钢桁梁有较大的跨越能力，但是，钢桁梁的杆件和节点较多，构造较为复杂。本次建模利用公制结构框架－综合体和桁架标准构件族分别建立上弦杆、下线杆和腹板的族（图 7-32）。

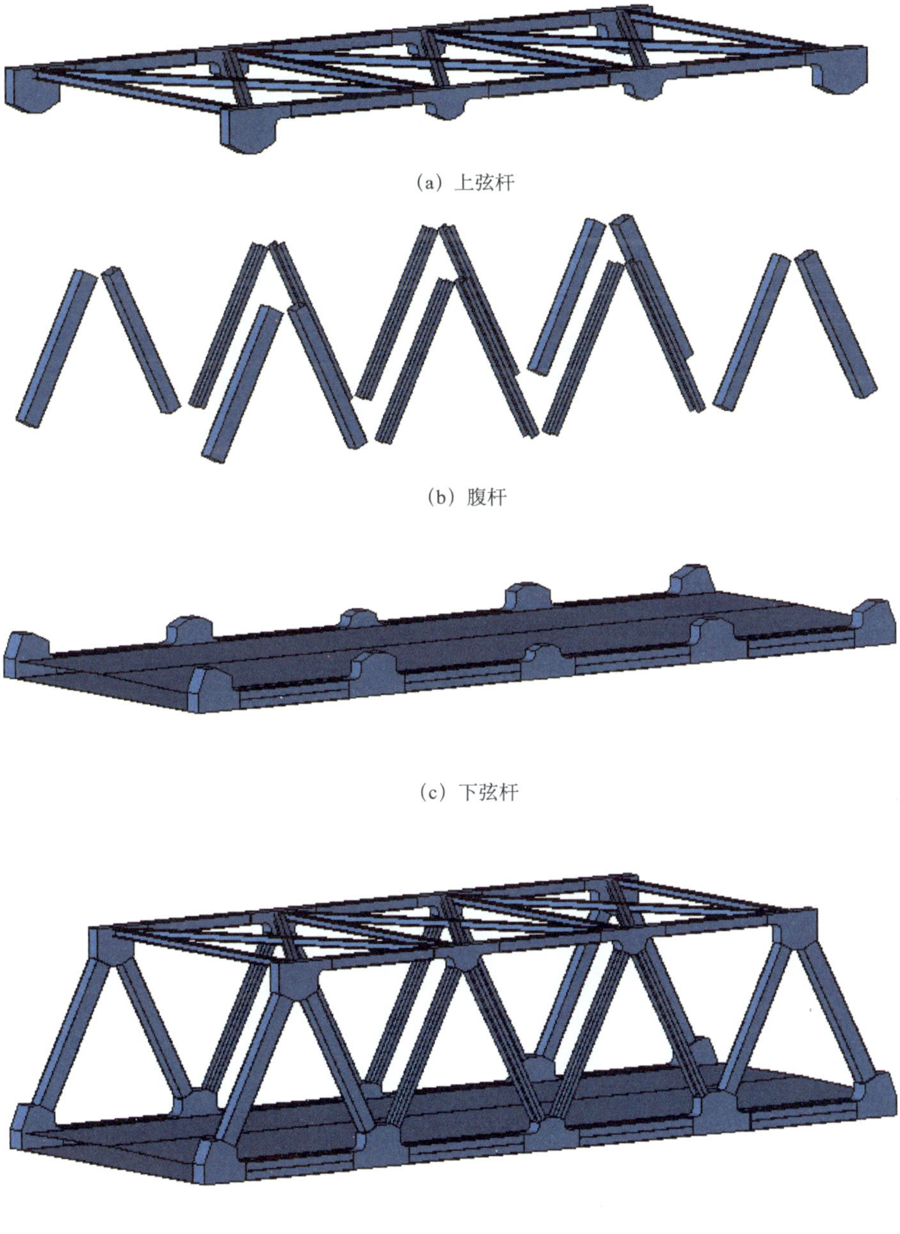

(a) 上弦杆

(b) 腹杆

(c) 下弦杆

(d) 钢桁梁

图 7-32　钢桁梁分解图

⑦桥墩台及基础

杭海城铁项目全线桥墩可分为圆端形实体墩(直坡墩)、圆端形实体墩(放坡墩)、圆端形实体墩(高低墩)、圆端形空心墩、双线矩形墩、四线实体墩、门式墩(图 7-33 ~ 图 7-39)。桥台分为单线桥台和双线桥台(图 7-40)。墩台均采用公制体量标准构件族,建模过程中设置实例参数对模型进行参数化设计,以满足不同类型墩台的要求(图 7-41)。桥墩分为垫石、顶帽、托盘、墩身四部分;桥台分为桥台台顶、桥台背墙两部分。门式墩包含左柱、右柱和盖梁。基础包含桩基础和明挖基础,桩基础包含承台和桩基(图 7-42)。

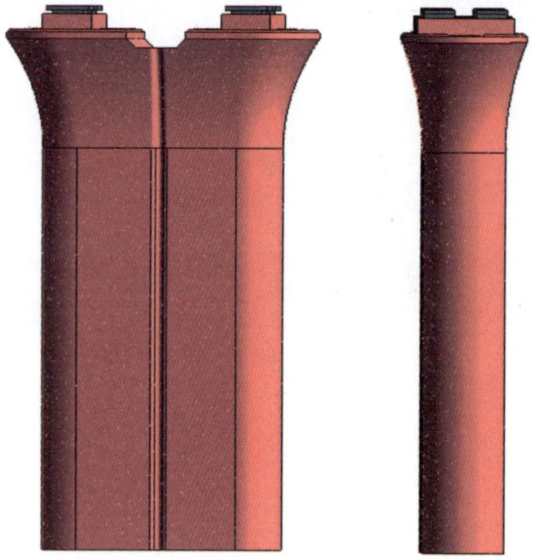

图 7-33　圆端形实体墩(直坡墩)

图 7-34　圆端形实体墩(放坡墩)

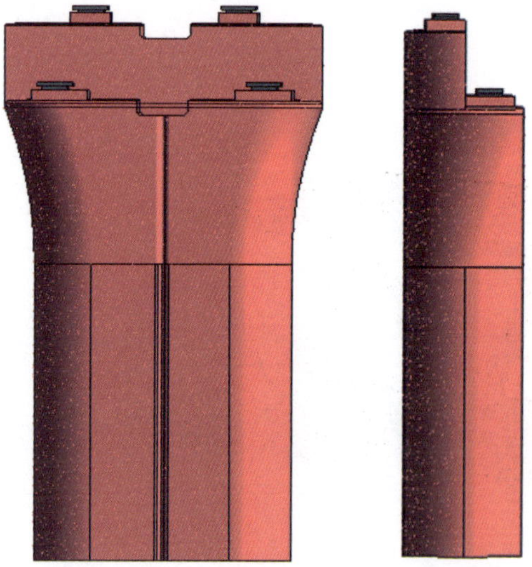

图 7-35　圆端形实体墩(高低墩)

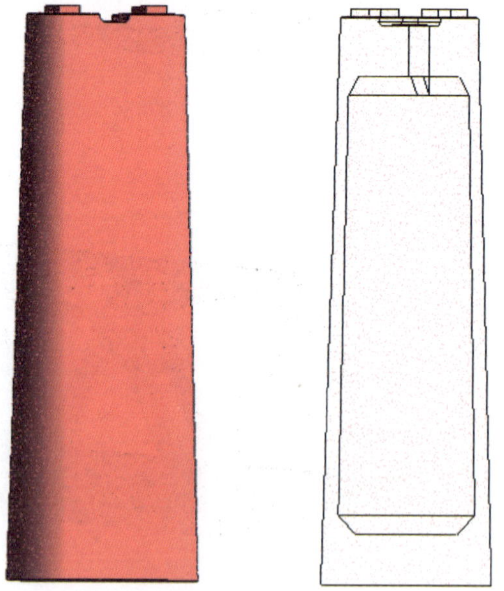

图 7-36　圆端形空心墩

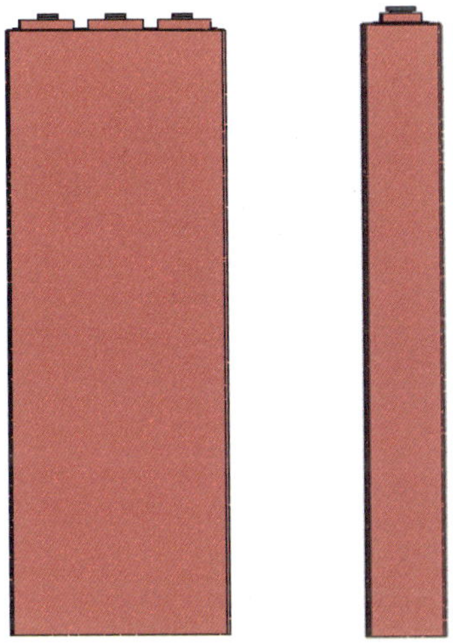

图 7-37　双线矩形墩

图 7-38　四线实体墩

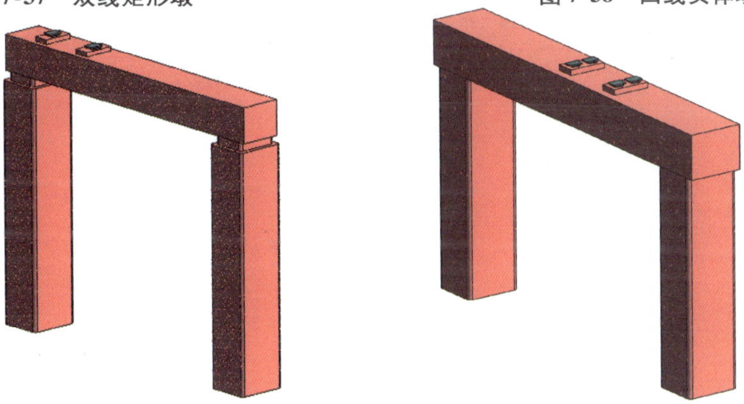

（a）钢门式墩　　（b）混凝土门式墩

图 7-39　门式墩

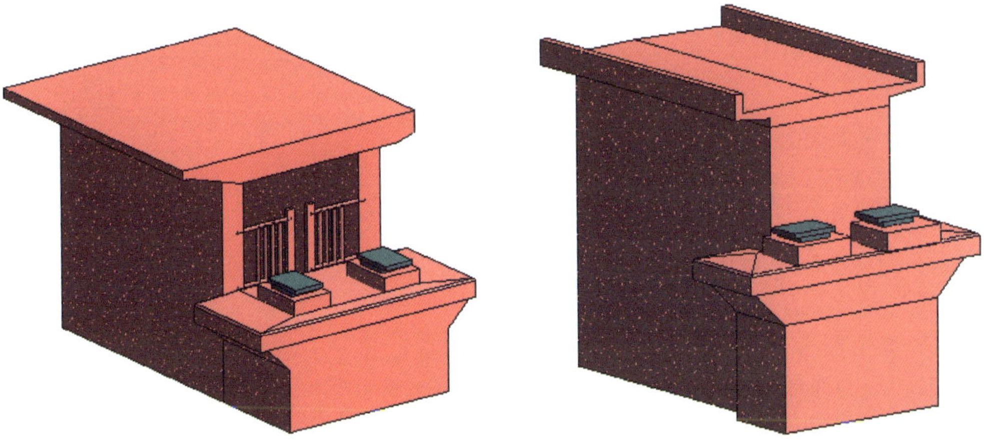

（a）单线桥台　　（b）T梁桥台

图　7-40

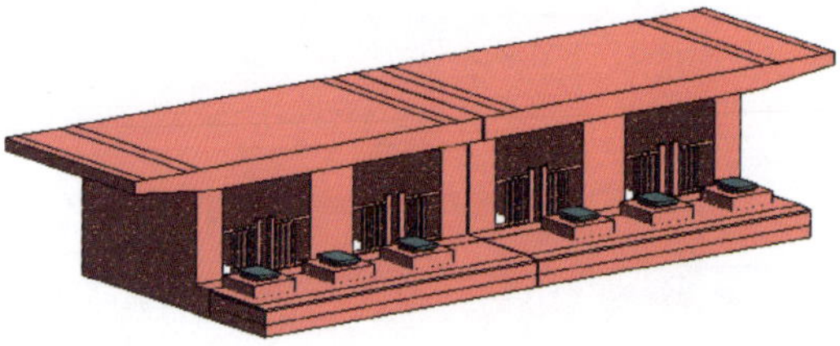

（c）双线桥台

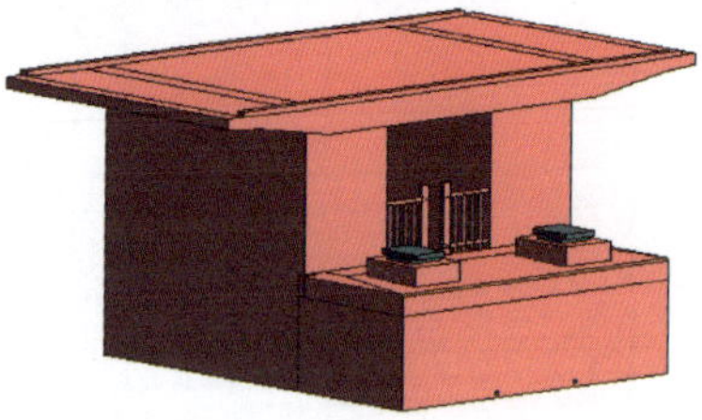

（d）双线双幅桥台

图 7-40　桥台

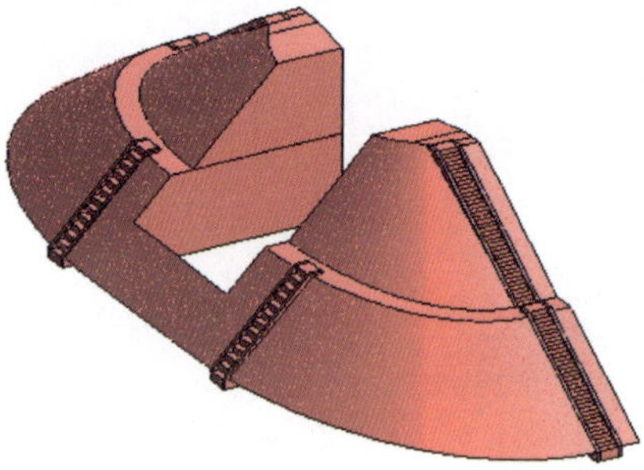

（a）正线桥台锥坡

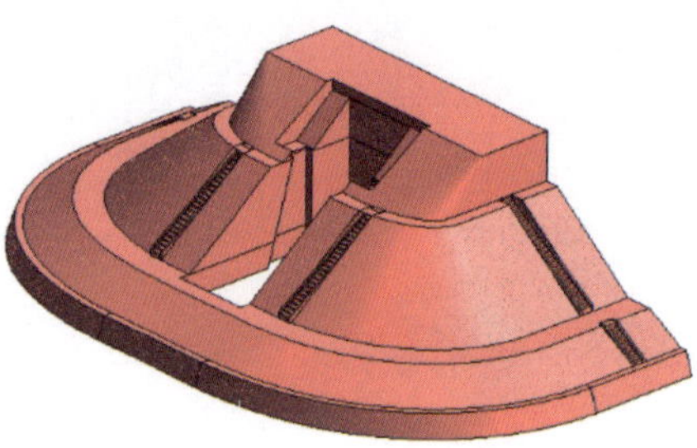

（b）公路桥锥坡

图 7-41　桥台锥坡

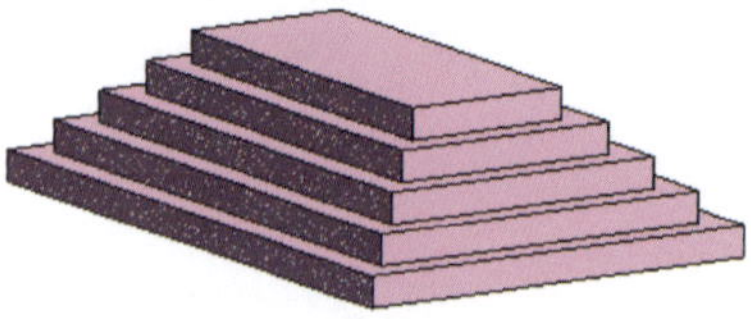

（a）明挖基础

（b）桩基

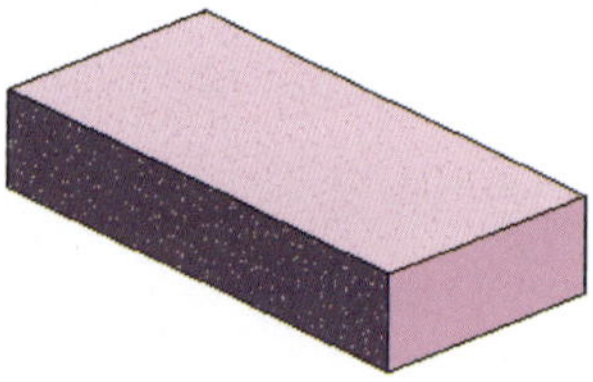

（c）承台

图 7-42　基础

（3）构件材质设置

杭海城铁项目 BIM 桥梁模型构件材质设置方法如下：

管理选项卡中点击材质，设置图形和外观。设置混凝土—平面—抛光灰色—承台、混凝土—平面—抛光灰色—桥墩、混凝土—平面—抛光灰色—箱梁、混凝土—平面—抛光灰色—桩基、金属支座五个方面的图形颜色和填充图案。

为了更为快捷方便的操作，还可以设置全局参数。设置方法为：管理选项卡中选择全局参数，在实例族关联相应的全局参数（图 7-43）。

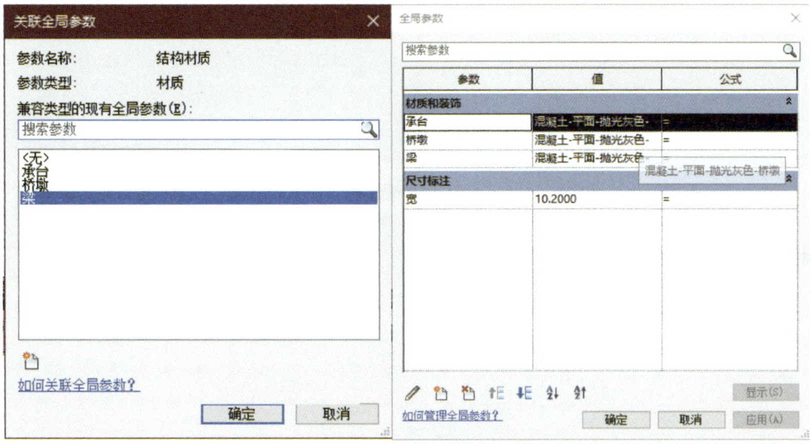

图 7-43　参数设置

3. 模型集成

(1)项目基点设置

BIM 技术的核心在于其能实现协同作业、数据共享。本次建模为满足各专业模型在链接时的项目基点位置完全一致,各专业需给每个模型设置项目基点。Revit 中项目位置与项目基点位置默认为锁定的关联状态,即项目的位置是会随着项目基点的位置变换而变化的。下面以具体项目为例进行详细说明:

新建一个结构样板项目,点开场地平面;插入选项卡中点击链接 CAD,找到已裁剪的平面 CAD 图纸,选择合适的单位;移动已载入的 CAD 图纸,将工点左线交点作为本项目的项目基点,最后对项目基点输入根据线路专业提供的工点坐标值。

(2)桥梁模型集成效果

桥梁组件建模完成后,基于线路进行装配,形成杭海城际铁路全线桥梁工点 BIM 模型。模型举例如图 7-44 ~ 图 7-47 所示。

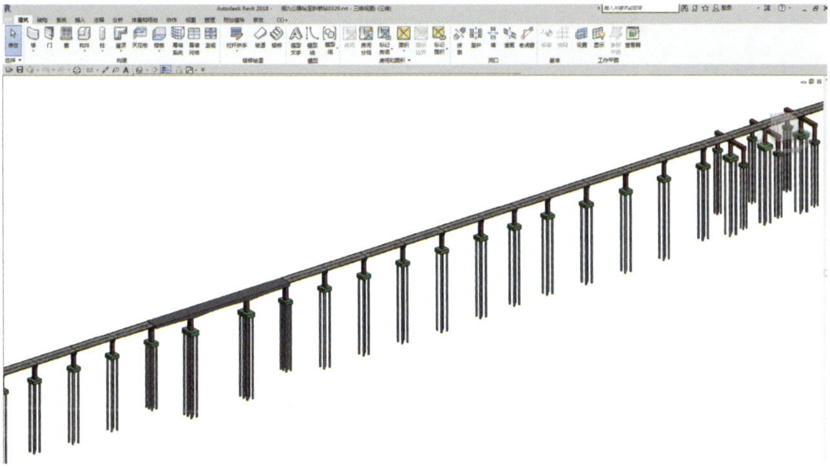

图 7-44　桐九公路站至斜桥站

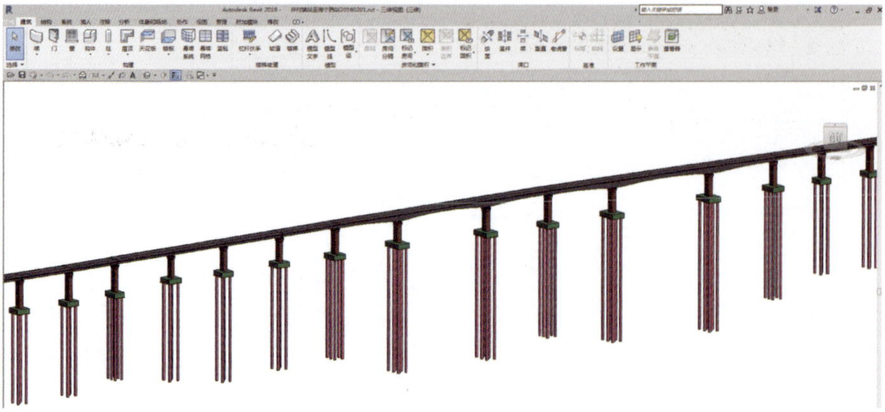

图 7-45　许村镇站至海宁西站

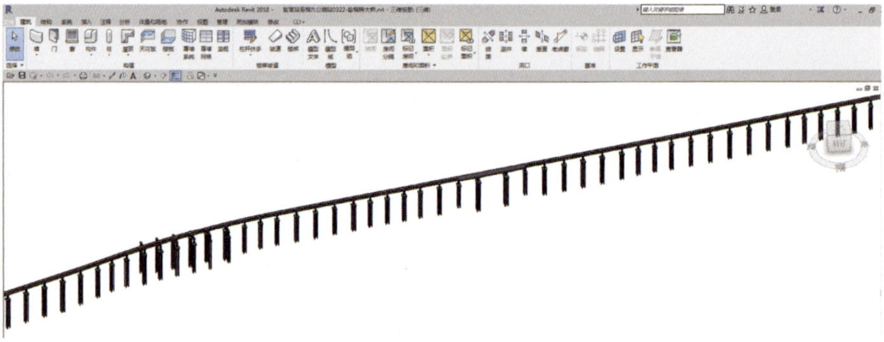

图 7-46　盐官站至桐九公路站—盐桐特大桥

图 7-47　智慧建造平台上桥梁模型展示

4. 项目总结

(1)桥梁专业运用 Revit 进行桥涵 BIM 精细化建模,基于参数化、模块化、结构化设计思路，大大提高了建模效率。

(2)建模过程中，实现 BIM 桥梁参数化构件族是核心工作。在本项目实践中，完善并扩充 BIM 参数化构件库，建立了一整套城际轨道交通桥梁构件库，从而实现基于 BIM 三维设计的桥梁工程应用。

7.2.3　气流模拟

防灾救灾是项目的一个难点，考虑到项目需求，设计者进行了多种火灾工况的模拟。

设计者将所建模型导入 ANSYS workbench 平台后，使用平台所带的 mesh 软件进行网格划分，通过采用 patch comforming 算法，将模型划分为四面体非结构化网格。通过对部分关键位置设定网格密度进行加密。

模拟中对车站不同风机启闭情况下的流场进行了模拟(图 7-48)。模拟选用标准 k-ε 模型，采用 SIMPLEC 算法进行计算。通过不同工况下流场模拟结果分析对比，优化了排烟方案，更好地保障烟气的有效排放。

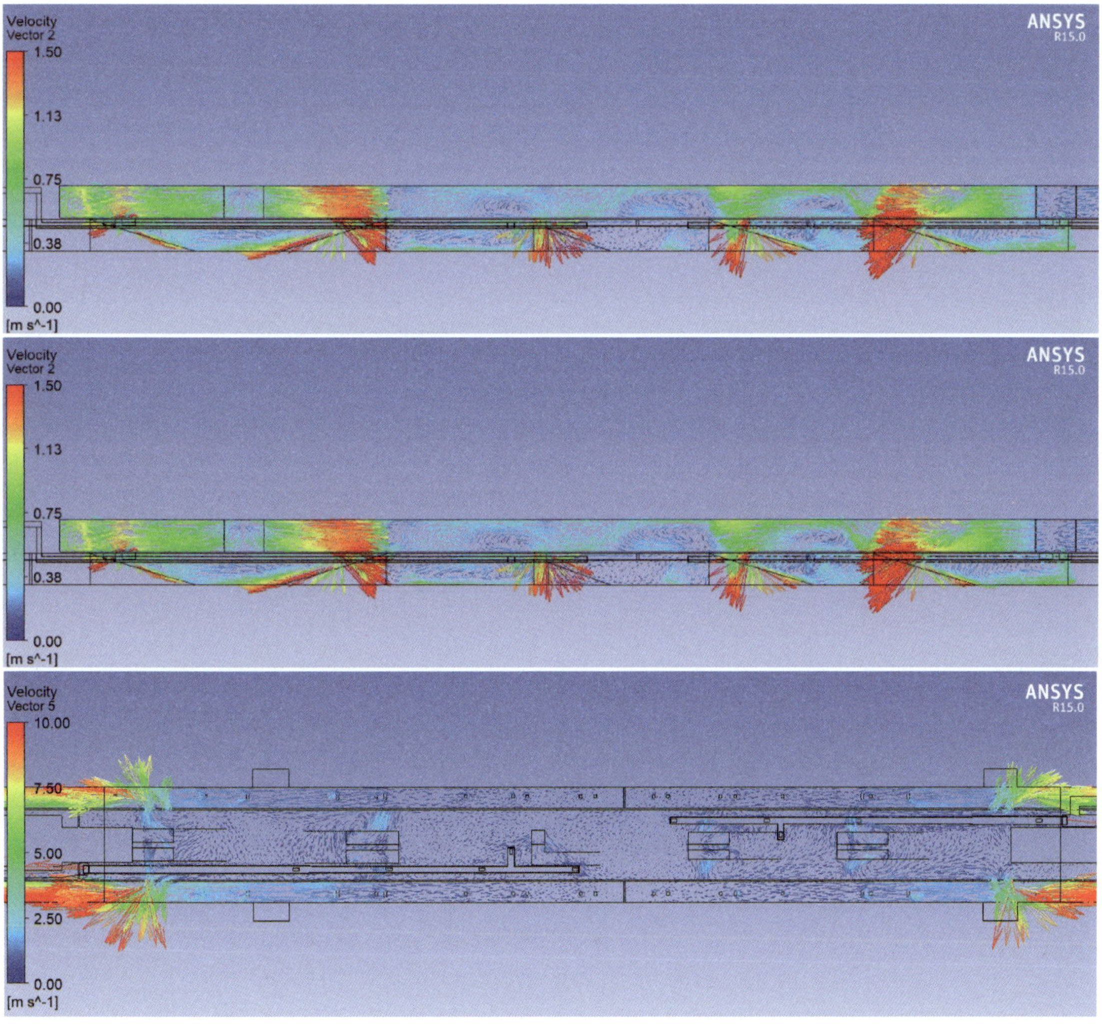

图　7-48

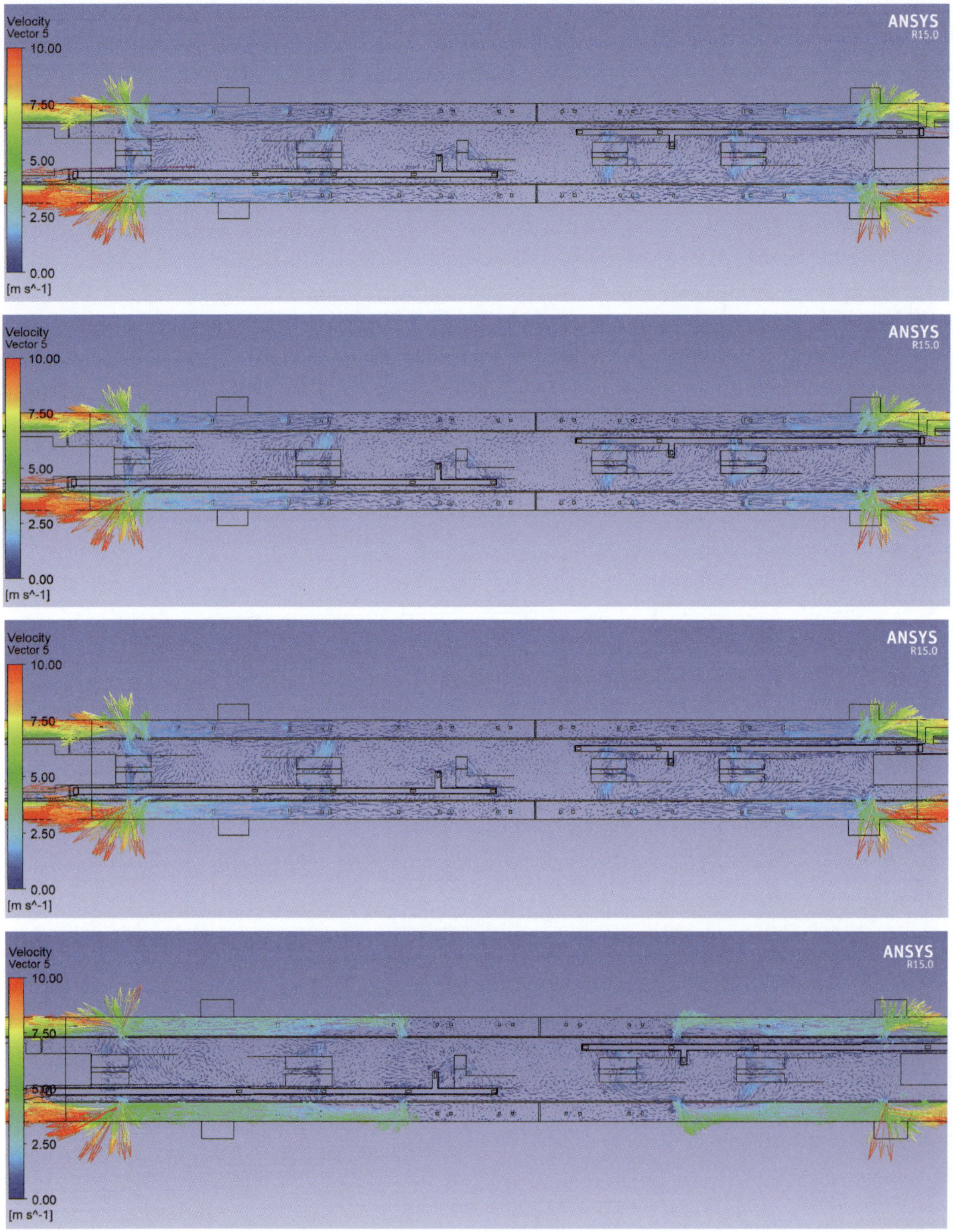

图 7-48　气流模拟图

基于 BIM 的设计过程中，进行火灾烟气、温度场仿真，在设计过程中充分地考虑到烟气的蔓延规律,并根据模拟结果优化设计方案,把火灾的风险降到最低。

另外通过 SES 对隧道区间的热环境进行模拟计算。SES 软件包主要由列车运行子程序、空气动力学子程序、温度/湿度子程序、热积聚/环境控制子程序四个互相关联的子程序组成。首先,列车运行子程序根据列车的运行安排计算出列车的实时位置及对应的速度、加速度和产热量。结合车站隧道的结构形式,空气动力学子程序便可计算出每个支路的空气流速、风量和空气阻力。然后根据热量与风量的关系,温度/湿度子程序便可计算出各个区段的温湿度值。最后,综合围护结构、土壤与空气的传热以及车站设计温湿度,求出车站冷负荷。具体的计算原理如图 7-49 所示。

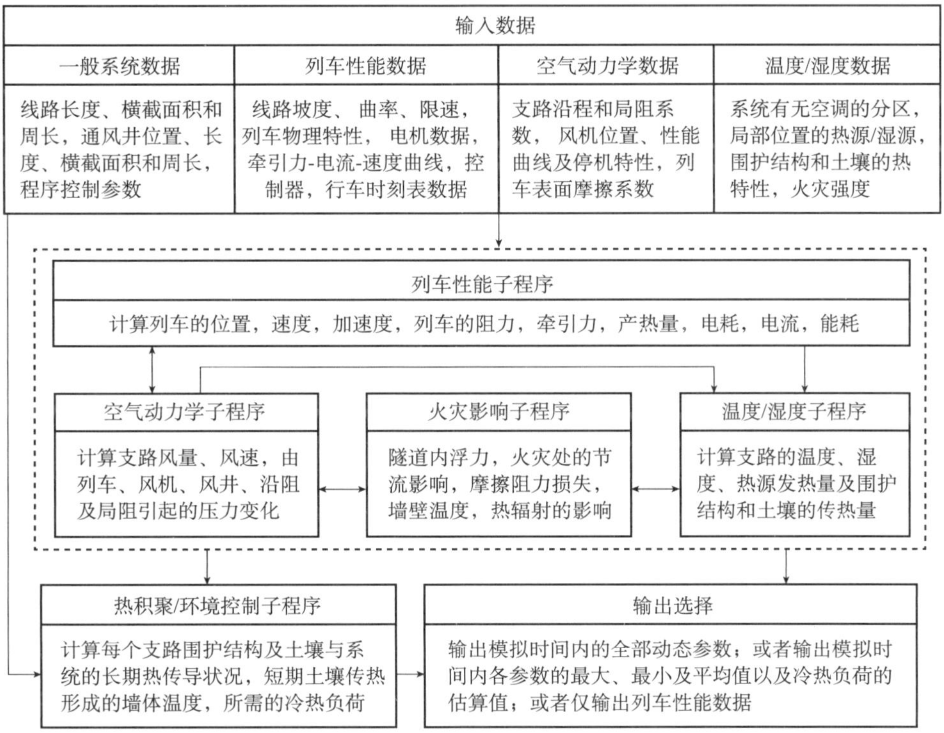

图 7-49　SES 程序计算原理

建模时,需要根据线路图、车站建筑图等资料,将地铁车站、区间、风井及配线抽象成为要模拟的网络模型。通风网络理论将通风系统抽象成由节点、线段、风机组成的通风网络图,也称拓扑图。SES 中根据此理论采用段(section)、支路(segment)、子支路(subsegment)、节点(node)、风机(fan)来描述通风系统,网络模型节点图如图 7-50 所示。

具有相同空气流量的支路称为段,通常将隧道与车站定义为“line section”,将风井定义为“vent section”;具有相同空气流速、相同截面积、周长、粗糙度的支路称为支路;在一个支路内,把各种热力学参数(如温度、湿度)均相同的支路称为子支路。在通风模拟中,支路为最小的控制单元体。在传热模拟中,子支路为最小的控制单元体。SES 在模型简化过程中作了如下假定:

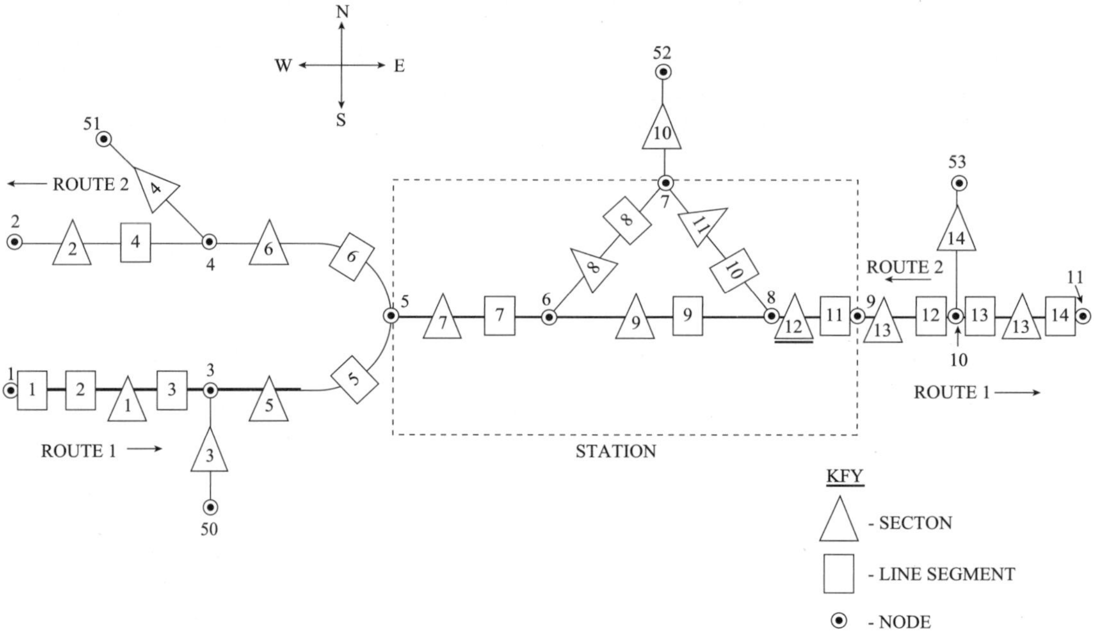

图 7-50　SES 程序计算节点图

(1)假定风井内无热源,即不考虑风井内风机的散热。

(2)假定风机是双向的,正向与反向的性能曲线相同。

(3)假定各个段气流均达到充分发展,处于完全紊流区,即阻力平方区。

(4)网络图中每个节点都遵守连续性方程、动量守恒和能量守恒定律。

SES 提供给了一个在多轨地铁中多辆列车双向运行的动态模拟,其主要功能包括:在各种复杂的地区,针对不同的列车运行状况、客流情况、站台结构、通风空调模式进行长、短期动态过程的模拟预测;确定各种条件下隧道、风井、车站的风速、温湿度的连续值、最大值、最小值、平均值及空调负荷,并确定区间发生阻塞及火灾时的通风方案。SES 主要用于短期模拟,如高峰时期的模拟。其应用范围有:前期通风空调方案的可行性研究、经济比选与技术分析、自动控制系统的设计和运营后环控系统的运行改造。

7.2.4　客流与疏散模拟

1. 模拟背景

地铁车站是城市轨道交通的重要建筑,是为乘客提供运行服务的场所。其不仅在建筑布置上必须满足地铁车辆运行安全及系统设备的功能需求,还要保证乘客使用安全、方便,为乘客提供舒适的乘车环境。

对车站客流的模拟开发,是对车站内上车、下车、过街等各种客流的流动进行动态的模拟,掌握其流量、流向,检测楼梯、扶梯等设备的适应能力及服务水平,合理控制车站的规模。

车站是地铁系统的重要组成部分,其规模的合理与否直接影响系统的总体投资。因此,该项目的开发对于在保证功能的前提下,尽可能提高各设备的利用率,降低运营费用,减小车站规模,保证投资的合理性有重要的作用。

对车站乘客行为的模拟,可以直观的了解客流在车站内的分布,相互间的冲突,各设备之间的适应能力,通过对设备的调整、优化,使设备更满足客流的要求,使系统内功能协调统一,保证服务水平的一致性。这也正是轨道交通系统的先进性的体现。

对车站客流的模拟的开发,也有利于对车站更好的管理和控制,提高管理水平,保证对乘客的服务水准。

目前国内外的地铁车站设计的趋势逐步发展为精细化设计,在车站设计特别是大客流车站的设计及改造中广泛采用乘客行人仿真模拟的手段来检测车站的设计,通过模拟人的行为来检测空间布局和设备配置是否满足需求,进而可根据拥挤程度等,找出薄弱点,改善设计。

通过对皮革城站、海昌路站及浙大国际学院站三个地下站的客流仿真模拟,分析其车站方案的适应性。文中以皮革城站为例详细阐述客流与疏散模拟模拟在地下地铁车站中的应用。

2. 研究依据

研究的依据主要有以下部分:

(1)各换乘车站的车站布局图等。

(2)运营线网客流数据。

(3)换乘车站的内部微观客流数据。

(4)实际运营时刻表。

(5)现状调查的数据(统计、录像等数据)。

3. legion 模拟软件介绍

杭海城铁项目采用人员动力学模型 Legion 进行模拟仿真研究,Legion 软件是英国 LEGION 公司开发的行人仿真模拟软件,其可被应用于多种环境之中,包括地铁站,飞机场,大型运动场和综合体育馆,人行组织交叉口以及零售商业区等等,特别是换乘站或大客流的综合交通枢纽。

LEGION 能够模仿行人在行走时的细致行为,以及与周边设施和其他人群的互动联系。这些详细的分析可以被用作实现设计、管理的最优化,以及最大程度地提高公共空间的安全性能。从而减少了工程费用,改善需求预测、安全控制以及遇到紧急事故需要疏散时的情况预测。

Legion 主要由三部分功能组成:建模器、模拟器和分析器。

建模器可为模拟空间创建一套精确的模型。例如:导入定义物理空间的建筑图(CAD)(计算机辅助设计图);指定行人对空间的需求;指定活动区域,如排队区或等待区等;考虑不同的路线;向模型链接操作数据;导出用于模拟器的模型文件。

模拟器可模拟行人在建模器中定义的模型空间内如何运动或循环。利用模拟器,可导入模型文件;播放和查看模拟; 以即将分析的“结果文件”(. res 文件)记录模拟的相关部分;以演示视频文件对模拟的全部或有关部分进行记录。

分析器用来在模拟空间运行一系列分析。通过分析器可以导入结果文件和模型文件;播放已经记录的模拟的选定部分或运行一套新的模拟(和在 Legion 模拟器中一样); 以地图的形式观看重要的测量学信息；运行详细的分析，以时间系列、堆栈条线图或柱状图形式显示分析结果；以图形、结果文件、视频、图片或表格形式导出分析对话，以便插入演示文件、报表和空白表格软件中。具有人流密度、行走时间、疏散时间、最大排队时间、最大等待时间等分析数据统计功能，支持图形、数据、图表的数据输出方式。

新版的 Legion 2006 支持三维场景和行人的仿真功能(图 7-51)。

图 7-51　Legion 3D 显示系统

4. 仿真原理

Legion 模型为人员疏散的矢量模型，最大的特点就是基于个体行为(agent-based)和矢量连续空间(Vector)解析，能够兼顾人员个体行为描述、人员规模和空间区域三个方面，可适用于大规模大区域的人群模拟仿真。模型以每个行人个体为单位，行人的每一步在行走平面路线和方向上都通过计算机算法计算，即每个行人个体有决定自身行动的决策权，在决策时考虑周围环境(建筑及障碍物等)和与其他行人相互作用和影响，进行信息交流，做出相应的决策。该模型主要用于研究人群疏散行为、疏散时间、疏散策略与技术等(图 7-52)。

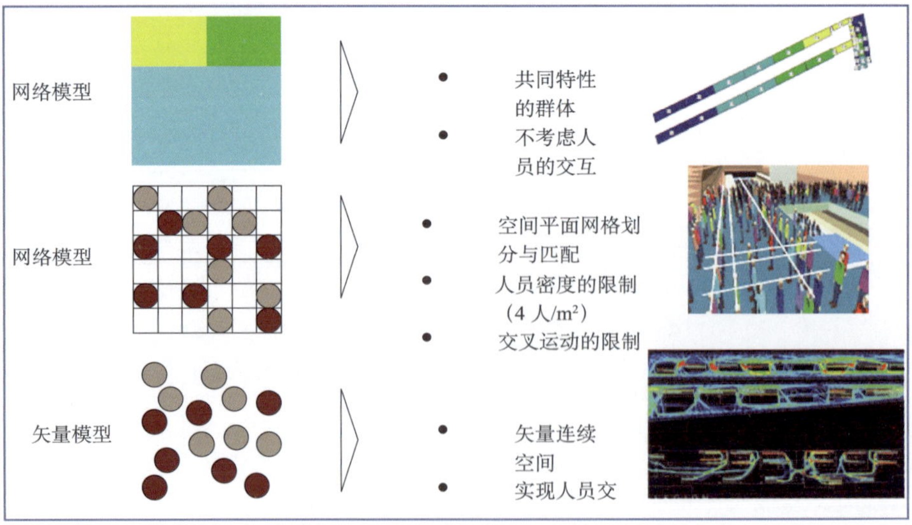

图 7-52　矢量模型的特点

主要设置为：

基于个体行为(agent-based)的疏散模型；

组成人群的“实体”具有思考和对周围环境做出反应的能力，用力学模型模拟步行者拥挤动力学。在决策时考虑周围环境(建筑及障碍物等)和与其他行人相互作用和影响，进行信息交流，做出相应的决策。

“实体”均以彩色圆圈表示，其面积大致相当于一个实际行人的大小。“实体”的大小根据其分布和被分配行李的数量多少而不尽相同。在狭小的空间，他们可以临时“流动”，以便相互推挤穿过。

空间平面采用矢量连续空间(Vector)解析的疏散模型。

Legion 的空间平面为矢量二维连续空间，而不是其他模型采用的网络或者网格解析。因此可以更精确的负责行人运动，例如双向流动、复杂方向流动和交叉、追赶、避障等。相比来说，基于网格化的模型需要更多的规则或者近似。

Legion 采用“最小努力”规则。“实体”在选择它们下一步动作时，试图最大程度地降低他们自身的不满意度。不满意是由可能会降低他们运动速度的一些身体和心理方面的因素造成的，例如：行动受挫—不得不在拥挤的空间中放慢速度；不便利—向前运动需要付出体力；不舒适—缺少足够的私人空间。

5. 皮革城站仿真模拟

(1)皮革城站客流预测结果

具体结果见表 7-2。

表 7-2　皮革城站客流预测结果

上行(人)		下行(人)	
上客量	下客量	上客量	下客量
2 016	5 851	3 173	6 548

(2) 仿真情景

①客流类型见表 7-3。

表 7-3　客流仿真

客流编号	客流名称	客流标识	备注
1	En		进站客流
2	Ex		出站客流

②参数设置：22 列/h，超高峰小时系数：1.4，闸机：1 800 人/h，安检机：2 000 人/h。

③评价体系：本次仿真采用 Fruin 服务等级指标，评价设计方案的合理性(表 7-4)。

表 7-4　Fruin 服务等级指标

类型	服务等级	密度(人/m^2)	流量 人/(m × min)	行人流动状态
	A	<0.31	>23	可自由选择步速，不发生冲突

续上表

类型	服务等级	密度(人/m²)	流量 人/(m×min)	行人流动状态
	B	0.31~0.43	24~33	可以保持正常步速,较小冲突
	C	0.42~0.71	34~50	自由选择步速受限,有一定冲突
	D	0.72~1.08	51~66	正常步速受到限制,不能避免冲突
	E	1.09~2.13	67~82	必须调整步伐慢行,行动很受限制
	F	2.13	≥82	完全受限,跟着前面行人移动

(3)客流仿真结果及评价

①模拟输入

按照车站设计行人流向及扶梯设置方案,本线采用4辆编组B型车。

②模拟结果

具体模拟结果如图7-53~图7-55所示。

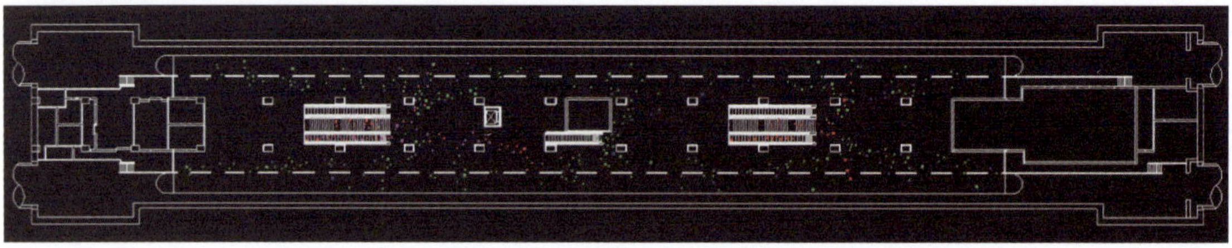

图7-53　站台模拟客流图

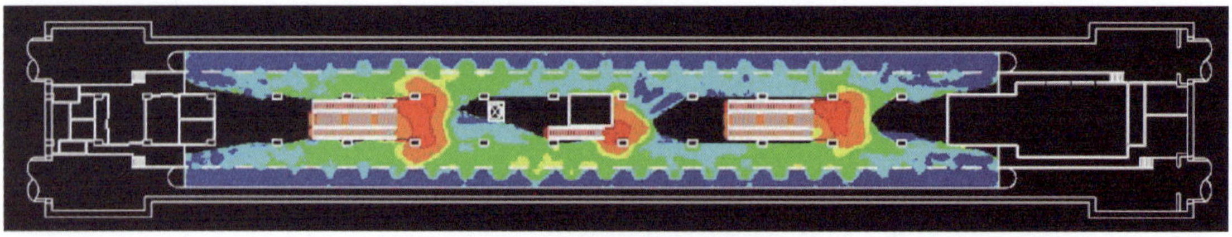

图7-54　站台客流平均密度

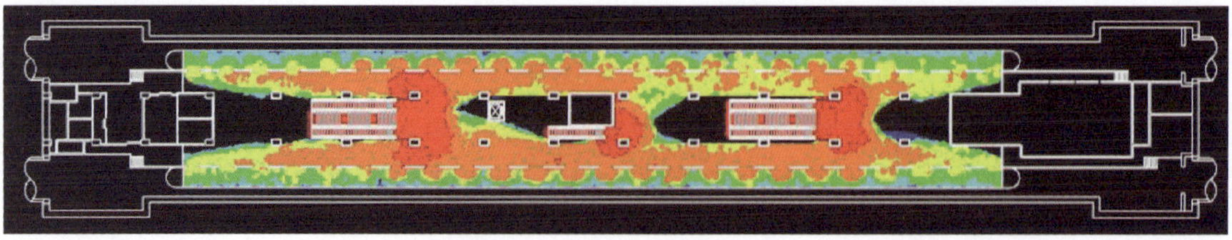

图7-55　站台客流最大密度

平均密度图显示高峰小时内车站内部空间的平均行人密度,是一个统计平均结果。密度越高则色彩越偏红色，密度越低则越偏蓝色。如果空间完全没有被使用过，则为背景颜色。从上图中可以看出平均客流密度图在 A（蓝色）～C（绿色）级舒适水平，在楼扶梯口部由于客流较集中到达 E 级（橙色）。

最大密度图显示高峰小时内车站内部空间的瞬时最大密度，它反映了车站的瞬时最拥挤状态，可以反映出车站设施适应性和对短时大客流冲击能力。从最大客流密度图看出，在超高峰时刻，靠近楼扶梯口部处及换乘楼梯通道与站台交接处均处在拥挤（红色 F 级）。

综合分析，站台在超高峰时刻均未出现大面积拥堵（红色 F 级），具有抵御短时大客流冲击的能力。站台回向下车客流较大最大客流密度处在 D 级（橙色）范围内，会出现短暂拥挤但不会造成乘客滞留，其余部位服务水平良好。

（4）站台评价

从站台客流密度变化图 7-56 中来看，客流密度随着列车进站离站呈现较规则波动，在超高峰时段客流密度在 0.55 至 1.35 之间，没有出现客流滞留情况。从站台客流密度分频累计图 7-57 中来看，乘客感觉到舒适的（A～C）占 89%，感觉到比较拥挤占 11%，没有人感觉到拥挤和拥堵。

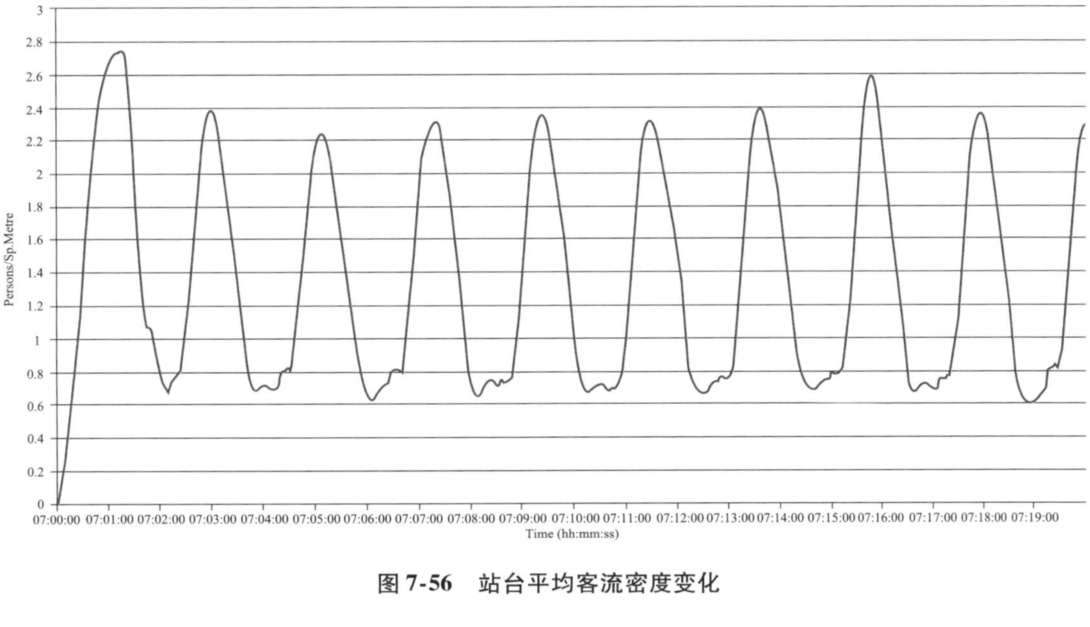

图 7-56　站台平均客流密度变化

（5）仿真结论及建议

客流密度评价：站台在超高峰时刻均未出现大面积拥堵（红色 F 级），具有抵御短时大客流冲击的能力。站台回向下车客流较大最大客流密度处在 D 级（橙色）范围内，会出现短暂拥挤但不会造成乘客滞留，其余部位服务水平良好。

设施通过能力评价：安检机、闸机、楼扶梯等设施均能满足高峰小时客流的冲击，不会成为影响客流通行能力的瓶颈。

结论：此方案与高峰小时客流相适应，能够承受高峰小时客流的冲击，安检机、闸机、楼扶梯等设施通行能力足够，站厅、站台未出现持续性拥堵，舒适度较好，方案可行。

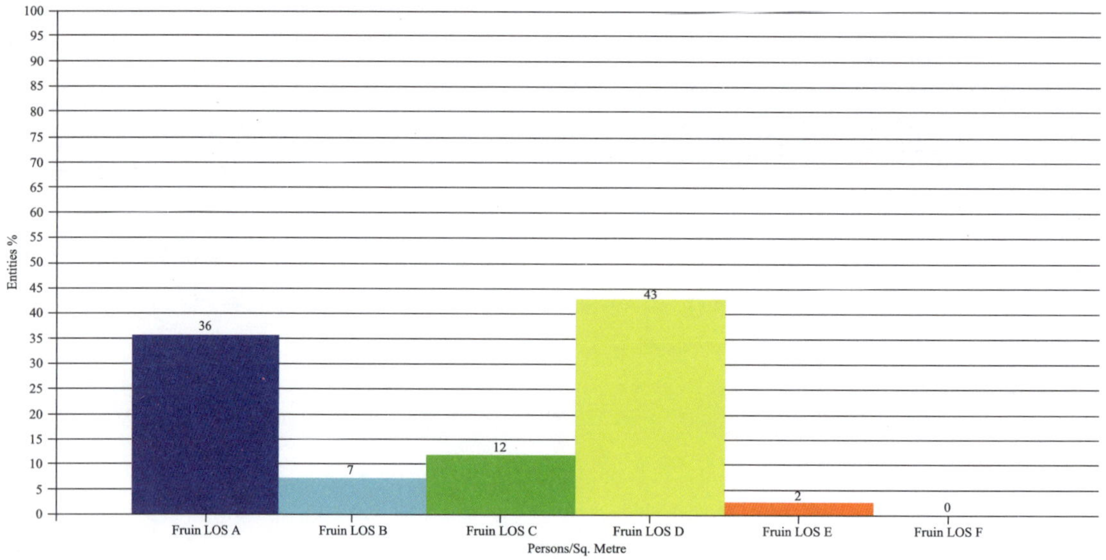

图 7-57　站台客流密度分频累计图

7.2.5　BIM 深化设计

各弱电及供电系统由于特殊性，设计图纸主要由系统图、接线图、平面布置图构成，而施工单位则依据一次图、二次图进行施工，在线缆排布方面，随意性较强，虽然在竣工验收前，施工单位会对线缆进行统一挂牌工作，但仍无法保证设备房外到末端设备的线缆排布整齐，这给后期的运维工作带来很大的麻烦。

杭海线通过 BIM 进行设备房深化模型，从施工进场前对每一根线缆进行精准排布并指导施工人员进行操作，使线缆排布整齐有序，线缆布放一次成型，减少传统工序上放线之后线缆排布的工作量及工期，也为移交后的运维阶段做好基础，简化运维阶段工作；同时在线缆计量上，较 CAD 二维图纸更加准确，使施工下料更精准，减少材料损耗，也降低成本。

1. 通信机房深化

在车站建筑模型的基础上，通信专业完成以下设计工作：

(1)设备房间孔洞预留预埋：主要包含楼板洞、侧墙孔洞以及墙体插座盒等预留预埋，实现工厂在生产预制构件时，同步将板墙及平台等构件中的孔洞进行预埋。

(2)管线桥架布置：根据各专业设计成果创建管线综合模型，进行各专业之间的碰撞检查，使各专业管线之间、管件和结构之间实现零碰撞。

(3)通信机房机柜布置：在三维建筑模型中进行设备机柜布置，完成室内设备与空调、灭火设备、照明设备间的安装位置检测，使室内设备布置更为合理，有效利用机房空间(图 7-58)。

(4)车站通信终端设备布点：结合车站装修完成车站公共区和设备区终端设备(包括摄像头、扬声器、PIS 屏、天线、闸机、自动售票机等)布点，避免通信终端设备与导向等其他专

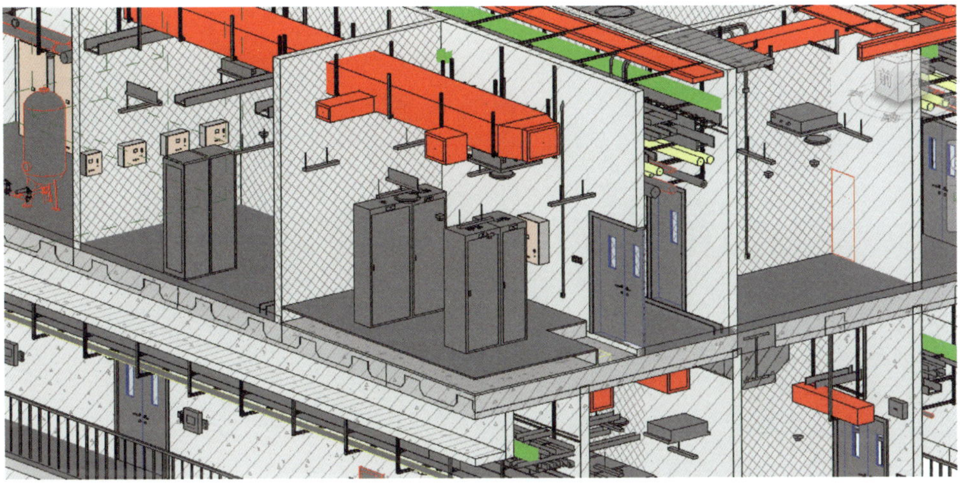

图 7-58　机房布置效果图

业“打架”的情况，更直观明了的进行终端布点，减少差错漏碰现象的发生。同时为车站装修效果三维展示、为方案评审、决策工作等提供直观的方案展示途径。

2. 供变电机房深化设计

（1）设备模型布置

通过三维建模，实现设计方案的可视化表达。结合项目实际，基于标准化、规范化和精细化建立供电设备族库，直观反映设备的几何信息和电气信息。在土建配合阶段，以设备的实际尺寸轮廓进行设备布置，能够最大程度地优化布局，标记设备操作面和背面，直观的比较各个布置方案的优缺点，调整到最有利于运营使用的设备布置方案。软件设计平台提供协同式的设置方案，使设备布置、预埋件布置及孔洞设置相对应，实现三者空间上的协调统一（图 7-59、图 7-60）。

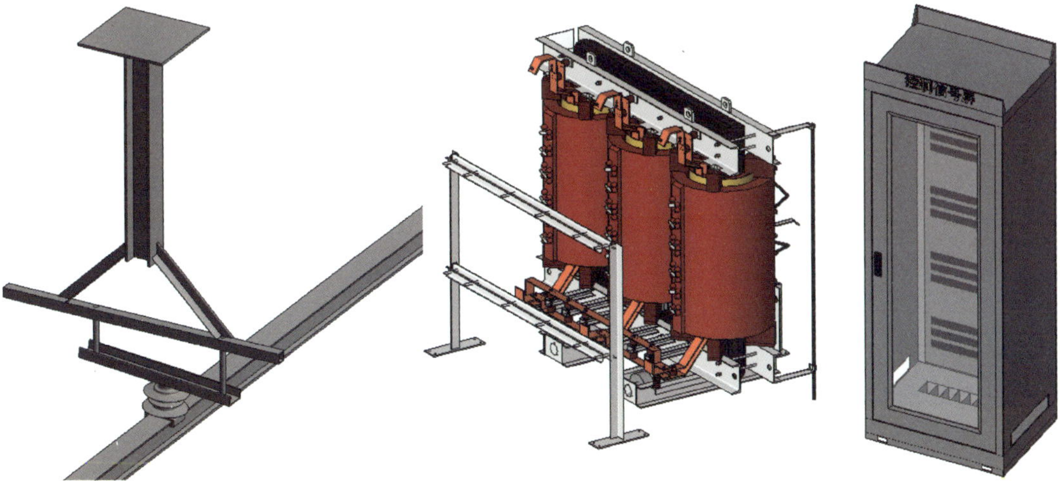

图 7-59　部分设备族模型

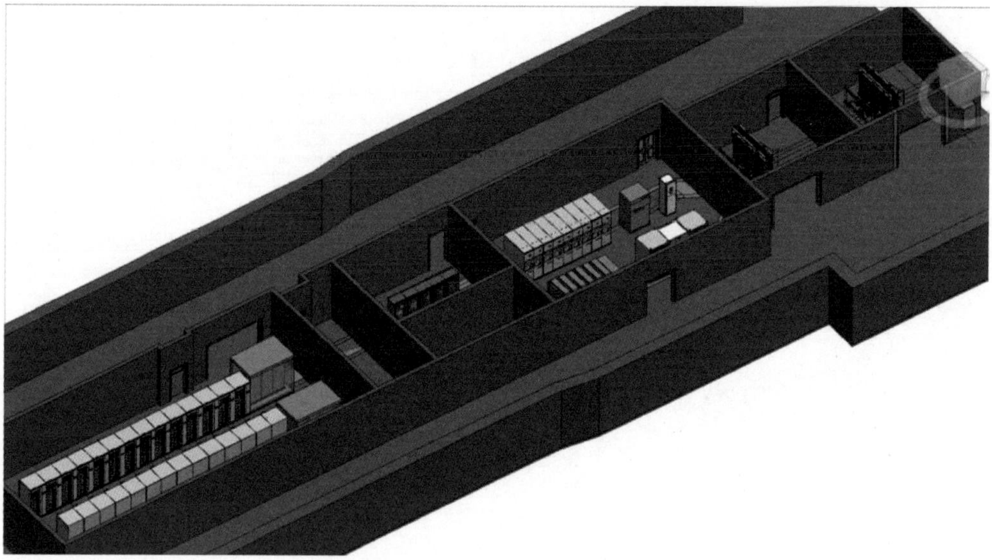

图 7-60　典型设备布置

（2）接地设计

通过接地设计工具，动态绘制接地网，自动完成相关计算，并对相关参数进行校验，完成车站接地设计。

（3）电缆敷设

根据电缆联系信息和实际的模型环境，对电缆支架和电缆沟进行绘制，在此基础上自动进行电缆优化敷设。同时，软件能够自动精确统计电缆长度，根据需要从多视角、多维度展示电缆敷设分布情况。

（4）多专业间的协同

传统设计采用二维设计，各个专业通过在约定的节点互提资料完成配合。虽然这种方式较为成熟，但仍然存在着数据交换不充分、信息互通不健全等问题。BIM 技术使得建筑、结构以及各系统专业之间的设计数据得到可视化共享。通过分布式操作，不同专业的设计人员完成专业内的相关设计，并将数据同步更新到中心模型中，保证成果的实时性及唯一性。该方式避免传统设计中由于各个专业间互提资料、沟通问题造成的数据前后不一致，并实现正确的设计流程管理。

（5）碰撞检查

通过三维模型精确的坐标和属性，自动检查机械安装方面的冲突，以及设备与管线、墙体之间的间距要求，避免了工程设计中的“碰、漏、缺”现象，实现高精度无差错设计。以变电所设备为例，主要的管线碰撞是风管，经常会不可避免的存在风管跨越设备。在以往的设计中，虽然要求风管出风口远离供电设备正上方，但不能保证分段的风管连接处避开供电设备上方，因此当风管产生冷凝水，仍然有滴水的风险。采用 BIM 设计，能够更加精细化的设计风管，确保风管连接处避开设备区，降低了安全风险（图 7-61）。

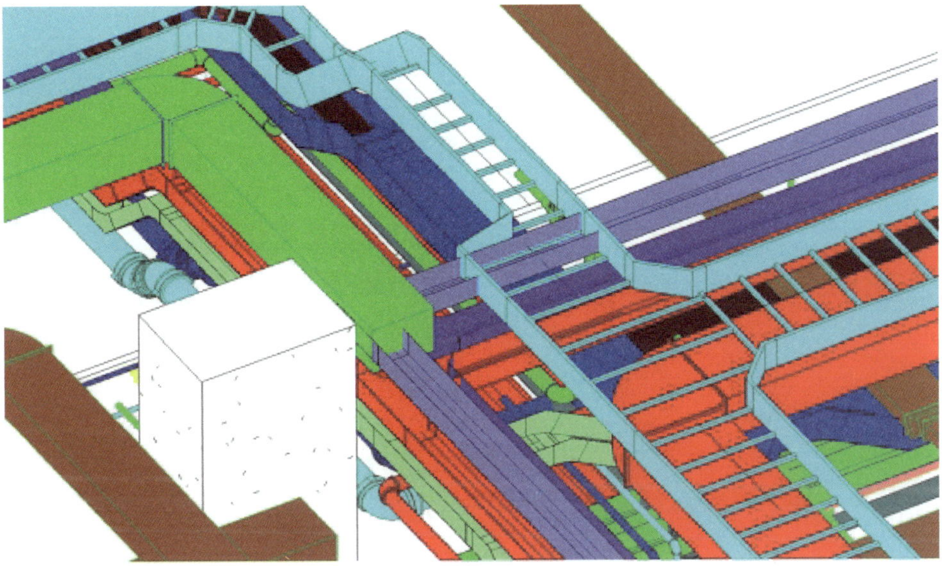

图 7-61　管线碰撞

(6)模型信息管理

基于标准化和规范化建立的电气设备族库、数据库和图库等,构成供电系统 BIM 设计平台的知识库。通过对知识库的有效管理和信息调用,不仅能实现对电气设备的几何参数进行描述,而且能够对电气设备的属性信息、工程参数、设计约束等方面根据一定的设计规则进行匹配和封装,从而更有效地解决参数驱动和模型驱动的机制问题。

以数据驱动为核心,通过软件平台进行二维与三维的数据交互,实现设备参数与电气设备模型之间的关联匹配。真正意义达到"一图修改、多图联动"的效果,减少重复操作,提高设计效率和质量。

3. BIM + 装配式集成冷站

随着时代发展,城市轨道交通也得以迅速发展。其中地下站冷水机房场地面积狭小,综合管线密集,阀门种类较多。同时建设工期紧张,管路布置合理、易施工和整体美观是目前面临的重点和难点。

为了更好地展示管道优化及预配方法内容,下面结合本项目实际操作进一步说明。

(1)现场空间实际测量:将冷水机房层高,结构支撑柱空间间距,包括墙、梁、板、柱与施工图纸一一核对,得出核对数据,分析数据对设备安装与空调管道安装影响程度,作为后期翻模优化数据支撑,允许误差范围内对后期 3D 翻模无影响。

(2)管件、阀门及设备建立组库:与阀门管件厂家获取阀门各种管件、阀门的设计外观尺寸及接口方向,建立阀门管件族群,建立相关的组库。

(3)深度优化建模:将冷水机房空调水管系统深度优化,在满足设计规范与验收规范基础上从管道布置上分析,调整管道路径,减少管道转折点,符合设计规范要求后重新排布管线,生成最终 3D 模型(图 7-62)。

(4)间距标注及管段排序:根据最终 3D 空调水管管道模型将对预配每节管道制作安装

顺序进行序号排序，确定管道管件阀门空间坐标，现场进行可视化模型合理性边制作边安装。

(5)生成下料清单：依照 3D 模型预配图生成各种材料归类及数量生成。

(6)现场制作安装根据下料清单及 3D 预配模型进行边制作边安装。

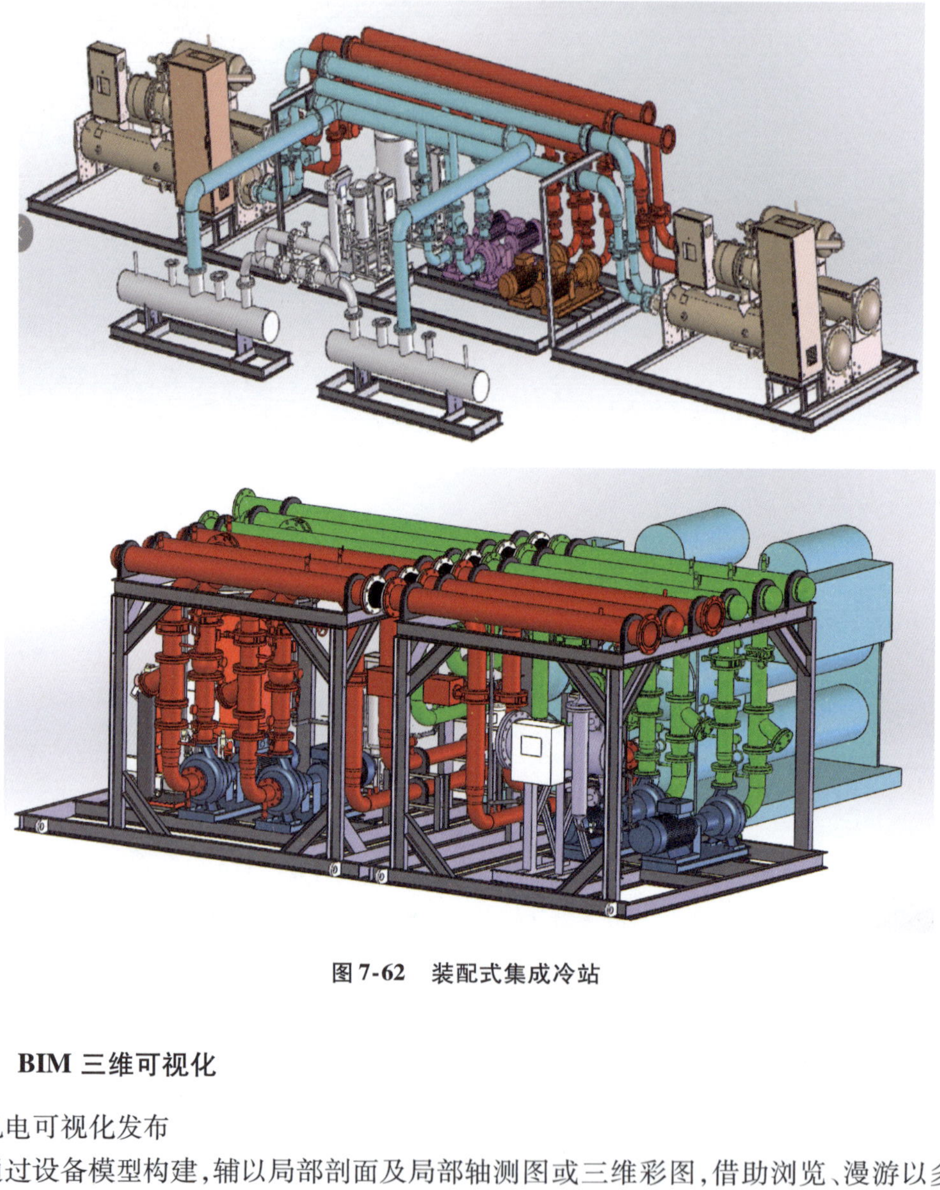

图 7-62　装配式集成冷站

7.2.6　BIM 三维可视化

机电可视化发布

通过设备模型构建，辅以局部剖面及局部轴测图或三维彩图，借助浏览、漫游以多种手段进行直观的表现，利于设计方、施工方和建设单位更快速地掌握现场情况，提高建设效率，保证各方的满意度。

移动端的设计成果巡游、电缆查询、图档查询、模拟施工等功能，大幅提高了设计数据的应用价值，彻底改变了传统二维图纸审核模式，设计成果通过更为轻便、真实的手段得以展现(图 7-63)。

图7-63　机房移动端展示

7.3　施工阶段应用情况

7.3.1　模型建立

1. 倾斜摄影

倾斜摄影宽度为100 m，长度为48 km，共计4.8 km^2；模型成果数据（三维模型）的空间参考为CGCS2000坐标系，高程基准采用1 985高程国家基准；模型的平面、高程位置精度满足《数字航空摄影测量空中三角测量规范》（GB/T 23236—2009）规定的1∶1 000空三精度要求。

倾斜摄影模型经过轻量化及切片处理后上传至杭海城铁智慧建造管理平台，并能够在平台上流畅运行，为BIM+GIS功能的实现做好了底层数据支撑。

通过BIM+GIS的技术手段，实现领导驾驶舱功能，解决企业级及多项目群的集成管理，管理者可以实时掌握工程情况。通过领导驾驶舱，高层管理人员可以随时随地从中查看有关项目进度、质量、安全、文明施工等流程执行等方面的绩效指标（图7-64）。

2. 土建模型

自2018年开始根据施工图纸，建立土建模型，并依据《杭州至海宁城际铁路〈BIM建模与交付标准〉》和《杭海BIM标准和应用指南》中的相关规定，相继完成了余杭高铁站、许村站、海宁高铁西站、长安站、长安东站站、周王庙站、盐官站、桐九公路站、斜桥站、皮革城站、海昌路站、浙大国际校区站等12个车站及区间风井的主体结构和主体建筑模型各约15万 m^2，总计约30万 m^2，模型构建约3.6万个；完成了余杭高铁站、皮革城站、海昌路站、浙大国际校区站等4个地下车站及明挖段的围护结构模型4 km，模型构建约1万个；完成了杭许特大桥、许海特大桥等高架区间模型约32 km，模型构件约1.5万个；余许区间盾构、

图 7-64　BIM + GIS(驾驶舱)

下穿沪杭高铁等区间隧道约 8 km,约 5 400 环,32 000 个管片。模型文件共约 1 G,构件约 8. 3 万个;形成 1 000 余个族,为后续族库提供了族文件。

模型精度均不低于要求的 LOD300,满足了施工阶段的要求;土建模型为施工单位的模型深化提供了基础依据,土建模型经施工单位深化,并完成施工阶段的拆分工作,模型经过轻量化上传至平台,轻量化模型为"杭海智慧建造平台"土建施工阶段应用提供了基础数据支撑。

3. 机电模型

机电 BIM 对接工作从 2018 年 9 月中旬对机电部、设备厂商及各施工单位分别进行了《BIM 在机电阶段中的应用》《BIM 设备模型精度要求》和《BIM 实施细则》为内容的 BIM 对接,并将 BIM 标准进行了宣贯。

杭海城铁机电 BIM 设计坚持施工图设计与建模同步实施,完成了涵盖通信、信号、供电、风水电等专业的车站机电管综模型;并于 2019 年 5 月开展了海宁高铁站机电 BIM 应用首件验收会议,通过漫游视频与三维模型的形式进行了机电 BIM 模型成果展示,可以直观地看到不同专业的碰撞,各专业的设备附件的安装位置,以及各专业构件的属性信息;展示了各个深化机房,机房内的排线整齐有序,给现场施工提供了更为直观的参照;在海宁高铁站 BIM 建模过程中,已发现管线碰撞问题 140 处,BIM 技术人员将发现的问题及时反馈给设计单位,达到了优化施工图设计,指导施工的目的。

于 2020 年 03 月份完成 12 个站的机电 BIM 模型管综模型交底。依据机电建模和交付标准,对机电信息模型进行了自查、审查,保证了模型质量。通过建立机电信息模型,进行了多专业的碰撞检查,12 个站施工前发现有 1 880 处碰撞问题。经过我们对每个站每一个问题的检查修正,形成了碰撞问题报告,并及时反映给了施工方和设计方。通过三方沟通,协同合作,制定出这些问题的解决方案,减少在建筑施工阶段可能存在的错误损失和返工的可能性,并且优化净空,优化管线排布方案。

模型精度均不低于要求的 LOD300,满足了施工阶段的要求;依据土建模型深化优化的机电管综模型,经完成施工专业拆分工作后并模型经过轻量化上传至平台,轻量化模型为

“杭海智慧建造平台”机电施工阶段应用提供了基础数据支撑。

7.3.2　机房深化

海城际铁路机电专业繁多,设备房内弱电线缆排布复杂。本工程应用 BIM 技术对全线各系统机房进行弱电排布优化,模拟机房机柜、走线架安装及综合布线施工(图 7-65 ~ 图 7-67)。

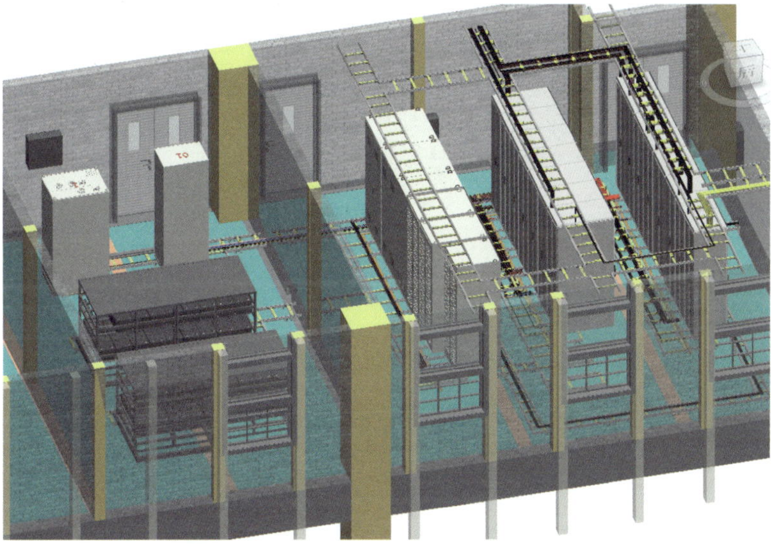

图 7-65　通信、综控专业机房深化建模

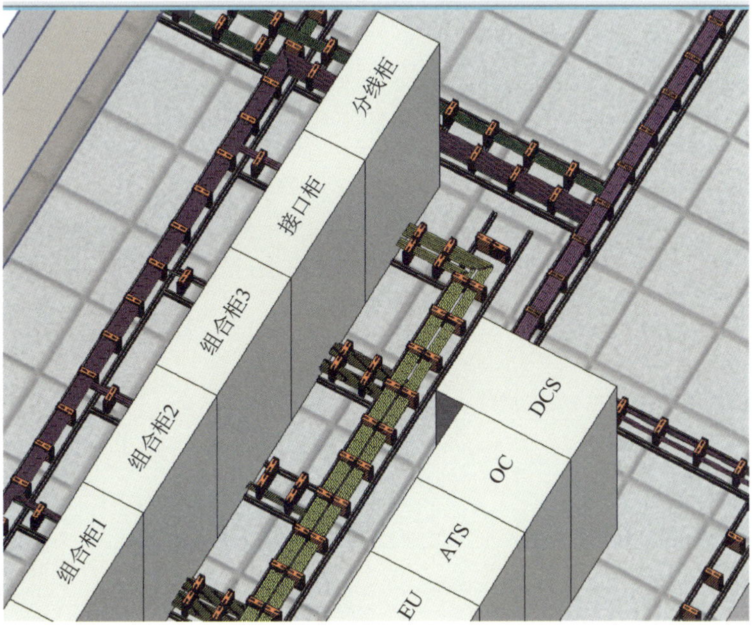

图 7-66　信号专业机房深化建模

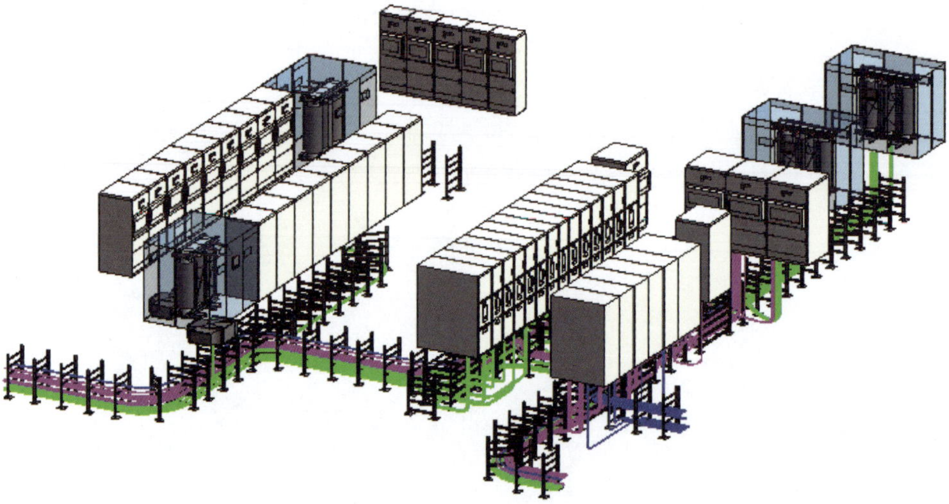

图 7-67　供电专业机房深化建模

根据弱电机房各系统机柜位置排布,统计各机柜缆线数量及型号,在利用 BIM 技术,结合弱电机房预留空洞,现场施工前模拟、优化机房走线架排布,并形成配线计划表(表 7-5)、CAD 图纸文件,便于指导现场施工。

表 7-5　配线计划

柜内线缆							
序号	线缆类型	线缆型号	单位	线缆数量	线缆起点	线缆终点	备注
1	交流电源线	WDZR-RYY $3\times2.5\ mm^2$	根	2	交流配电盘输入 1、2	交流配电屏－8、9	
2	接地线	WDZR-BYR $1\times16\ mm^2$	根	1	机柜接地排	机房接地排	
3	交流电源线	WDZR-RYY $3\times2.5\ mm^2$	根	2	交流配电盘输出 1-1、2-1	基站	
4	自带电源线	无	根	1	交流配电盘输出 1-2	智能 PDU1	
5	自带电源线	无	根	1	智能 PDU1-1 口	直放站近端机	
6	自带电源线	无	根	1	智能 PDU1-2 口	一体化广播台	
柜间线缆							
序号	线缆类型	线缆型号	单位	线缆数量	线缆起点	线缆终点	备注
1	网线	超五类	根	1	一体化广播台	广播 8-接口控制器(网口右)	
2	网线	超五类	根	2	基站	综配 EDF 架	568B 线序
3	网线	超五类	根	1	直放站近端机	综配 EDF 架	568B 线序
4	网线	超五类	根	1	专用无线 7-PDU	专用无线 7-PDU 集线器	
5	网线	超五类	根	1	专用无限 7-PDU 集线器	综配 2-EDF(集线器接入传输)	

续上表

出机房线缆							
序号	线缆类型	线缆型号	单位	线缆数量	线缆起点	线缆终点	备注
1	交流电源线	WDZR-RYY 3 ×2. 5 mm^2	根	1	交流配电盘输出 1-4	车控室固定台	
2	馈线	1/2 射频缆	根	1	固定台主机	天线(车控室外走廊)	
3	网线	超五类	根	1	固定台主机	控制盒（装在车控室操作台上）	车控室设备内部跳线
4	电源线	WDZ-RYY3 ×10 mm^2	根	1	交流配电盘输出 1-3	区间远端机（DK16 +260）	
5	电源线	WDZ-RYY3 ×10 mm^2	根	1	交流配电盘输出 1-4	区间远端机（DK18 +29）	
6	光缆	GYTZA53-12B1	根	1	专用无线 7-熔纤盒	远端机熔纤盒（DK16・ +810）	
7	馈线	1/2 射频电缆	根	1	专用无线 7-一体化广播台	广播台天线（机房外走廊）	
8	馈线	1/2 射频电缆	根	1	专用无线 7-PIO 合路器	公安无线通信系统	公安无线布放
9	馈线	1/2 射频电缆	根	1	专用无线 7-耦合器 C4	附属二层走道 Ant1	
10	馈线	1/2 射频电缆	根	1	专用无线 7-耦合器 C4	耦合器 C5	
11	馈线	7/8 馈线	根	1	专用无线 7-避雷器	左线站台端头-Ant13	
12	馈线	7/8 馈线	根	1	专用无线 7-避雷器	右线馈线接入	
13	馈线	7/8 馈线	根	1	专用无线 7-避雷器	左线馈线接入	

对机房设备布置及布线方案进行优化，确定机房中每一条缆线在走线架上的位置，可以很好地避免综合布线中缆线交叉的问题，减少施工过程中的返工现象（图 7-68）。

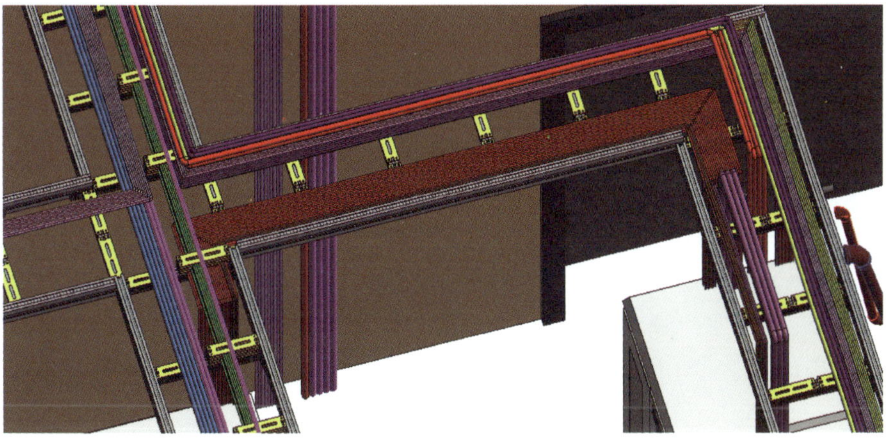

图 7-68　机房布线模拟效果图

BIM 对线缆的精准定位,不仅将为后期运维提供详尽的数据。还以设备定位、线缆排布、线缆算量的一系列 BIM 应用,大大节省了工期和减少施工材料的浪费,总体降低工程造价。

7.3.3 管综及技术交底

车站内涉及专业多,管线排布复杂,为了满足实用功能要求以及感官体验,避免管线安装高度过低,杭海城铁全线机电模型在满足标高要求的情况下尽量做到利于施工,排布整齐美观,充分利用好每一寸空间。

BIM 设计人员依托 BIM 技术做好该车站主体及附属的综合管线模型后,根据设计要求、施工规范、施工管理经验、操作、检修空间、专业排列、安装工序、设备材料的规格尺寸等,提出综合管线排布的施工高技术要求,在施工前,对各施工单位进行三维模型技术交底,要求严格按照 BIM 技术优化后的综合管线排布方案施工,安装位置与高度要严格与方案中的保持一致,误差控制在毫米级。确定了综合管线基本的施工原则:由上至下、由大至小;处于最上方的先施工安装,最下方的最后施工安装;同一高度下体积大的先安装,体积小的最后进行安装。如果因为特殊情况,后续工序要提前施工,需在安装前与相关专业负责人做好沟通,并为前列工序预留出必要的安装空间。

于 2020 年 3 月份完成 12 个站的机电 BIM 模型管综模型交底。依据机电建模和交付标准,对机电信息模型进行了自查,审查,保证了模型质量(图 7-69、图 7-70)。

图 7-69　地上站管综模型交底

图 7-70 地下站管综模型交底

7.3.4 工艺工法模拟

为更好地对施工现场进行技术交底，前期利用 BIM 软件 Navisworks 相继完成了许村站场布、皮革城站地连墙施工工艺、余杭高铁站基坑开挖、海宁高铁西站—长安站区间隧道管片拼装工艺模拟、箱梁预制运输与架设模拟视频(图 7-71、图 7-72)。

为达到全员掌握 BIM 技术、更好地体现 BIM 在三维交底中的作用，在专业 BIM 技术人员的指导下，各施工单位均利用 BIM 软件进行工艺工法模拟工作。

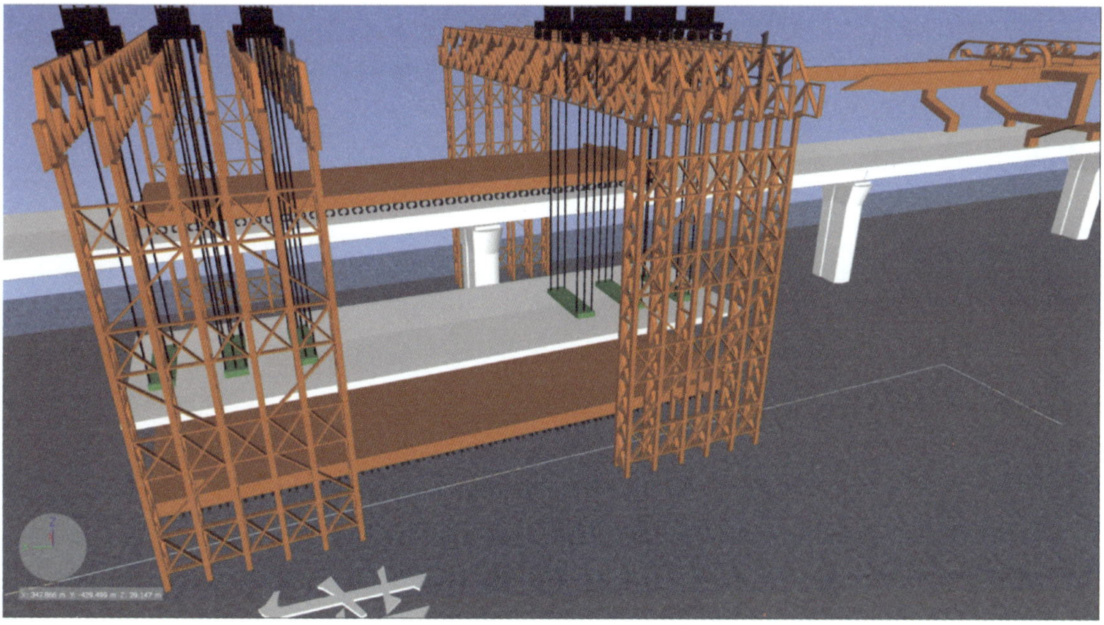

图 7-71 桥梁架设过程模拟

图 7-72　桥梁架设过程

7.3.5　节约材料、人工、工期情况

1. 施工用料比对分析(模型提量与图纸计量)

物资提量管理是项目管控的重点。目前,传统的物资管理方式比较粗放,难以做到精细化管理,例如:项目物资计划由项目技术主管/工长发起,如果其不具备足够的精准算量能力,容易在物资管控的源头处存在误差。

杭海城铁项目从 BIM + 进度 + 成本的 5D 模型中提量,保证物资量从源头处开始进行把控。在制定物资计划时,项目工程部需要将施工部位报给项目部 BIM 小组,项目部 BIM 小组将施工部位从 BIM 模型中提取出的物资量整理后交给工程部,工程部把此模型量与人工手算的结果进行对比分析,综合考虑提量的差别,形成物资计划并进行审核。此举规范原有的物资提量流程,提高物资提量的进准度。

此外,在施工完成固定一个阶段后,项目部 BIM 小组需要通过统计现场物资到货单与物资发料单得出实际用量,并将 BIM 5D 模型统计的实际完工部位量与实际进料、用料量进行对比分析,找出偏差,进而进行偏差分析超出问题的原因及其预防/改进措施,为后续项目管理与 BIM 应用落地提供可借鉴的经验。

以正在施工的长安站部分物资为例,具体对用料进行对比,详见表 7-6。

表 7-6　下料对比表

序号	内容	人工图纸提量	运用 BIM 技术提量	现场实际用量	人工 - 实际对比	BIM 实际对比	BIM - 人工对比
1	离心玻璃棉板	8.4 m^2	7.62 m^2	7.6 m^2	超出 0.8 m^2	超出 0.02 m^2	节约

续上表

序号	内容	人工 图纸提量	运用 BIM 技术提量	现场 实际用量	人工 - 实际对比	BIM 实际对比	BIM - 人工对比
2	离心玻璃棉管壳	42 m^3	36.4 m^3	36 m^3	超出 6 m^3	超出 0.4 m^3	节约
3	阻燃铜芯导线	50 500 m	45 200 m	45 200 m	超出 5 300 m	持平	节约
4	动照桥架	490 m	446 m	446 m	超出 44 m	持平	节约
5	冷媒管桥架	430 m	400 m	392 m	超出 38 m	超出 8 m	节约
6	沟槽管件	1 130 个	1 250 个	1 250 个	缺少 120 个	持平	一次提料到位
7	薄壁不锈钢管	505 m	573 m	570 m	缺少 65 m	超出 3 m	一次提料到位
8	复合风管	248 m^2	237.56 m^2	237.56 m^2	超出 10.44 m^2	持平	节约
9	镀锌铁皮风管	231 m^2	200.65 m^2	200.65 m^2	超出 30.35 m^2	持平	节约
10	阀门类管道附件	1 387 个	1 522 个	1 522 个	缺少 135 个	持平	一次提料到位
11	PVC 管	404 m	438 m	435 m	缺少 31 m	超出 3 m	一次提料到位
12	内外热浸镀锌钢管	1 871 m	1 942 m	1 930 m	缺少 59 m	超出 12 m	一次提料到位
13	镀锌钢管	5 940 m	6 786 m	6 700 m	缺少 846 m	超出	一次提料到位

通过表 7-6 对比可得出结论：运用 BIM 技术比传统人工算量提料，无论是超出或不足现场实际情况，其偏差都要更小，更加准确无误；也更大程度上避免了材料浪费或者缺少物资、临时下单造成的工期延误。

2. BIM 对工期节约的分析比对

进度计划编制阶段：通过基于 BIM 模型的杭海城铁 PIP 平台，对施工工期进行进度排布，自动生成横道图，方便直观，使用资源平滑技术合理调整进度计划后，便可以进行施工模拟，对可以加快施工进度的地方采用快速跟进等进度压缩技术，实现工期的节约。

准备进场前阶段：通过施工进度模拟，发现 35% 的机电工序和 40% 的装修工序受到土建影响无法按照原计划正常施工，及时预警并通过工序合理安排解决了工作面缺少、资源分配不合理的问题，也节约了工期。

在施工阶段，通过在 PIP 平台上传数据，对实际施工进度与进度计划进行动态管理，有效地协调各专业的交叉施工，保证工程顺利开展，极大程度上避免了因同时施工造成的工作面冲突、误工或者需要专业交叉后二次施工等可能情况，也对工期进行了节约。

表 7-7 以正在施工的长安站部分工作包为例，把运用 BIM 技术与常规进度规划的对工期节约的情况进行对比。

表 7-7　工期节约对比表

序号	内容	常规进度规划（天）	BIM 规划后实际情况（未完成部分为预估）（天）	BIM-常规节约差额（天）	原因分析
1	通风支吊架安装	80	61	29	合理安排工序
2	风管安装	50	31	19	合理安排工序
3	多联室内机安装	80	61	19	超前规划，多专业协调

续上表

序号	内容	常规进度规划（天）	BIM 规划后实际情况（未完成部分为预估）（天）	BIM-常规节约差额（天）	原因分析
4	薄壁不锈钢管敷设	130	97	33	超前规划，多专业协调
5	内外热浸镀锌钢管	130	97	33	超前规划，多专业协调
6	PVC 管敷设	120	97	23	超前规划，多专业协调
7	桥架安装	90	67	23	超前规划，多专业协调
8	接地安装	31	14	17	合理安排工序
9	电气配管	31	15	16	超前规划，多专业协调
10	导线敷设	31	16	15	超前规划，多专业协调
11	附属配电箱安装	32	9	23	合理安排工序
12	综合支吊架	31	21	10	动态管理，多专业协调
13	墙面抹灰	60	42	18	超前规划，多专业协调
14	墙面腻子	60	42	18	超前规划，多专业协调
15	外立面基层	60	32	28	合理安排工序

3. BIM 对人工节约的分析比对

超前规划：对项目部与土建单位、其他机电施工标段的工作进行交叉施工模拟，发现了工序存在“硬碰撞”的点，以及预留预埋的工作，提前进行协调沟通，合理安排施工顺序，避免了返工、修补造成的人工浪费；合理调整进度计划，避免了窝工情况。

表 7-8 以正在施工的长安站为例，具体对比部分工作包的人工节约情况。

表 7-8 人工节约对比表

序号	内容	无 BIM 人工计划用量（工・日）	BIM 规划后人工实际用量（工・日）	人工节约量（工・日）	人工节约原因及方向
1	综合支吊架安装	190	130	60	减少返工
2	风管安装	250	155	95	解决线路碰撞，减少返工
3	给排水专业管道安装	2 280	1 746	534	解决线路碰撞，减少返工
4	桥架安装	450	335	115	解决线路碰撞，减少返工
5	镀锌钢管安装	154	90	64	解决线路碰撞，减少返工
6	其他标段预留预埋管理	—	—	24	多专业协调，减少返工
7	解决蓝图疑点问题	—	—	100	解决设计错误，减少窝工及返工
8	进度计划调整	—	—	90	动态管理、调整进度计划，减少窝工
9	物资计划调整	—	—	72	动态管理、调整物资计划，减少窝工

第8章　杭海智慧建造平台介绍

8.1　平台概述

“杭海智慧建造平台”是杭海城铁公司精细化管理的抓手，其核心是工程数据的采集、共享、协同。平台以BIM信息为载体，结合轻量化、移动互联、云计算等技术，将BIM与管理业务相结合，打通项目参与方在建设阶段的信息孤岛，为各方共享信息，协同工作提供便利。同时结合移动互联技术，令工程管理触手可及。建设单位统筹管控工程进度、投资、质量、安全、文明施工、信息数据，做到“五控一管”，使得项目建设可控制、可预知、可溯源。

杭海智慧建造平台包括三个应用系统：企业总控管理系统、工程协同管理系统、监测信息管理系统，应用系统间的数据能够相互传递及共享，各应用系统目标用户及应用范围概述如下：

(1)企业总控管理系统

用于建设单位领导层、内部管理部门及第三方咨询单位进行宏观的项目群总控管理。将工程协同管理系统中的数据汇总至总控平台，便于建设单位对各个项目的总工筹、设计图纸的提交进度进行总体把控及考核。

(2)工程协同管理系统

用于各参建方(建设单位现场管理人员、设计方、施工方、监理方)在设计、施工阶段的工程管理，其特点是聚焦于单工程进行图纸模型、施工进度、质量、安全等业务的多方协同工作，同时可对现场自动化监测数据、视频等系统进行集成，提供一站式的项目管理平台。该模块包含进度、质量、安全、文明施工、物料、监测、工作汇报(日报、周报、月报)、BIM浏览等功能。

(3)监测信息管理系统

用于第三方监测单位采集、汇总数据，同时对项目安全监控的预警机制，进行实时地分级报警。便于参建方随时对工程进行追踪处理，预防事故发生，保障项目安全实施。实现管理手段上从被动监管向主动监管，事后监督向事前监督和过程监督的转变。该模块包含预警统计、报警事件、警点管控、数据分析等功能，可应用于基坑监测、桥梁及道路施工监测等(图8-1)。

图 8-1　移动端信息展示

8.2　平台架构

平台架构图如图 8-2 所示。

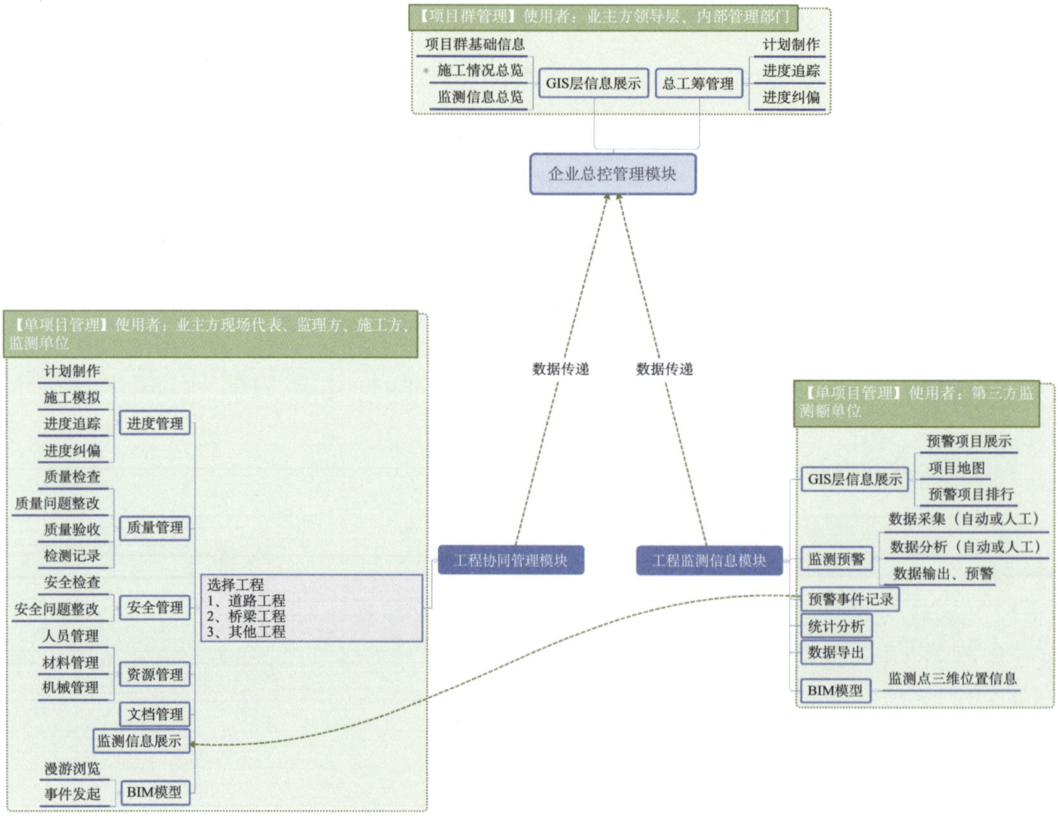

图 8-2　杭海智慧建造管理平台架构图

8.3　平台功能

8.3.1　BIM + GIS

1. 应用目的

城市轨道交通工程属于线性工程(区间)与点状工程(车站)综合的工程群级项目。而 BIM 的优势在于单体建筑的信息整合,目前 BIM 技术和 BIM 平台的应用也都大多服务于单体建筑项目,缺乏对项目群的集中管理。而 GIS 技术具有在线性工程中信息表达的优势。本项目通过研究 BIM 系统与 GIS 系统数据对接技术、多项目群管理信息集成技术等,对项目群包含的所有项目的管理信息进行汇总分析,以实现对地铁工程项目群的管理。

通过 BIM + GIS 的技术手段,实现领导驾驶舱功能,解决企业级及多项目群的集成管理,管理者可以实时掌握工程情况。通过领导驾驶舱,高级管理人员可以随时随地从中查看有关项目进度、质量、安全、文明施工等流程执行等方面的绩效指标。

2. 应用内容

通过图表展示项目及工点业务数据汇总统计信息,可以直观知道总体进度计划中的重要里程碑是否已亮了红黄预警灯,项目交付成果的审核或验收的一次性通过率是否达标,有哪些审批流程的工作效率需要改善等。对于同时兼管多个项目的领导,需要综合比较不同项目的执行情况时,可以针对某个绩效指标或动态报表,灵活选择多个项目,对比它们的量化值。通过多项目的综合对比,帮助企业客观衡量项目实施的成功率是否在持续提升。

具体内容包括但不限于:

(1)进度节点统计、计划产值和实际产值汇总数据,能够了解项目各单体工程计划完成情况比率,是否存在偏差。

(2)展示计量支付统计数据,能够了解项目总体支付情况,项目应付款和项目已付款的比值。

(3)安全问题的分类统计数据,了解现场安全问题的总体数量、各单体工程安全问题的闭环处理比率,超期未闭环的问题数量等等。

(4)质量事件的分类统计数据,了解现场安全问题的总体数量、各单体工程安全问题的闭环处理比率,超期未闭环的问题数量等等。

(5)展示人员、机械、材料等资源的计划用量和实际用量统计数据。

(6)基于 BIM,展示预警和报警测点的远程监测点位,查看各单体工程报警测点位置,是否及时处理消警。同时能够查看具体监测数据。

(7)现场视频监控点位,点击监控视频能够调取现场视频、并能够定位至具体监控视频位置,随时了解现场实时工况(图 8-3)。

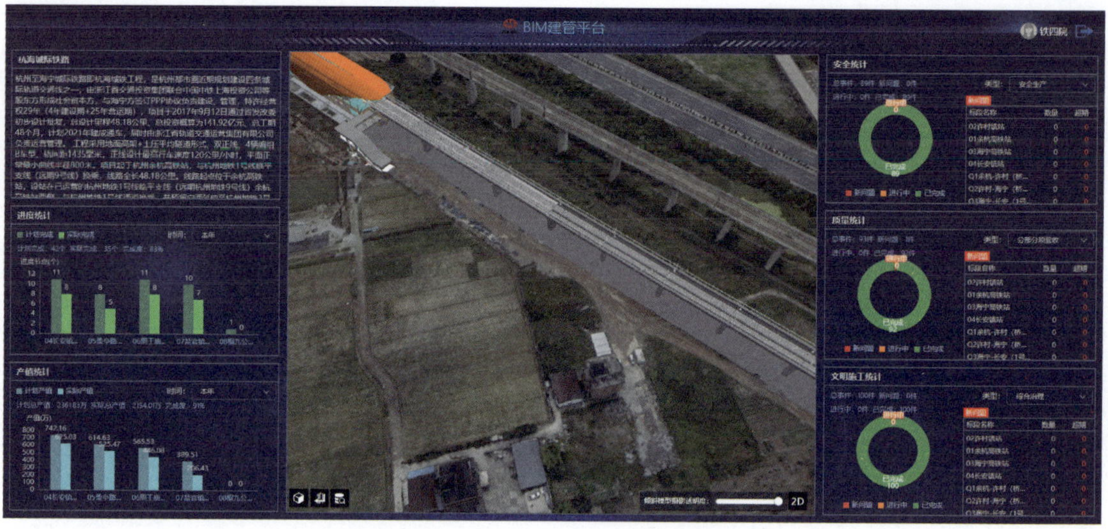

图 8-3　BIM + GIS 驾驶舱页面

8.3.2　BIM + 进度管理

1. 应用目的

通过进度计划、进度追踪、进度统计、进度纠偏等功能应用，实现进度管理的可视化、精细化、便捷化；随时随地看到相关项目成员和计划的执行情况，及时发现可能出现的进度延后问题并采取纠偏措施，保障项目按计划实施。总结分析影响进度延后的问题症结，平台进行预判性提出整治措施。对数次进度延后的施工参建部门进行惩罚措施，包括罚款或者对其准入资格进行负面打分，监理单位和建设方可通过平台进行进度追踪和纠偏，实现项目建设过程中的每一环都可追溯的同时有效保证工程进度。

2. 应用内容

将 BIM 模型中的构件按分部分项工程分类，与施工进度计划（可从 project 导入）相关联，精确到构件级，实现三维动态施工模拟。同时，可通过平台将每周任务发送给参建单位相关责任人。

施工单位人员接到任务安排后，可以点击与任务相关的模型中的构件进行任务销项，待该任务包含的所有构件都点击完成，则推送进度追踪申请（申请中包含文字、现场图片、录音、视频等证明材料）给监理人员，由监理人员现场核对和进行判定是否完成。如果进度超前或可能延期，同样会根据任务关键性，推送给监理、施工等相应级别的管理人员，以便进行进度纠偏。

3. 参与流程

（1）进度计划编制、导入

进度可以在 PROJECT 编制好，再导入到平台，也可以在平台里直接编制，进度编制好后，提交给监理审核，监理审核后，再提交给建设单位确认。

（2）进度追踪（进度填报）

进度项里的每一项在施工完成后，由施工单位填写进度追踪（包含：实际开始时间、实际结束时间、完成情况等），由监理单位审核，再由建设单位确认（图 8-4 ~ 图 8-7）。

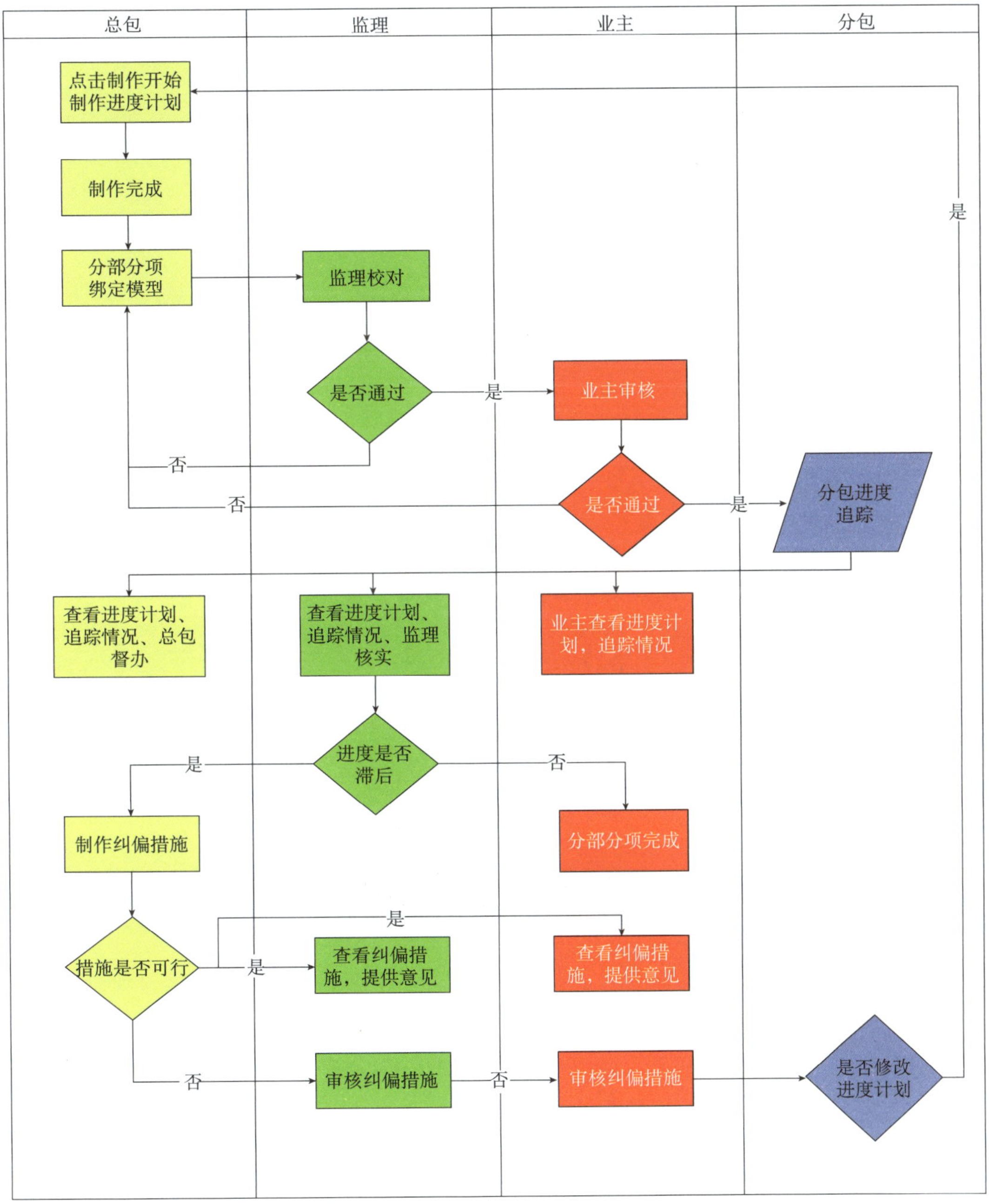

图 8-4　进度应用流程图

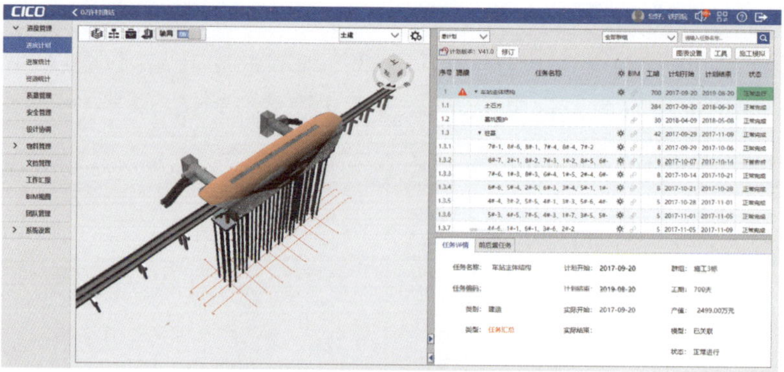

图 8-5　应用场景:BIM + 进度

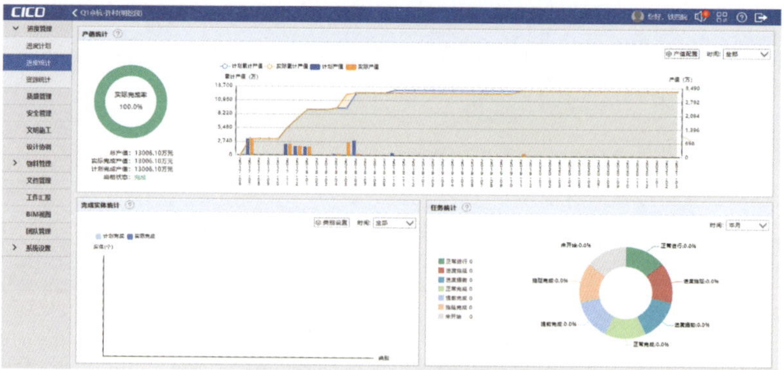

图 8-6　应用场景:进度统计

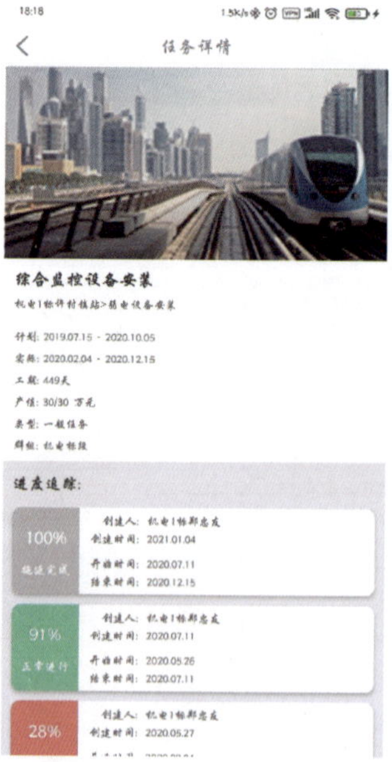

图 8-7　应用场景:手机端进度追踪

8.3.3　BIM + 质量管理

1. 应用目的

将质量问题与模型关联，结合质量管理流程，实现现场施工质量精细化、痕迹化管理。

2. 应用内容

杭海城铁项目建设过程中可通过分布式管理系统（基于 B/S、C/S 架构的工程管理平台、手持设备管理系统、分布在现场不同部位的智能手机用户终端等）与 BIM 的结合，调动所有相关人员的主动管理意识，通过质量事件的流程管理，加强建设过程中的质量管理。

结合具体工程，选择技术要求高、施工难度大、发生质量问题时危害大的对象进行施工质量控制点的设置。例如：

（1）对工程质量形成过程产生直接影响的关键部位、工序、环节及隐蔽工程。

（2）施工过程中的薄弱环节，或者质量不稳定的工序、部位或对象。

（3）对下道工序有较大影响的上道工序。

（4）采用新技术、新工艺、新材料的部位或环节。

（5）施工质量无把握的、施工条件困难的或技术难度大的工序或环节。

（6）用户反馈指出的和过去有过返工的不良工序。

3. 参与流程

各参建单位运用杭海智慧建造管理平台进行质量管理时，应符合项目管理流程，应用场景如图 8-8 ~ 图 8-11所示。

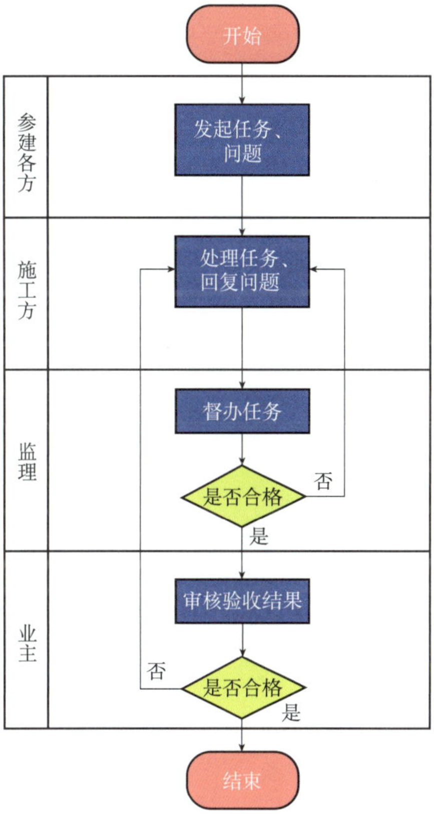

图 8-8　质量管理流程图

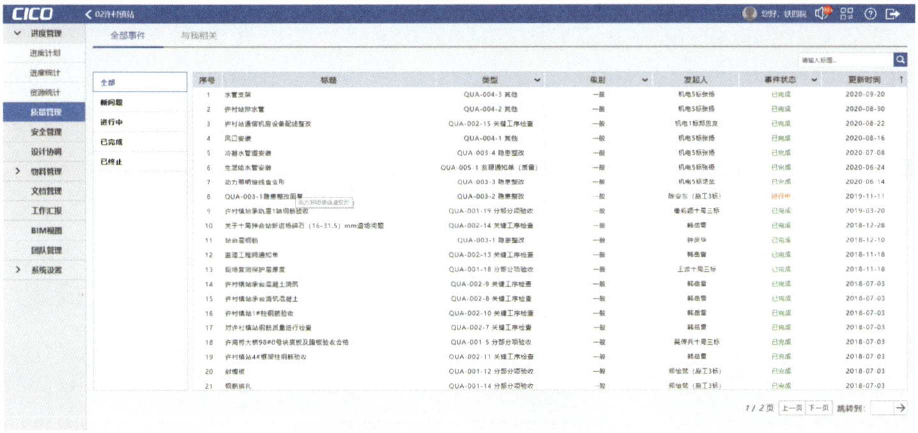

图 8-9　应用场景：质量管理

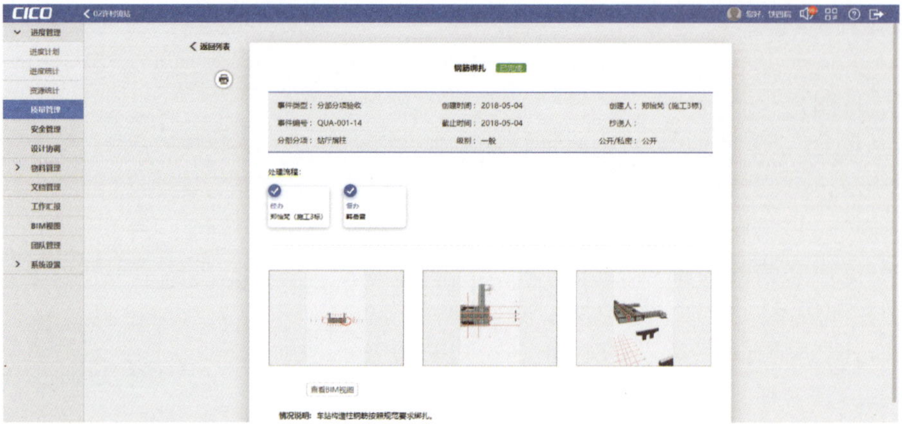

图 8-10　应用场景：质量管理事件

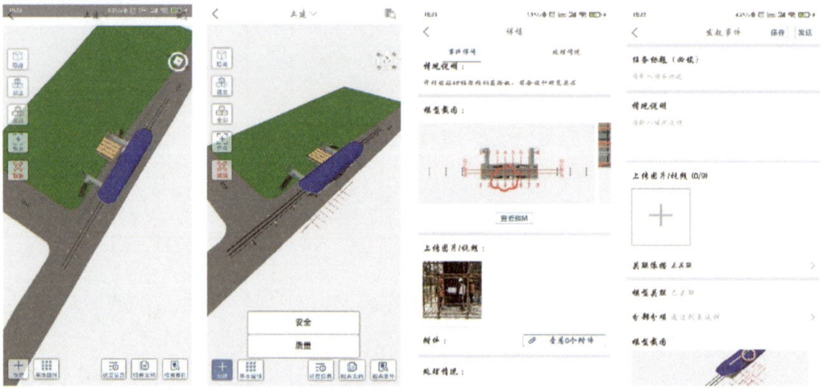

图 8-11　应用场景：移动端质量检查

8.3.4　BIM + 安全管理

1. 应用目的

对于安全工作的管理，可通过研发的手持设备管理系统以及分布在现场不同位置用户的智能手机终端与 BIM 的结合，加强对现场安全事件的巡查和管理。通过对安全事件的实时报警和责任落实机制，调动所有相关人员的主动管理意识；通过安全事件的流程管理，加强建设过程中的安全管理。

2. 应用内容

(1)构建道路桥梁施工过程中的多源异构信息集成交互协议，通过动态获取现场监测数据，集成分级预警模型，形成基于 BIM 的施工实体安全预警模型，例如将沉降监测点与模型关联，动态跟踪监测结果。

(2)研发道路桥梁施工安全三维预警系统，实现：①对施工过程的仿真，验证施工方案合理性，降低安全风险；②在施工过程中进行安全可视化预警与控制，解决施工过程中因现场环境复杂，及部分施工部位管理人员难以准确识别存在的风险，导致无法及时判断影响区域的问题。

3. 参与流程

各参建单位运用杭海智慧建造管理平台进行安全管理时，应符合项目管理流程，应用场景如图 8-12 ~ 图 8-14 所示。

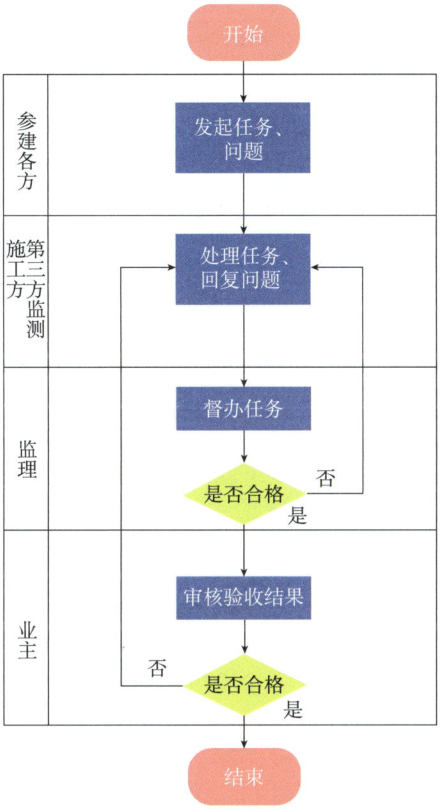

图 8-12　安全管理流程图

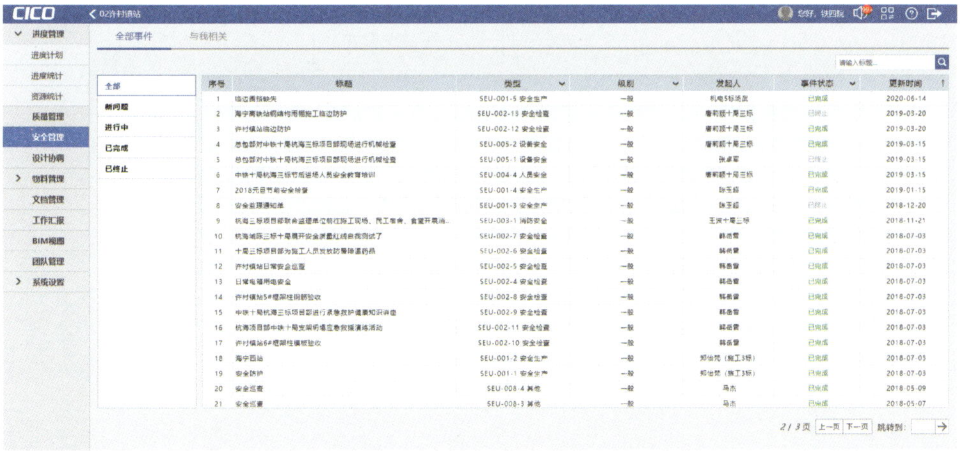

图 8-13　应用场景：安全管理

图 8-14　应用场景:安全事件

8.3.5　BIM + 物料管理

1. 应用目的

建立一个以 BIM 模型和二维码为依托的信息化物料跟踪管理系统,实现物料的动态跟踪,物料随时追溯,机械设备全过程维护等功能。

2. 应用内容

(1)物料追踪自定义设置,包括自定义追踪项目、字段名称、处理流程、子项内容等。

(2)物料追踪发起,填报物料信息、关联模型、选择预定处理流程。

(3)物料追踪过程查看、处理,可通过二维码扫码或列表查看的方式,便捷查看物料进展,进行处理并添加追踪信息。

3. 参与流程

各参建单位运用杭海智慧建造管理平台进行物流管理时,应符合项目管理流程图,具体如图 8-15 所示。

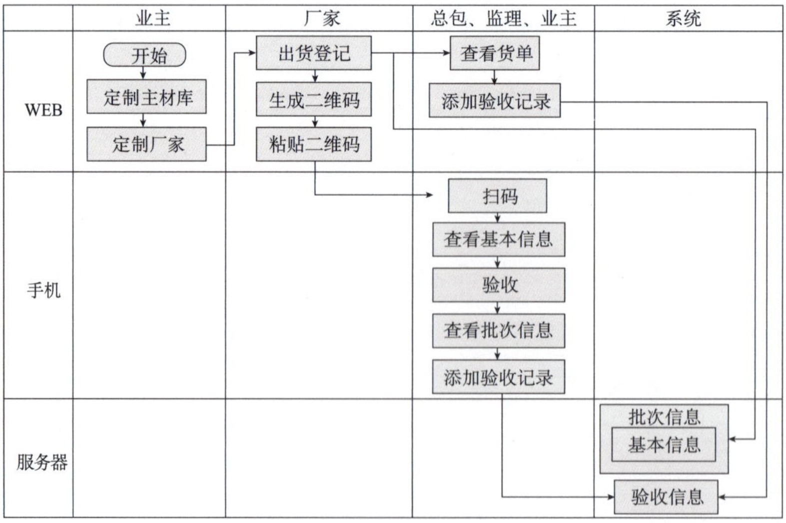

图 8-15　物料管理流程图

手机移动端：支持参建各方，包括建设单位现场管理人员到、施工人员、监理方随时收集和上传物料相关照片，并通过二维码关联到构件，录入物料的制作、进场、检测、施工、验收过程。

Web 端管理平台：支持建设单位进行物料追踪设置、供应厂家批量下载二维码粘。施工发起物料追踪事件、填报物料信息、关联模型、选择预定处理流程。参建各方查看物料追踪过程，获知物料进展，处理并添加追踪信息（图 8-16、图 8-17）。

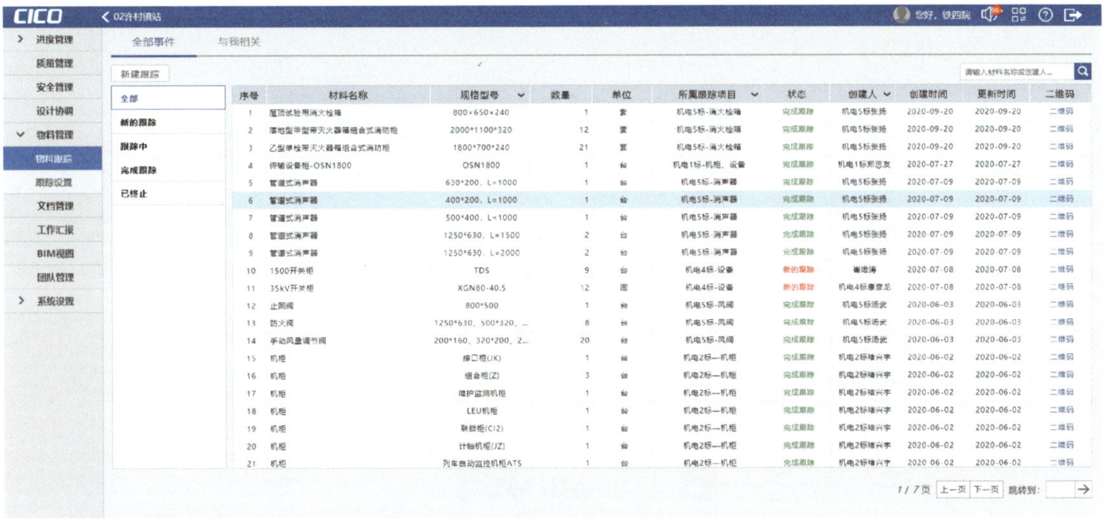

图 8-16　应用场景：物料管理

图 8-17　应用场景：物料管理事件

8.3.6　BIM + 文档管理

建立统一的文档(包括 BIM 数据)集中存储与管理平台,保证各专业数据的一致性。依据人员工作不同,分配不同的权限,确保能够相互得到及时准确的信息,工作开展顺畅有序。

通过平台,能够随时随地访问工程文件;网页端和移动端直接浏览;将二维图纸与 BIM 模型关联,提高浏览效率,自动记录保留文档所有历史版本,方便追溯、查阅文档历史信息,并可进行下载等操作。

8.3.7　BIM + 监测管理

1. 应用目的

监测信息化平台聚焦于桥梁、道路与其他工程监控领域,以 BIM 为项目信息载体、GIS 为项目群信息载体,结合自动化监测、人工监测、移动互联技术,将现场自动采集的监测数据集成汇总于平台,可利用电脑进行查看,同时可在移动端便捷查看。

2. 应用流程

各参建单位运用杭海智慧建造管理平台进行现场危险源监测管理时,应符合项目管理流程,具体如图 8-18 ~ 图 8-20 所示。

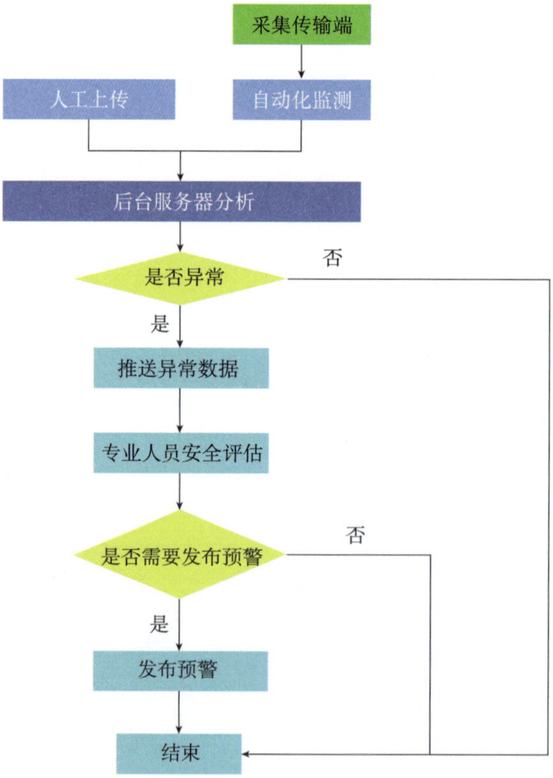

图 8-18　监测管理流程图

图 8-19　应用场景：监测管理

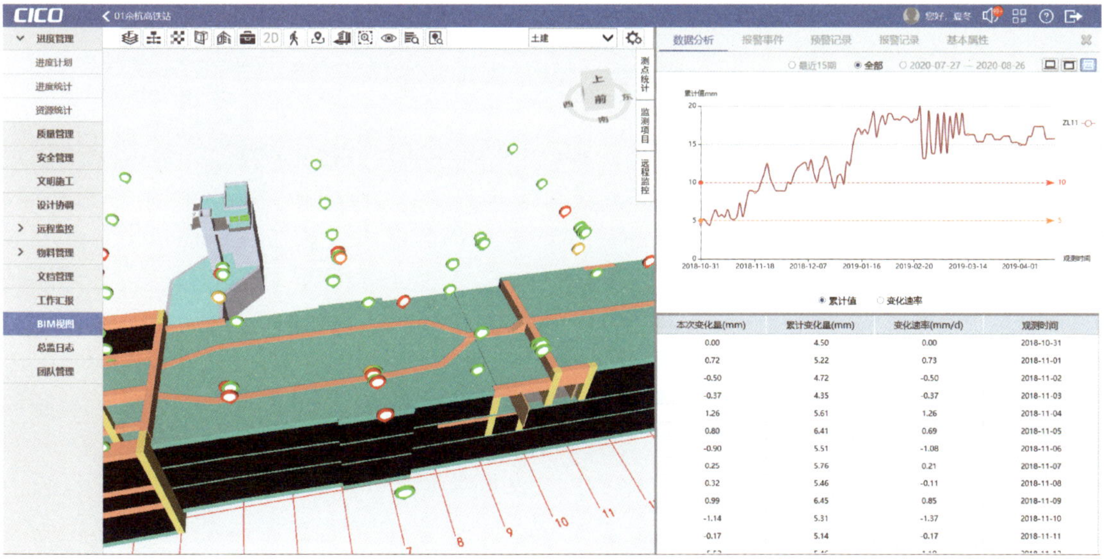

图 8-20　应用场景：监测数据分析

8.3.8　BIM + 模型管理

建立杭海城铁项目的 BIM 模型，将模型通过自主研发的轻量化技术上传至平台，利用平台对模型进行查看，可查看模型的具体信息，并将进度、安全等问题与模型进行绑定（图 8-21）。

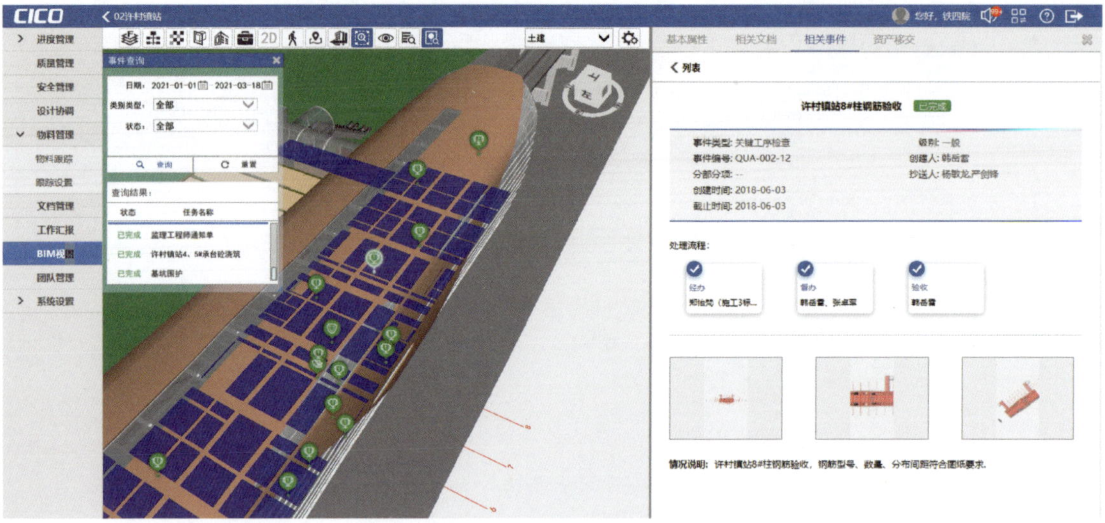

图 8-21　应用场景：模型及事件查看

8.4　智慧建造平台集成系统

8.4.1　盾构集群远程监控与智能决策支持系统

盾构集群远程监控与智能决策支持系统（下文简称远程监控系统）是大数据项目公共服务平台中施工阶段的重要示范应用。通过对采集到平台上盾构机数据的综合分析利用，实现盾构工程的高效管理，同时也为盾构机的进一步机器状态及施工分析积累了海量的基础数据。在积累的数据上对各种场景需求进行分析，发现并解决盾构施工过程潜在的问题。

中国城市地下空间开发利用在功能上以地下交通为主流，城市轨道交通建设速度已居世界首位，为了扩大城区，为改善城市环境质量，解决城市交通拥挤，降低汽车尾气和噪声污染，会修建更多隧道。远程监控系统则是城市地下空间工程大数据智能分析与公共服务平台在隧道建设中的落地应用场景之一，符合大数据项目的预期建设目标。

远程监控系统在整个大数据项目中属于用数据的环节。系统采用大数据、云计算等技术手段，站在数字化管理的角度，对盾构施工中安全、质量、进度和设备等方面的业务数据与实时采集数据进行监测集成，洞悉盾构施工整个生命周期并进行动态监控，从而建立起有效的盾构施工安全风险、质量、进度的监督管理机制，保障施工安全和施工质量可控。

1. 数据采集

数据采集包括两大类：自动数据采集和人工数据采集。

（1）自动数据采集

盾构机 PLC 数据自动采集（图 8-22）：系统实现了实时、全自动、可远程管理配置的盾构机 PLC 数据采集，当前已经支持了国内外主流厂商的大部分盾构机，主要有中铁装备、海瑞克、小松、辽宁三三、铁建重工、中交天和、中船重工等品牌。采集的数据包括：推进系统数据、导向系统数据、注浆系统数据、盾尾油脂数据、泡沫系统数据、掘进状态数据、报警数据等。

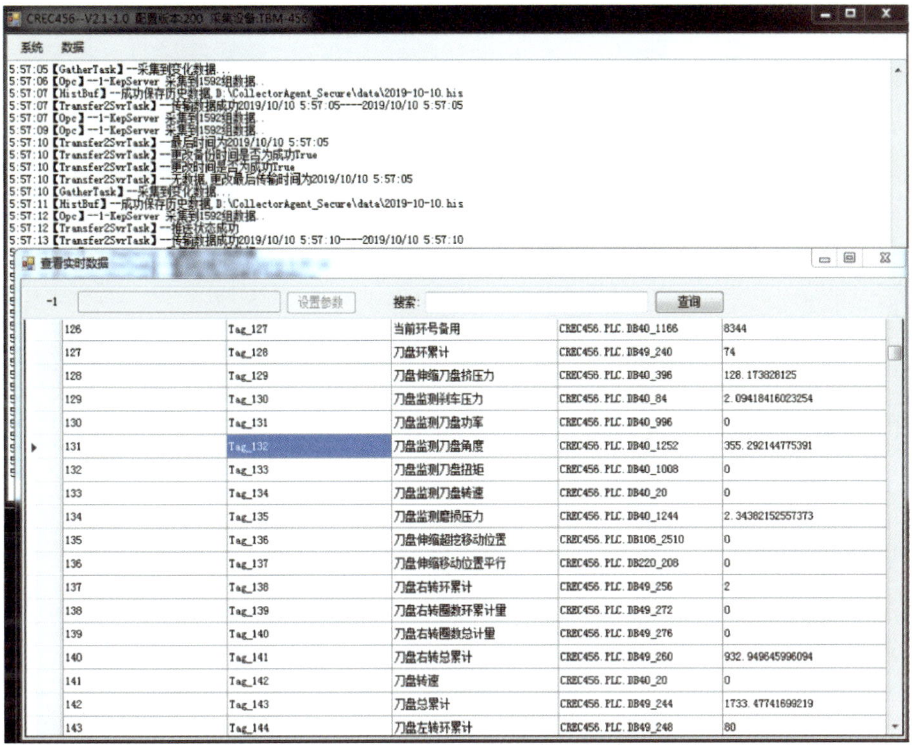

图 8-22　采集系统

①气象数据自动采集

根据各项目的地理位置信息采集对应的气象信息。

②盾构渣土体积自动智能采集

通过图像视觉及人工智能技术，自动识别电瓶车渣土体积，并自动上传至盾构远程监控系统。能够实现地铁盾构出土量自动测量功能。其中主要的技术创新有：系统采用双目红外感知技术和散斑结构光投影技术共同获取渣土车渣土表面点云数据。结合帧差法、图像二值化和形态学操作等图像处理技术实现了渣土点云数据采集和保存的自动触发，提高了采集效率。

为了高速高精度的测量渣土表面形态采用散斑结构光和双目定位冗余设计技术方案。基于视觉成像的单应性原理，提出了一种利用平面靶标的散斑结构光系统几何标定方法，融合了渣土表面的特征信息提高了测量精度和速度。

针对片段式渣土点云数据特征信息少、拼接精度低和速度慢的问题，开了一种点云和图像信息融合的拼接算法，以图像信息的匹配结果作为点云拼接的辅助信息，实现了渣土点云片段拼接的快速性、高效性和准确性。

为了提高渣土体积测量的准确性，研发了一种车厢分离式体积计算方法（图 8-23）。通过将整列渣土车分成不同类型，对运输渣土的车厢的点云数据进行重识别和分析，排除车厢

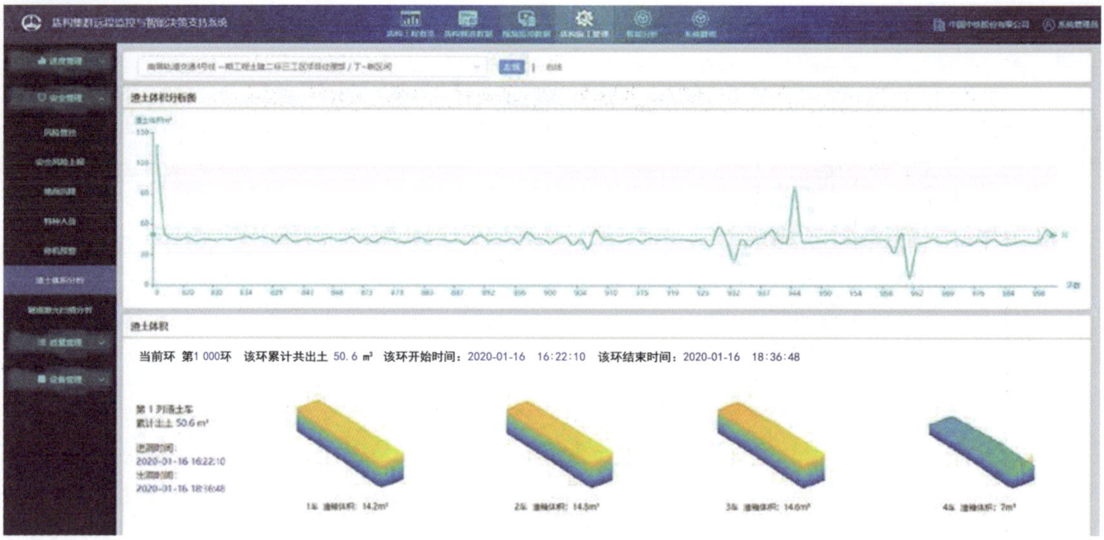

图 8-23 渣土体积测量

壁对渣土体积测量精度的影响，提高了渣土体积计算的准确度。

成型管片质量半自动化数据采集：通过激光扫描技术将已成型管片的质量情况包括：错台、形变、漏水情况，经过边缘端处理以后程序自动上传至系统（图 8-24）。

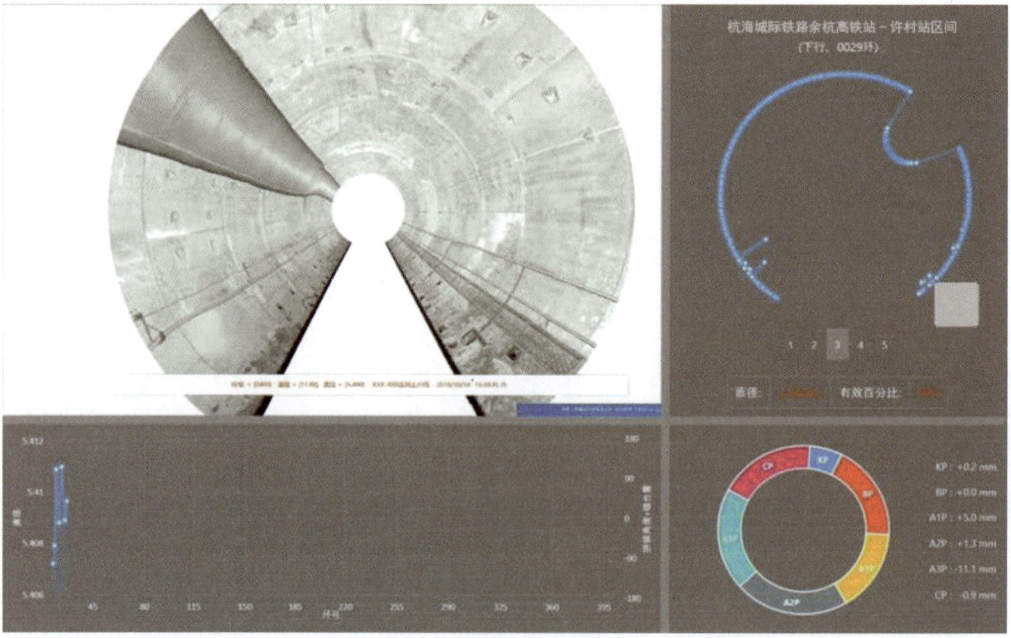

图 8-24 成型管片质量

(2) 人工数据采集

系统的相关安全、质量、风险等施工业务数据通过人工录入的方式进行采集。

2. 功能介绍

(1)盾构工程概览

从公司角度可以查看公司所有施工项目的概况,包括所有项目地理分布、始发到达提示、项目进度情况、盾构设备状态、整体风险情况。为公司管理层进行公司盾构项目的整体态势宏观呈现(图 8-25)。

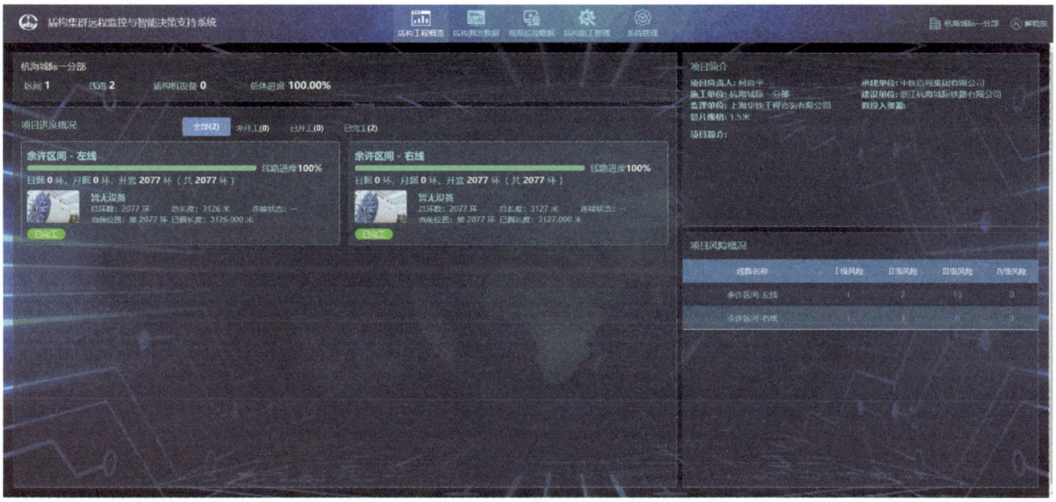

图 8-25　公司盾构工程概览

项目角度通过项目概览可查看项目工程概况、当前地理位置、当前地层、进度、风险等信息。实现对项目施工相关信息的一览式浏览管理(图 8-26)。

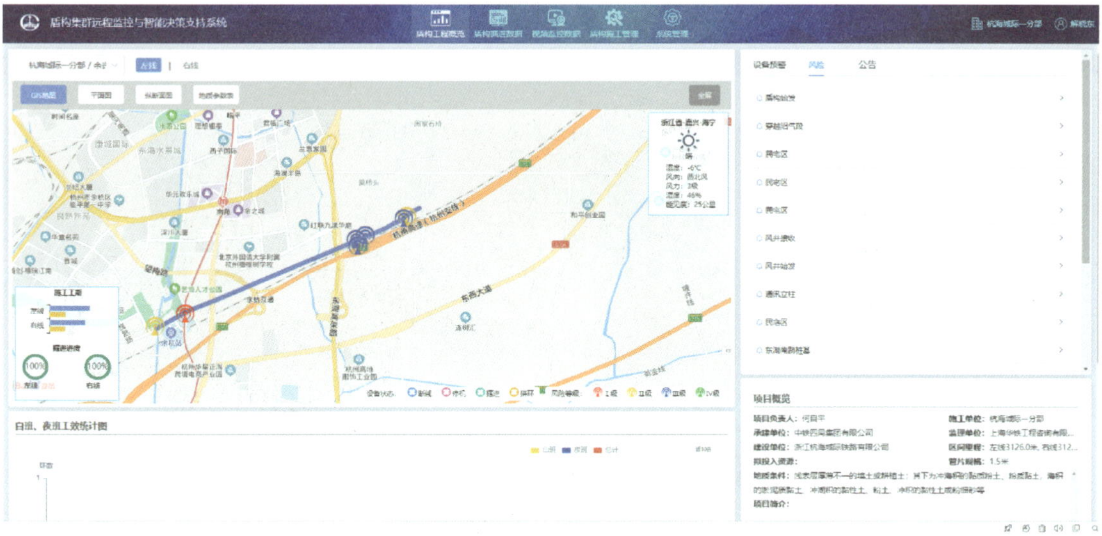

图 8-26　项目管理工程概览

(2)施工数据管理

施工数据管理包括 3 大类:掘进数据管理、视频数据管理、业务数据管理。

掘进数据管理主要是针对盾构机 PLC 数据,可视化查看盾构机系统的实时参数数据。支持对各参数历史数据进行可视化关联分析(图 8-27)。

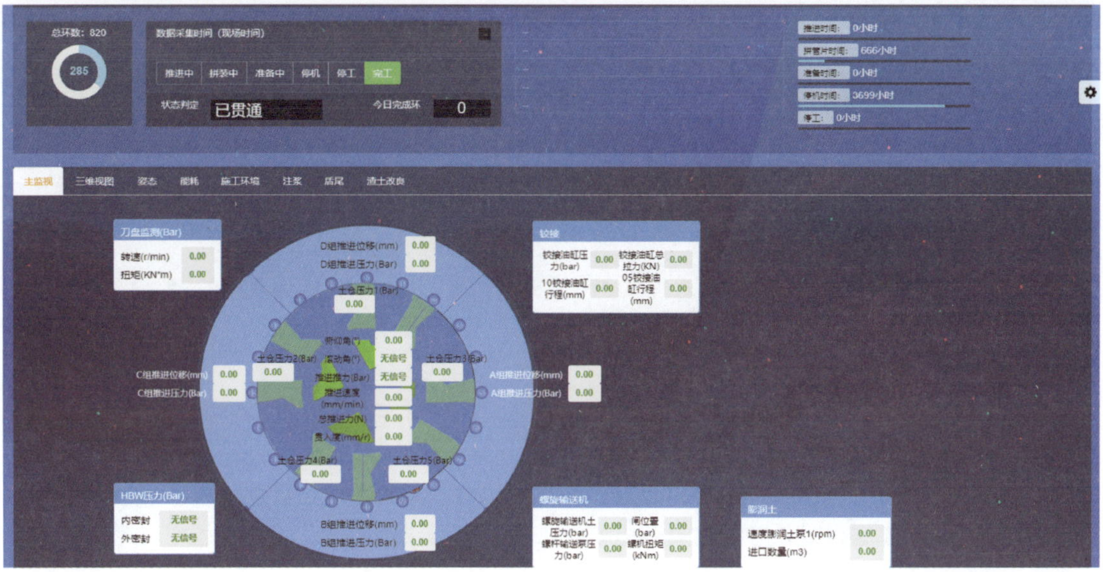

图 8-27　实时数据监控

视频监控数据管理主要针对施工过程的关键部位进行实时视频监控,确保施工全范围远程可视(图 8-28)。

图 8-28　实时视频监控

业务数据管理主要针对进度管理、安全管理、风险管理、质量管理等施工业务数据，实时掌握施工的各项过程数据，确保隧道质量、项目进度成本、安全、风险等受控（图 8-29）。

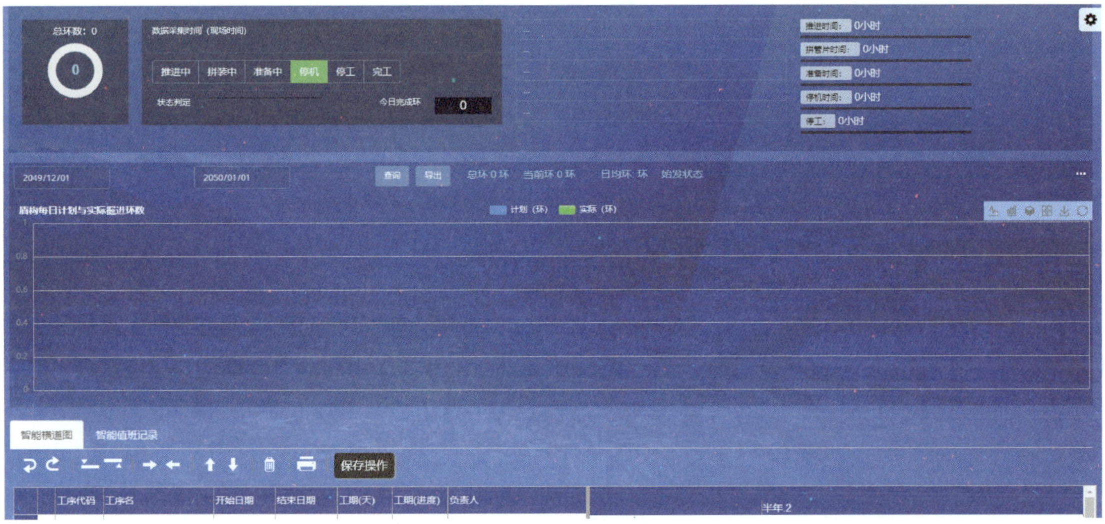

图 8-29　进度管理

（3）施工告警

施工告警包括：进度预警、风险预警、质量告警、姿态告警。

进度预警：系统根据当前的掘进速度与工程计划的工期计算工程能否按照计划时间节点完成，若无法完成则发送预警短信提醒项目负责人注意。

风险预警：当盾构掘进临近风险点时，系统自动发送预警短信，告知即将临近风险并提示注意生产；系统检测到地面沉降数据超过一定的警戒值后，自动发送告警消息。

系统可通过短信和 APP 消息通知的形式向公司领导、项目经理、安全负责人等发送相应的告警信息。

（4）盾构掘进精细化分析

系统可根据实时上报的数据智能、自动地计算出当前掘进的进度、按日进行掘进进度的环比、班次掘进环比、当月掘进趋势、盾构机运行状态分布、单环掘进各阶段效率对比、单日盾构机各工作阶段时间分布等。通过不同维度的分析，为盾构掘进提供细致化的管理指导（图 8-30）。

（5）隧道线型管控

盾构隧道线形管控功能立足于大数据智能分析的角度，结合多个项目中获取不同的隧道数据，通过业务建模将具体的业务问题抽象为业务模型，利用数据建模将与业务模型相关的数据整理成结构化的可用于建模的数据，然后通过分析建模构建算法模型，完成关联分析、预测分析需求，最后通过验证工具对模型进行评估和验证优化，进而进行功能开发。

该功能可以有效达到提高隧道线形质量的目的，具体功能表现如下：

图 8-30　盾构掘进精细化分析

可有效预警管片成型质量，如错台、渗漏、破损等；可在施工过程中对隧道实际拼装线形进行预警，有效控制隧道质量是否超限，可提前预防（图 8-31）。

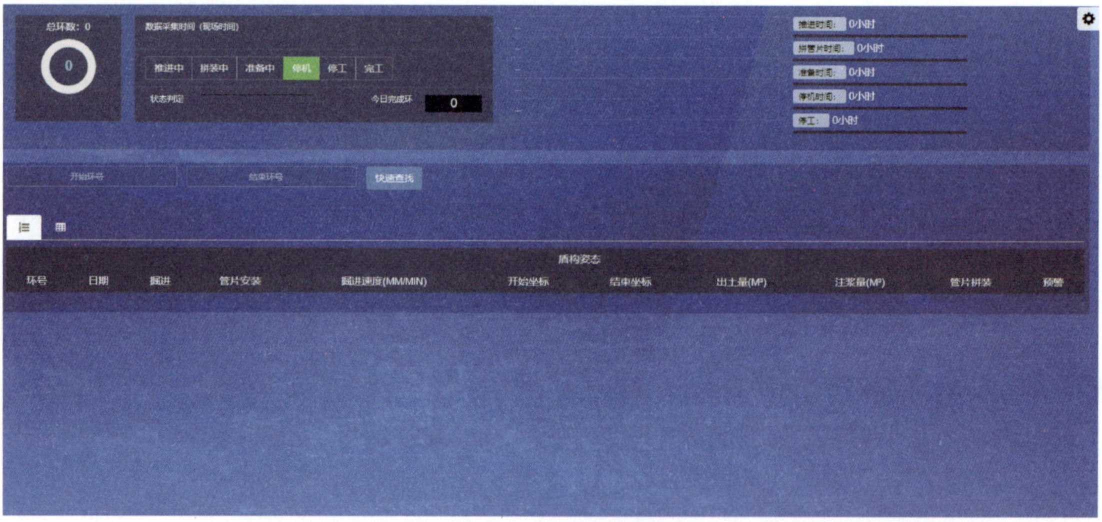

图 8-31　隧道质量分析

（6）掘进指数分析

通过对盾构机的重要参数，包括推力、扭矩、推进速度、转速等的分析，提出盾构掘进指数 TI 指标，通过对该指标的监测简单有效的判断盾构机的掘进状态、地层状态，指导施工，提前预警，降低风险发生率（图 8-32）。

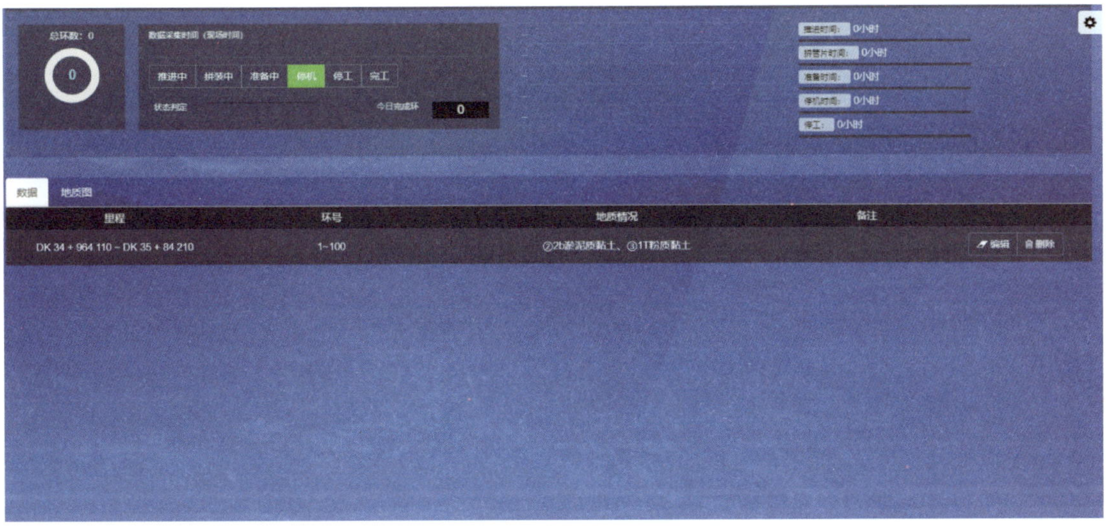

图 8-32　掘进指数分析

8.4.2　视频监控系统（移动天眼）

根据市住建局及公司对施工现场安全监控的要求，结合移动天眼（基站摄像头）技术的应用，构建了基于杭海城铁项目全线全局和项目部级视频监控系统。现将有关情况介绍如下：

1. 设计目标

（1）全覆盖：对施工现场各个工程施工区域的进出口情况、工作面施工情况、材料堆放状况、施工办公区和生活区等区域视频监控进行合理化布局，实现铁路施工现场监控的全方位覆盖。

（2）全高清：铁路施工现场所有视频监控点位均采用高清网络摄像机，保证画面清晰可辨；标清图像的垂直分辨率不应小于 704 像素；高清图像的水平分辨率不应小于 1 280 像素。

（3）全过程：实现对当前现场 24 h 实时监控，各标段监控子系统可对历史影像资料保存在 1 个月以上，杭海城铁公司对需重点关注的视频图像资料可截取永久保存。

2. 系统架构

视频监控系统分为杭海城铁公司和施工单位两级控制。系统可实现对实现施工现场全覆盖，对进出工地现场的人员、车辆、设备进行全方位监控。系统主要由视频采集设备（摄像头）、传输网络、视频解码及显示设备等三部分组成（图 8-33）。

3. 系统设备介绍

（1）视频采集、存储部分（共分两部分）

第一部分：通过对杭海城铁全线通信运营商基站分布情况进行实地调查，最终确定杭海工程沿线 17 个可利用基站，利用基站铁塔顶端的高清网络球机摄像头（购买服务形式）对施工现场的视频图进行图像采集，通过基站光纤连接至我司视频监控平台，实现对杭海城铁

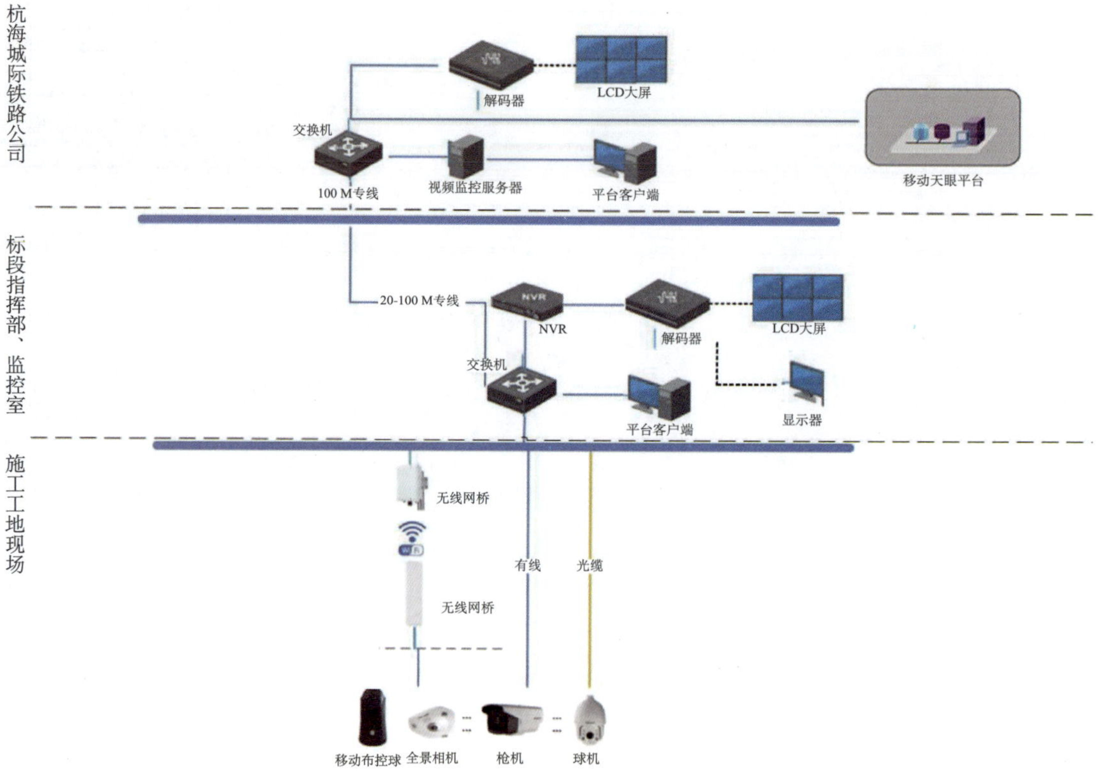

图 8-33　视频监控系统架构图

项目施工标段及周边 1.5 km 范围内全方位、全天候监控。系统的主要功能：提供视频实时查看、视频回放、摄像头自动巡航等功能。

第二部分：根据杭海城铁公司印发的《视频监控管理要求》，各标段在车辆出入围挡大门、材料堆放及加工区、施工作业面等重要地点设置视频监控点，视频画面通过专线接入项目部及我司视频监控平台，实现对各标段主要作业场所的实时监控。

(2)中间传输部分

天眼视频监控我司主要通过移动宽带网络访问的形式上墙显示。

各标段视频监控数据主要是通过移动的 VPN 专网，把现场的视频监控统一传输至视频综合平台服务器，再通过 1 G 的移动专线直接访问进行上墙显示。同时考虑到办公环境不具备不间断电源、温湿度环境等因素，通过购买服务的形式在嘉兴移动数据机房内租用 2U 的机柜存放视频综合平台服务器。另外使用电信网络访问天眼移动网络不太稳定，所以将此两条线路单独组网。

(3)显示部分

显示部分主要是在杭海城铁公司 16 楼视频会议室的 6 块拼接屏以及工程部办公室、安质部办公室各配备 1 台 70 寸液晶电视机进行现场的实时显示；每个施工标段也在项目组自建监控室，可在当地显示现场所有视频图像，便于施工单位进行自我监督检查(图 8-34)。

图 8-34　天眼系统截图

4. 实施方案

通过对杭海城铁全线进行实地查看，最终选择 17 个天眼安装点，实现对杭海铁路全线进行全覆盖。

城乡天眼依托通信运营商分布广泛的基站铁塔资源，在基站铁塔顶端安装高清网络球机摄像头，通过基站光纤连接至我司视频监控平台，实现对铁塔周边 1 ~ 2 km 范围全方位、全天候监控。系统的主要功能：提供视频实时查看、视频回放、摄像头自动巡航等功能。

选定天眼具体位置如下：许村贺家埭南、许村景树湾、许村海王村、许村中学、许村报国小区、许村杨渡小区、长安新民村联通、肖王村北、长安化工厂东、周王庙兄弟皮革、盐官郭店村北、斜桥镇东、斜桥前步桥东、斜桥卡森集团、庆云金龙联通、海昌路站北、海宁城东安置房(图 8-35)。

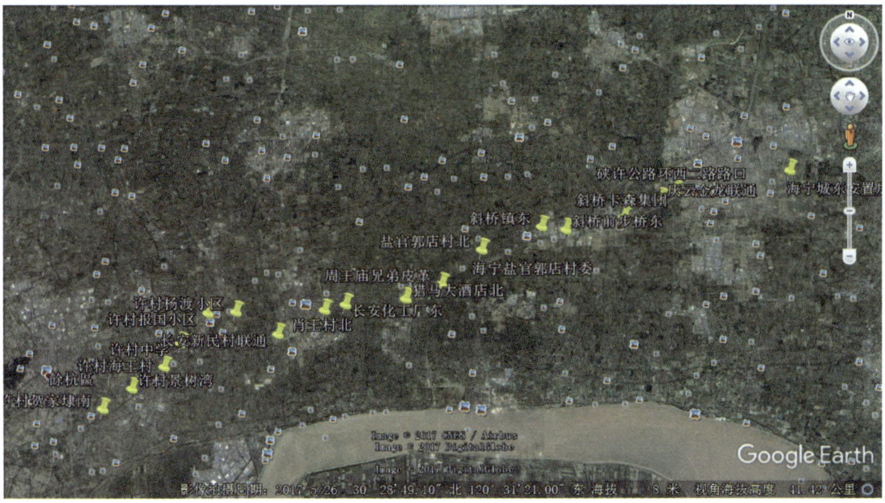

图 8-35　天眼系统布置点位图

5. 安装天眼监控的意义

为及时掌握施工现场动态的形象进度，切实加强对施工现场安全生产的监管力度，确保安全生产、文明施工贯穿于施工全过程,实现对进出施工现场的人员、车辆、设备进行全方位监控,结合实施"阳光工程"的相关要求,特安装天眼视频监控系统。

8.5 平台参与方人员及应用流程

8.5.1 平台参与方人员

杭海城铁项目通过基于 BIM 的集成云平台,为各方建设主体提供协同工作的基础,本平台参与各方如下:(1)建设单位;(2)BIM 总体单位;(3)设计单位;(4)施工总包单位;(5)施工监理单位。

本项目将根据建设单位的权限管理要求进行用户权限设置。由 BIM 总体单位配合建设单位负责本项目所有用户的权限设置,保证各用户的权限正确。

(1)建设单位:账户数量不限制,根据不同职能划分来确定权限。

(2)设计:按设计专业添加账号,并设置总负责人员账号。

(3)监理:各工点设置总监、安全员、质量员、进度管理、文明工地管理人员账号,账号数量视具体情况而定。

(4)施工单位:各工点设置总包项目负责人账号、分包账号由总包确定参与各项目的具体对接人而定。

(5)监测单位:各工点设置数据上传人员,警点管控、预警事件发起人员账号,账号数量视具体情况而定。

8.5.2 平台参与方应用流程

具体见表 8-1,表 8-2,应用流程如图 8-36 所示。

表 8-1 平台参与方简表

发起	经办人(处理人)	督办人	验收人
建设单位、施工方、第三方监测、监理	施工方、设计方	监理方、BIM 总体方	建设单位

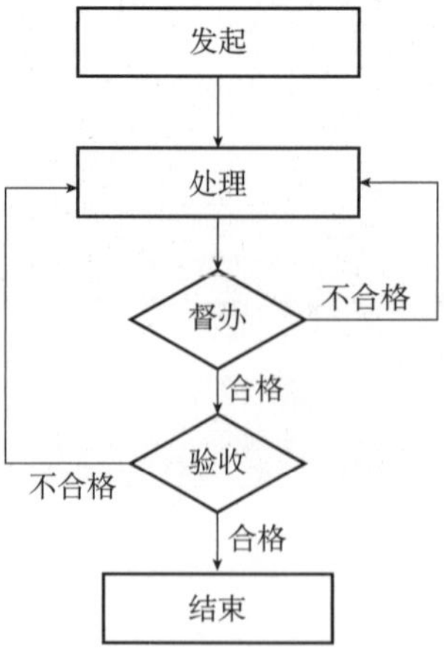

图 8-36 平台应用流程通用图

表 8-2　平台应用人员示意表

流程步骤	使用方	使用对象	人员姓名及电话
发起	建设单位	工程部、机电设备部、安质部 现场质量安全管理人员	
	施工方	质量员、安全员	
	监理	现场监理	
	第三方监测	安全巡视员	
处理	施工方	施工单位	
督办	监理方、BIM 总体方	监理总监 管现场安全的人员	
验收	建设单位	工程部、机电设备部、安质部	

第 9 章　基于 BIM 平台的协同管理

9.1　基于 BIM 平台的协同设计

基于 Revit Server 搭建设计协同平台，设计单位各专业基于 Revit Server 进行协同设计。在 Revit 软件端，同专业协同采用工作集形式进行，专业之间采用协同链接形式进行。协同平台的搭建实现了多专业的实时协同，保障了设计内容的及时更新。具体的协同步骤如下：

9.1.1　车站相关

线路→建筑

开放全线 CAD 总图，包含特征点信息（中心里程与线路中心线交点坐标信息）。

建筑→线路

（1）建筑专业在服务器电脑上利用全线总图建立总装模型项目文件。

（2）建筑专业在服务器电脑上创建土建模型中心文件，通过 Revit Server 放置在服务器上，并另存为本地文件后，以站台中线与线路中心线的交点为项目基点，模型线绘制站台简单轮廓，建立初步站位模型。

（3）打开总装项目文件，链接初步站位模型，通过对齐特征点的方式，让建筑模型轮廓与站位轮廓重合，建立共享坐标并发布。后打开本地模型文件，查看特征点坐标是否改变（或共享坐标是否存在）。

（4）车站外墙轮廓定下后，存储一版仅含外墙轮廓的模型文件，导出为 ifc 格式，提资给线路专业。

建筑→结构

（1）建筑专业在服务器创建土建模型中心文件，建立工作集（不设置权限）。

（2）建筑另存为本地文件后，增加建筑、结构工作集（结构工作集不设置权限）。

（3）在建筑工作集中创建非结构构件（使用建筑墙、柱等创建砌块墙、防火墙、构造柱等），在结构工作集中创建结构性构件（使用结构墙、柱等创建砼墙、柱、楼板、梁等）。

（4）创建完成后，同步至中心模型，通知结构专业校验修改。

结构→建筑

（1）结构专业通过 Revit Server 将中心模型另存为结构本地文件，打开模型后对建筑专业创建的结构性构件进行查验修改。

（2）完成结构构件的创建，后同步至土建模型中心文件。

（3）建筑专业查验模型，同时，提交 WORD 版本的构件修改反馈单。

建筑结构专业根据具体情况协调多次后，形成第一版土建模型。

建筑→暖通

第一版土建模型完成后，发布提资单，以书面形式通知暖通专业链接土建中心模型。

暖通→建筑

(1)暖通专业建立项目文件，链接土建模型中心文件，创建暖通专业模型，并在模型中增加文字批注说明。

(2)完成模型后，将中心文件通过 Revit Server 网络路径储存到服务器上，并以书面通知建筑专业链接暖通中心模型。同时，将暖通中心模型分离成本地文件提资给建筑专业(含文字批注说明)。

建筑、结构、暖通三方协调

建筑专业受资后，组织结构、暖通专业进行模型校验，合理调整各专业模型，形成第二版土建模型。

此过程根据具体情况协调多次后，形成终版土建模型和暖通模型。

建筑→隧道

土建模型外轮廓确定后，将车站外轮廓起止里程数据提资给隧道专业。

9.1.2　区间风井相关

线路→建筑

开放全线 CAD 总图，包含特征点信息。

建筑→线路

建筑专业在服务器电脑上创建风井土建模型中心文件，另存为本地文件后，选择某特征点为项目基点(可选择左下角 1 轴与 A 轴交点)，绘制简单轮廓，建立初步模型。打开全线总装模型项目，链接建筑模型后通过对齐特征点的方式，让建筑模型轮廓与线路中轮廓对正，建立共享坐标并发布。发布完成后打开建筑模型中共享坐标是否存在，存在即为正确。风井模型创建完成后，存储为一份仅有外墙的模型，导出 ifc 格式，提资给线路。

建筑→隧道

建筑专业在服务器电脑上创建土建模型中心文件，建立轴网标高工作集(不设权限)。建筑另存为本地文件后，增加建筑、结构工作集(结构工作集不设置权限)。在建筑工作集中创建非结构构件(使用建筑墙、柱等创建砌块墙、防火墙、构造柱等)，在结构工作集中创建结构性构件(使用结构墙、柱等创建混凝土墙、柱、楼板等)。创建完成后，同步至中心模型，通知隧道专业校验修改。

隧道→建筑

隧道专业另存中心模型为风井结构本地文件，打开模型后在建筑专业创建的结构性构件进行查验修改，并完成各构件创建，后同步至风井土建模型中心文件。

此过程根据具体情况协调多次后，形成第一版风井土建模型。若项目实际情况涉及结构专业参与，其操作流程同建筑与隧道专业协同内容。

建筑→暖通

第一版土建模型完成后，发布提资单，以书面形式通知暖通专业链接土建中心模型。

暖通→建筑

①暖通专业建立项目文件,链接土建模型中心文件,创建暖通专业模型,并在模型中增加文字批注说明。

②完成模型后,将中心文件通过 Revit Server 网络路径储存到服务器上,并以书面通知建筑专业链接暖通中心模型。同时,将暖通中心模型分离成本地文件提资给建筑专业(含文字批注说明)。

建筑、隧道(结构)、暖通三方协调

建筑专业受资后,组织隧道(结构)、暖通专业进行模型校验,合理调整各专业模型,形成第二版风井土建模型。

此过程根据具体情况协调多次后,形成终版风井土建模型和暖通模型。

建筑→隧道

风井土建模型外轮廓确定后,将模型外轮廓起止里程数据提资给隧道专业。

9.2 基于 BIM 平台的现场管理

9.2.1 建设阶段现场管理

1. BIM + GIS 技术

主要实现将土建模型和倾斜摄影模型进行轻量化、并实现在 WEB 端的发布。其中 BIM 模型主要是通过 Revit 建立的 BIM 模型,其模型版本为 2018 版;倾斜摄影模型主要是航测提供的 OSGB 文件。

其实现步骤如图 9-1 所示。

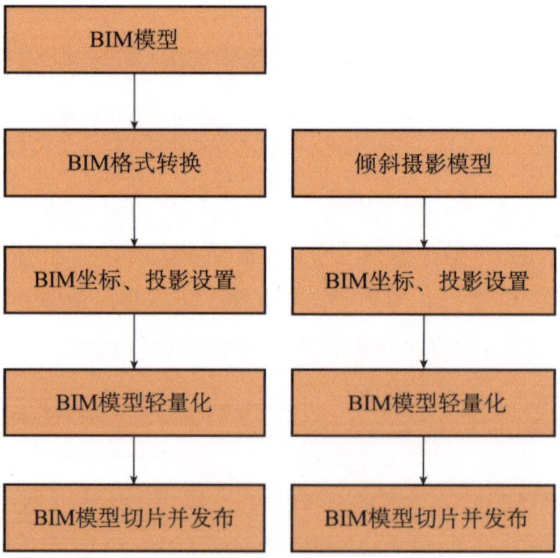

图 9-1　轻量化处理

(1)BIM 模型格式转换

该转换主要针对 Revit 模型,Revit 模型主要通过其发布的插件进行格式的转换,主要转换为超图的 UDB/UDBX 等格式，高版本的超图软件则可直接读取。

(2) BIM 坐标投影设置

主要通过坐标系的转换实现将平面坐标系转换为球面坐标系(图 9-2)。

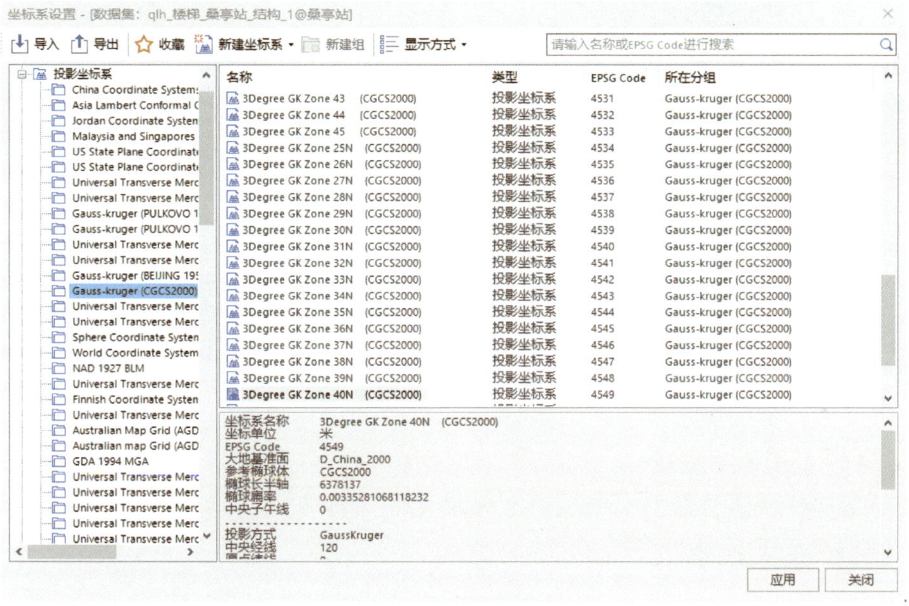

图 9-2　坐标系转换

(3) BIM 模型的轻量化

轻量化的方式比较多，一般可通过实例化、去重等方式进行轻量化，部分模型可通过三角网简化等方式进行模型的轻量化(图 9-3)。

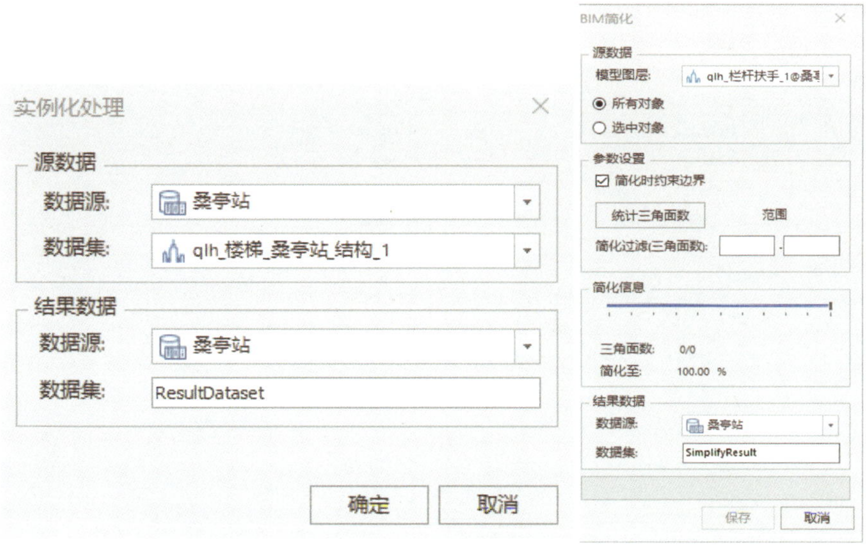

图 9-3　模型轻量化

对于倾斜摄影的轻量化,则主要通过合并根节点的方式进行。如图 9-4 所示。

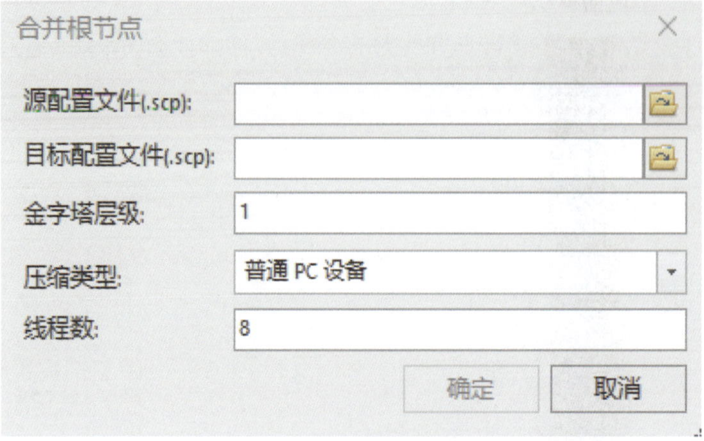

图 9-4　倾斜摄影轻量化

(4)BIM 模型切片并发布

BIM 模型切片严格意义上说也是模型轻量化的一种方式。其将模型转换为 S3M 文件格式,以方便发布(图 9-5)。

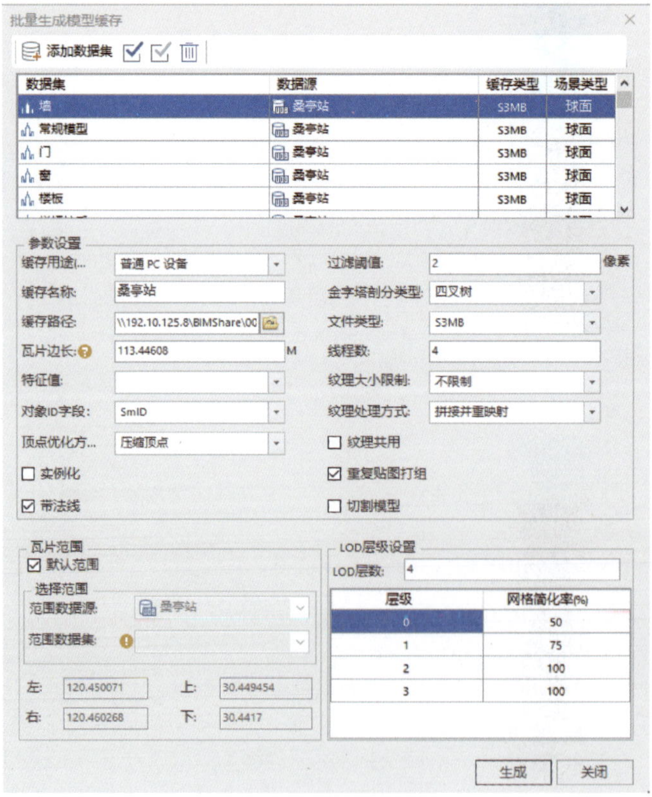

图 9-5　模型切片发布

(5) BIM + GIS 融合成果

经过对 BIM 模型和倾斜摄影模型进行处理以后，其实现的效果如图 9-6 ~ 图 9-9 所示。

图 9-6　倾斜摄影模型

图 9-7　BIM + 倾斜摄影模型（区间）

图 9-8　BIM + 倾斜摄影模型（区间）

图 9-9　BIM＋倾斜摄影模型(站房)

2. 进度可视化管理

BIM 管理平台支持手动录入和导入进度文件。同时可以通过 BIM 模型与进度子项进行绑定操作后,进而实现任务、进度、造价、成本、资料等信息与模型的关联。

在进度统计及资源统计功能模块提取并汇总其他关联的信息,以图表的形式,展示工程施工进展,实现数据化的进度统计及资源统计。

(1)进度计划编制

进入进度管理界面,如果登录的成员账号具有制作修订进度计划权限,该成员就可编辑进度计划。点击分部分项表格上方"编制"或"修订"按钮,进行进度计划编制或导入(图 9-10)。

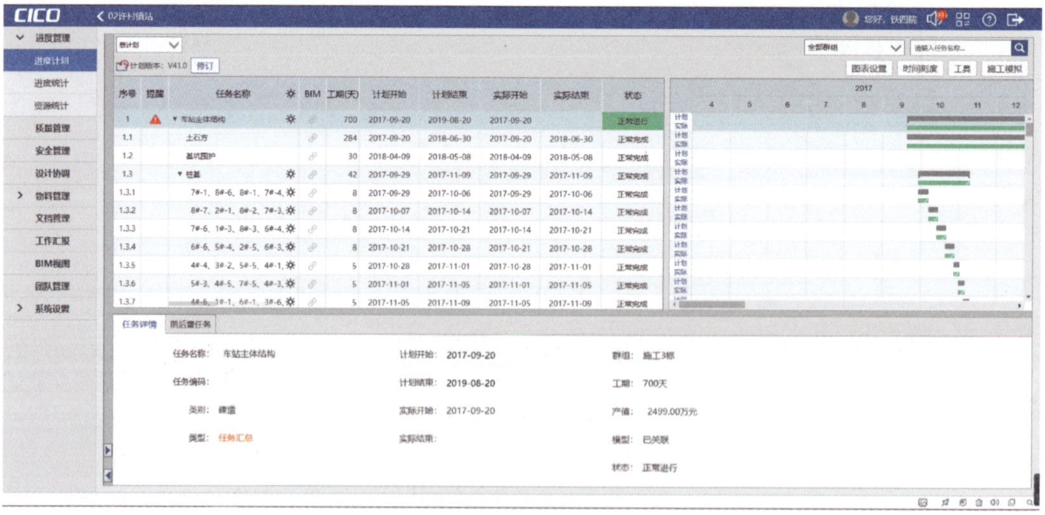

图 9-10　进度计划编制

在进度计划的分部分项编制好之后,可以进行分部分项计划与 BIM 模型的绑定操作,实现数据与模型构件统一。点击"模型关联"按钮，界面左边就会出现 BIM 模型视图，如图 9-11所示。

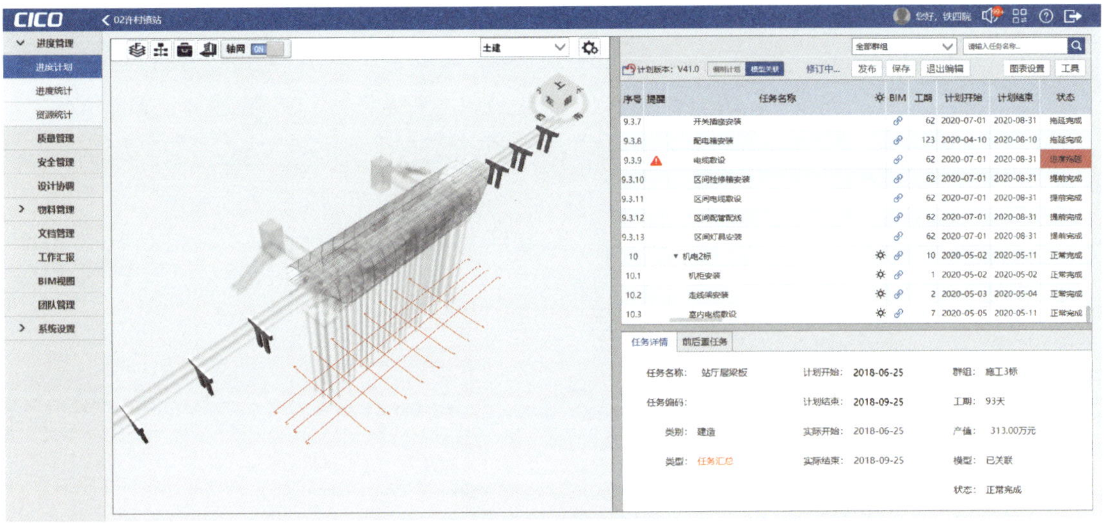

图 9-11　模型关联

完成编辑任务计划与模型绑定操作后完毕后，点击"发布"按钮，填写备注，提交任务计划，如图 9-12 所示。

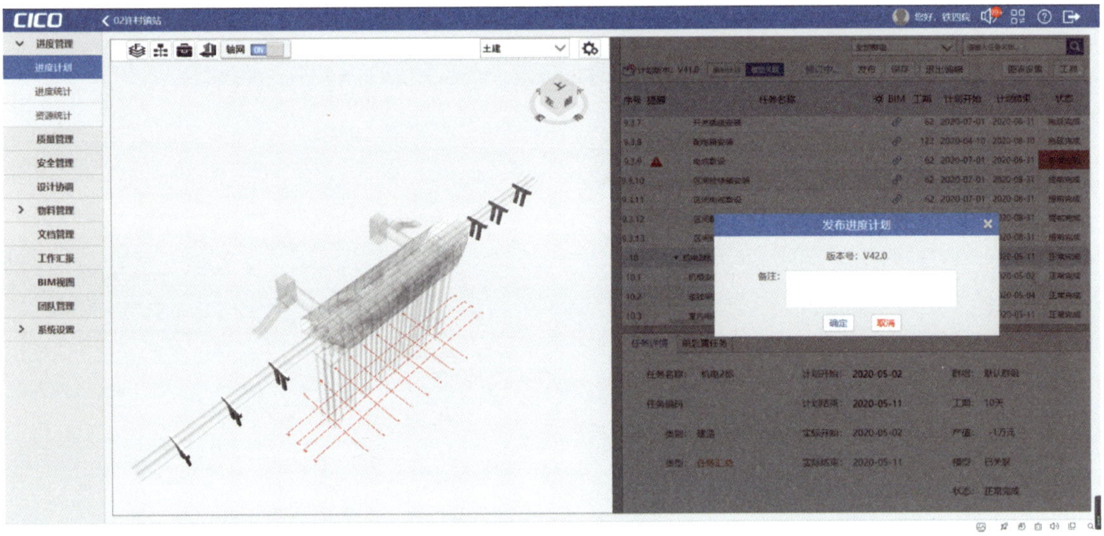

图 9-12　进度计划发布

进度计划制作完成之后，可以点击"图表设置"查看今日计划和关键路径；点击"时间刻度"可以使得横道图按照年、月、周三个时间段显示；第一个下拉框是按照群组显示进度计划；第二个下拉框是按照全部、上周、本周、下周、上月、本月和下月对进度进行查看，如图 9-13 所示。

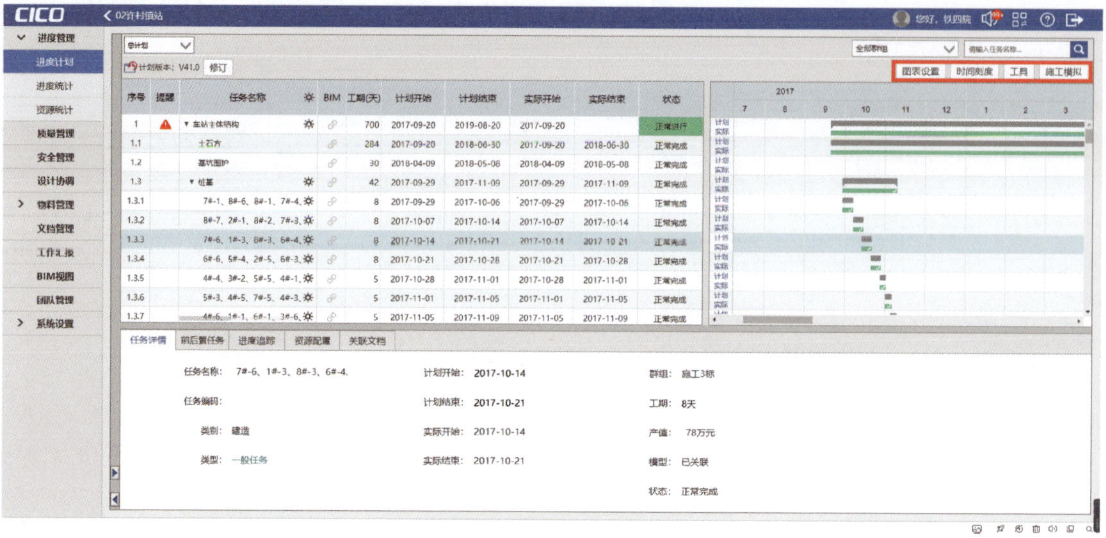

图 9-13　甘特图查看

(2)进度追踪

电脑端和手机端都可以对进度计划的发起进度追踪，选择某条分部分项后，在下方工具栏选择进度追踪，点击添加按钮，输入截止时间、完成百分比、追踪内容、纠偏措施和上传附件，填写完成最后点击确定按钮，平台对超期任务还增加了逾期提醒功能，如图 9-14 所示。

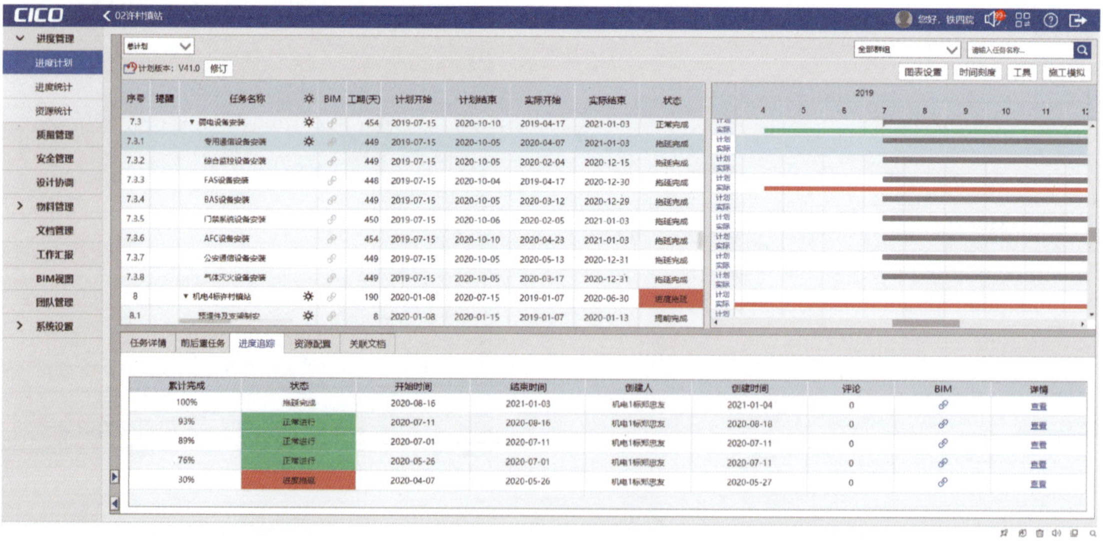

图 9-14　进度追踪

点击某条进度追踪后方的“详情查看”按钮，可以查看追踪详情和本次追踪完成的构件 BIM 模型和数量如图 9-15 所示。

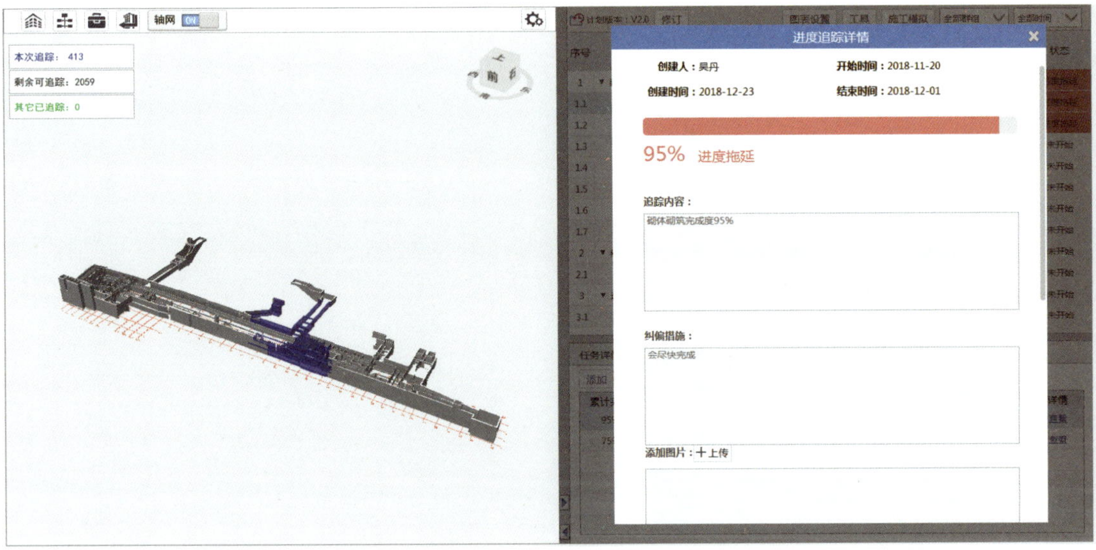

图 9-15　进度追踪详情

(3)施工模拟

点击右上角“施工模拟”按钮，跳转到模型/进度分屏界面，查看模拟动画。如图 9-16 所示。

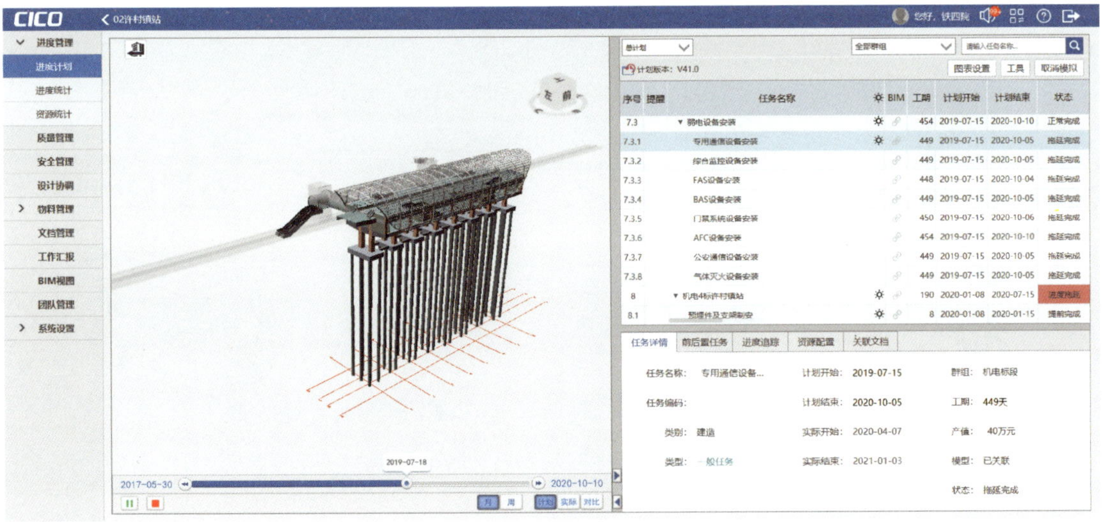

图 9-16　施工模拟

点击左下角“播放”“停止”可以控制播放模拟动画，也可以直接拖动“时间进度”按钮直接播放某一段，或者点击左右“双箭头”按钮来快进快退。点击下方“月”“周”按钮可以切换时间刻度，点击“计划”“实际”按钮，可以切换播放计划模拟或者实际模拟，点击“对比”按钮，可以同时播放计划模拟和实际模拟，如图 9-17 所示。

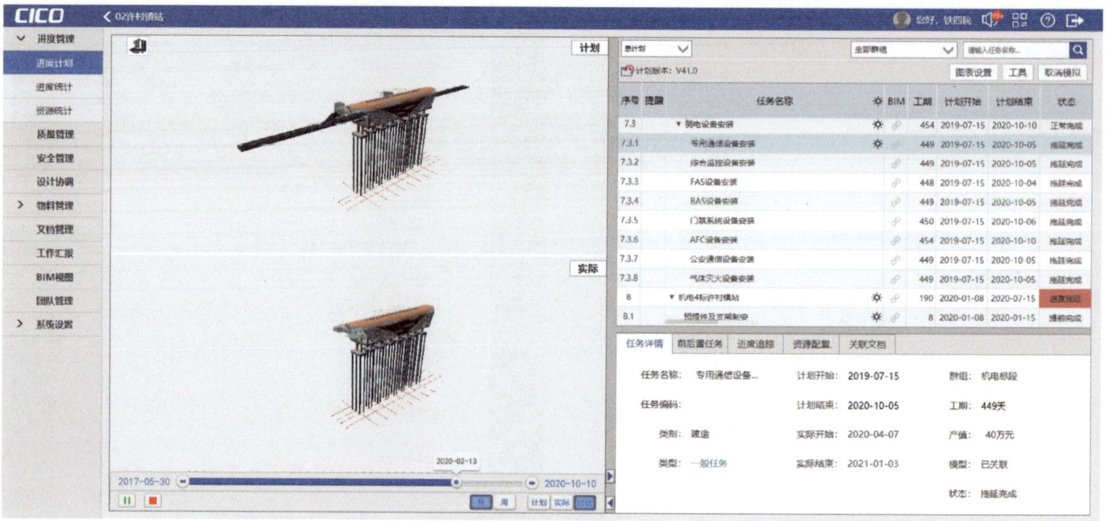

图 9-17　进度对比

(4)进度统计

在进度模块可以查看产值统计,点击产值配置按钮,在弹出的产值配置弹窗中输入每条任务的对应产值,如图 9-18 所示。

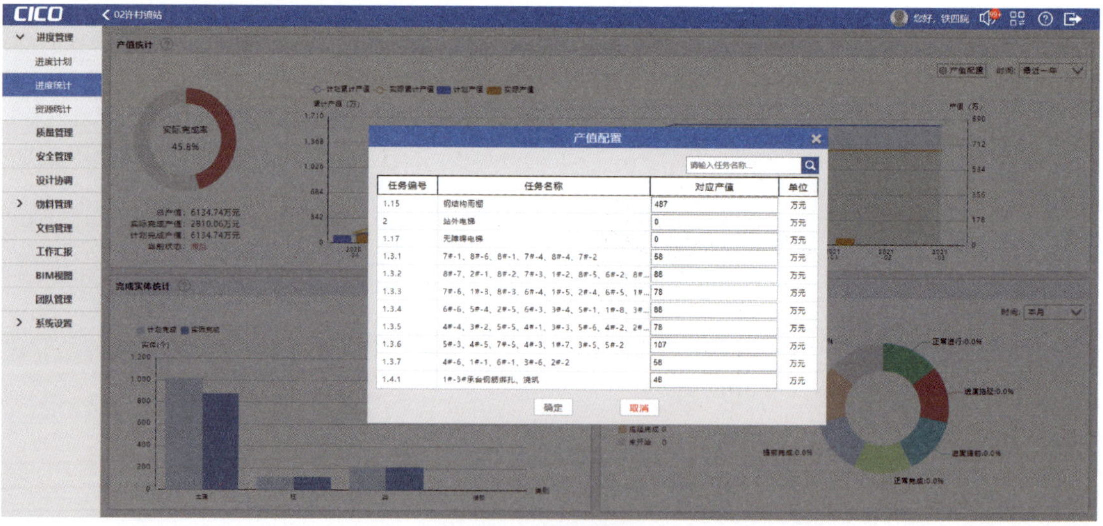

图 9-18　产值配置

通过对进度计划的编制,模型与任务子项的关联,实现产值、模型、计划的数据的逻辑连接,平台的逻辑运算规则将对项目的实际完成率等信息进行数据化的统计与展示如图 9-19 所示。

3. 施工精细化管理

建设过程中可通过分布式管理系统(基于 B/S、C/S 架构的工程管理平台、手持设备管理系统、分布在现场不同部位的智能手机用户终端等)将质量问题与模型关联,结合质量管

图 9-19　进度统计

理流程，实现现场施工质量精细化、痕迹化管理。

(1)现场质量、安全管理

质量、安全管理模块显示了与登录用户相关的所有的质量事件，事件发起人和事件责任人可以在该模块对质量事件进行操作。可以通过点击上方按钮来切换“全部事件”和“与我相关”的事件列表。事件列表的左边可以按照事件状态来过滤事件。事件的发起者有权利终止事件。新问题、进行中和已完成情况的事件由红、黄和绿三种颜色直接反映。点击类型、级别、状态后面的下箭头可以对事件进行过滤，也可以按照时间的升序或降序排列，也可以直接在搜索框输入事件标题进行查找，如图 9-20 所示。

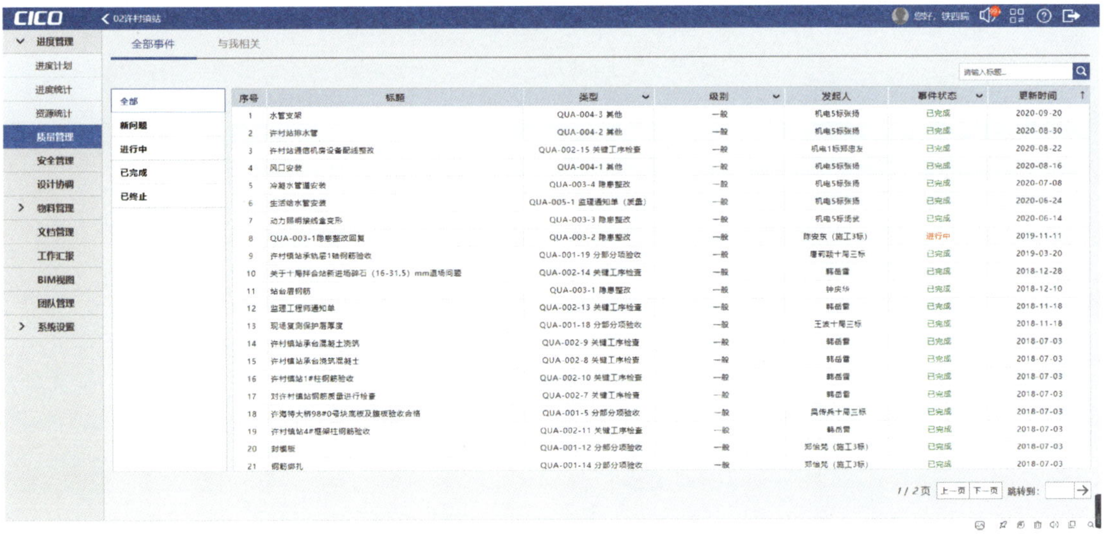

图 9-20　管理事件查看

点击某条事件,可以进入事件详情界面。发起人可以对截止时间、经办人、督办人和验收人进行修改(经办人、督办人和验收人若是已经对该事件进行回复,则无法修改),点击“更新”完成事件修改。点击“BIM 视图”可以查看发起事件时的坐标位置;点击“打印”可以将事件详情打印下来,如图 9-21 所示。

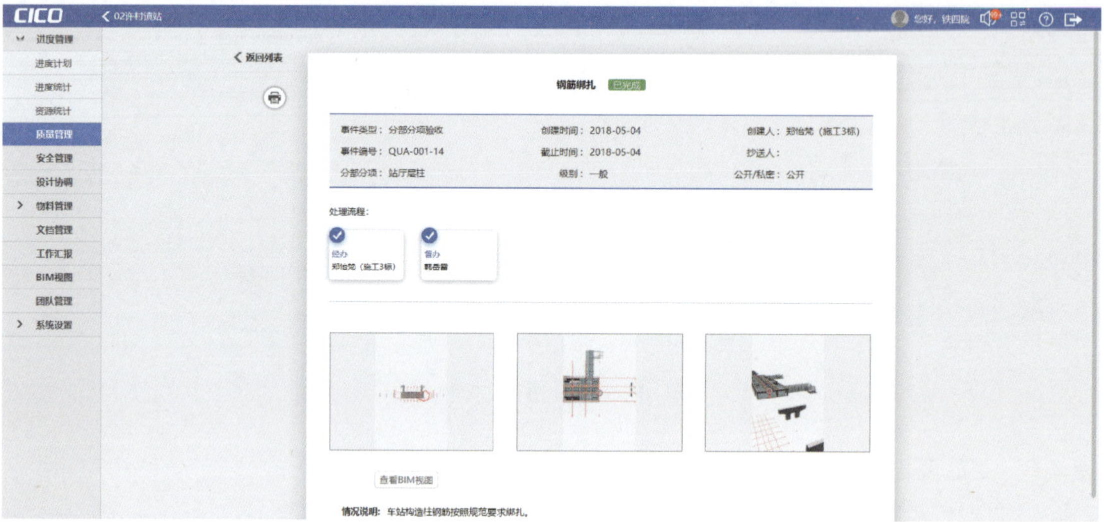

图 9-21　事件处理

事件责任人,在事件回复区可以直接对该条事件进行回复操作,提交审批结果,若是选择提交,则事件自动进入下一个环节,若是选择退回,则事件退回给经办人,由其重新对该事件进行处理,点击图片可以添加图片作为依据,最后点击“发送”完成事件提交,如图 9-22 所示。

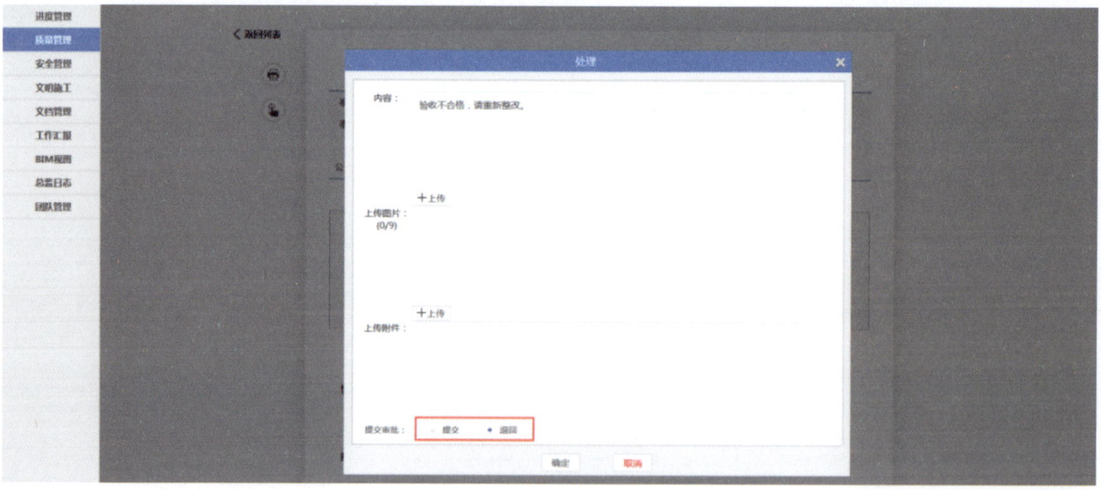

图 9-22　事件发起

通过研发的手持设备管理系统以及分布在现场不同位置用户的智能手机终端与 BIM 的结合，加强对现场安全事件的巡查和管理。通过对各类现场事件的实时报警和责任落实机制，调动所有相关人员的主动管理意识；通过安全事件的流程管理，加强建设过程中的质量、安全管理。

(2)物料管理

在物料跟踪界面，点击“新建跟踪”按钮，选择好跟踪项目后，点击“确定”按钮来发起一条跟踪。在新建跟踪界面，填写好预先设定的基本信息；然后可以对阶段执行人进行修改；关联相关构件；上传图片、附件，最后点击“确定”按钮，如图 9-23、图 9-24 所示。

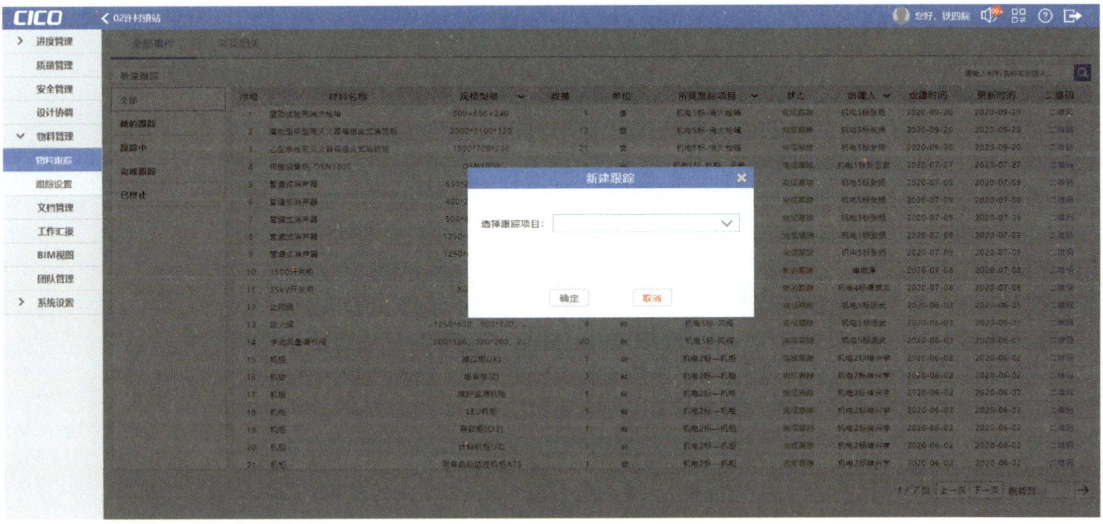

图 9-23　物料管理

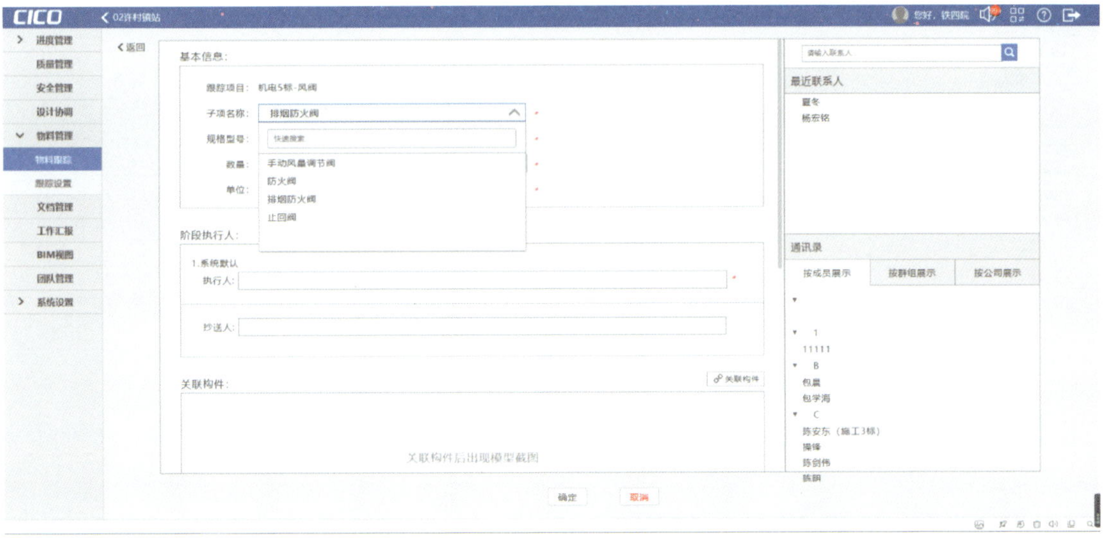

图 9-24　物料管理事件发起

在关联构件界面点击可以选中构件，按住 ctrl 可以多选，按住 shift 再次点击已经选中的构件可以取消选择，也可以框选。同时右上角也有“全选”“反选”撤销、取消撤销等功能键，如图 9-25 所示。

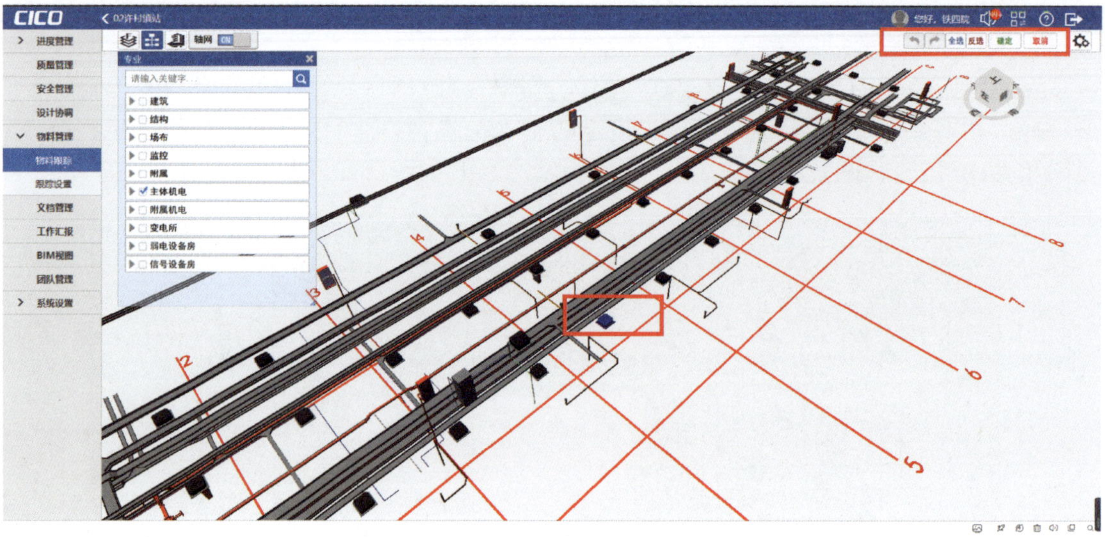

图 9-25　设备关联

点击某条跟踪可以查看该跟踪的详情，在详情界面，跟踪的发起人可以撤回或者终止跟踪，如图 9-26 所示。

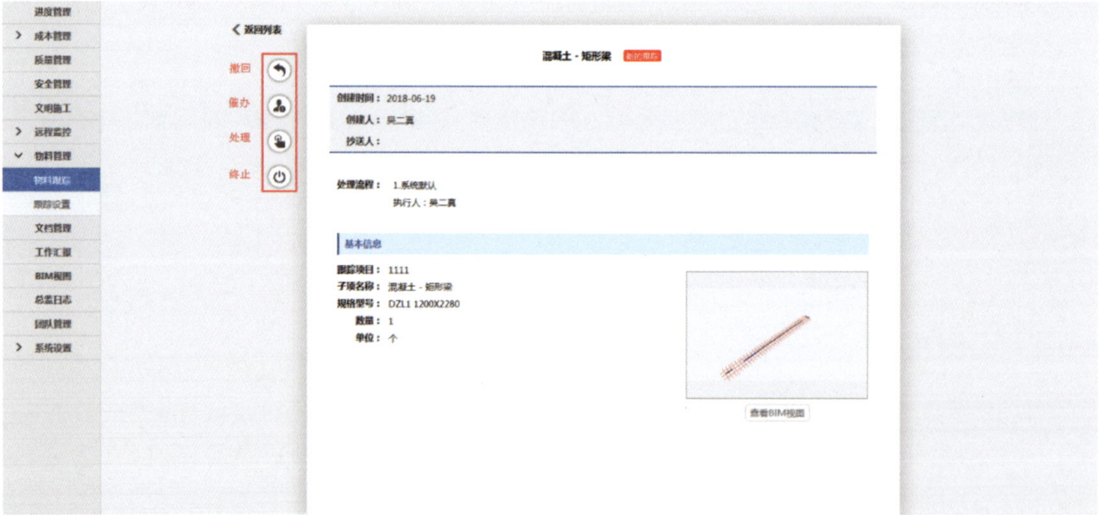

图 9-26　物料管理审核

每个阶段的相关执行人可以处理跟踪，填写好内容，上传图片和附件后，点击“提交”按钮，该跟踪会跳转到下一阶段相关执行人处。审核阶段的相关执行人可以退回跟踪，令处理阶段的相关执行人重新处理，如图 9-27 所示。

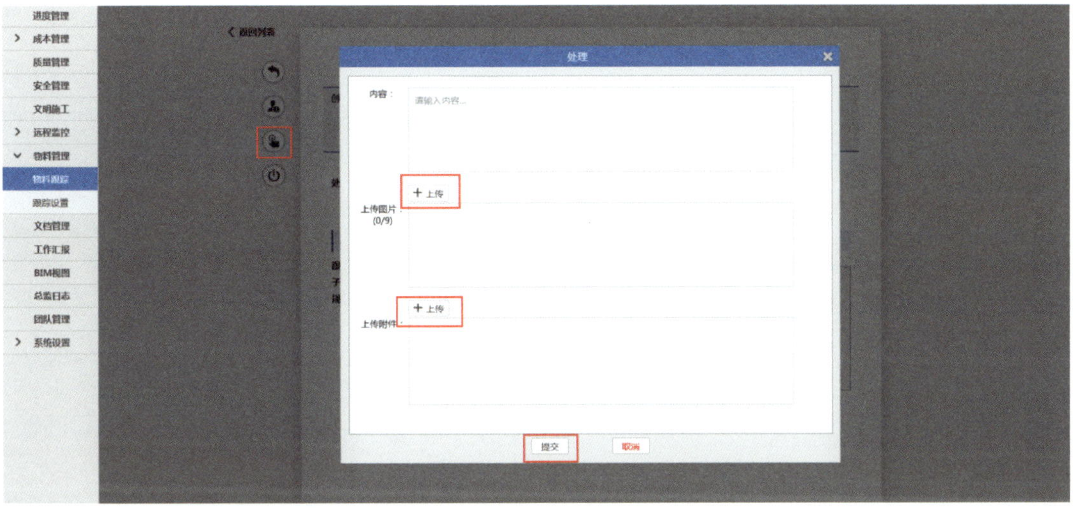

图 9-27　物料管理事件处理

点击某条追踪的“二维码”按钮，可以查看该追踪的二维码，如图 9-28 所示。可使用手机端扫一扫功能进行扫描二维码。

图 9-28　设备二维码

同样通过研发的手持设备管理系统以及分布在现场不同位置用户的智能手机终端与 BIM 的结合，实现建立一个以 BIM 模型和二维码为依托的信息化物料跟踪管理系统，实现物料的动态跟踪，物料随时追溯，机械设备全过程维护等功能。

4. 现场危险源监控

(1)测点管理

监测管理员通过进入监测管理平台，选择需布置测点的工程，进行测点与 BIM 模型的构件关联。

在测点配置模块可以查看所有测点的详细配置，点击“添加”按钮，可以新增一个测点，勾选一个测点后，点击“删除”按钮可以删除该测点，如图 9-29 所示。

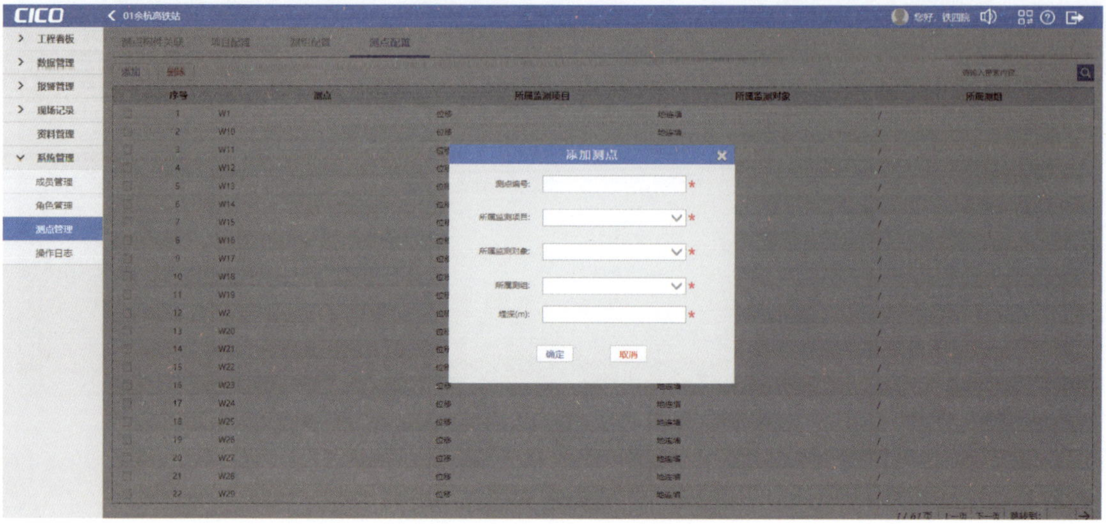

图 9-29　新建监测类型

在项目配置模块可以查看所有检测项目的详细配置，点击“添加”按钮，可以新增一条监测项目，勾选某条监测项目后，点击“删除”按钮可以删除该条监测项目，如图 9-30 所示。

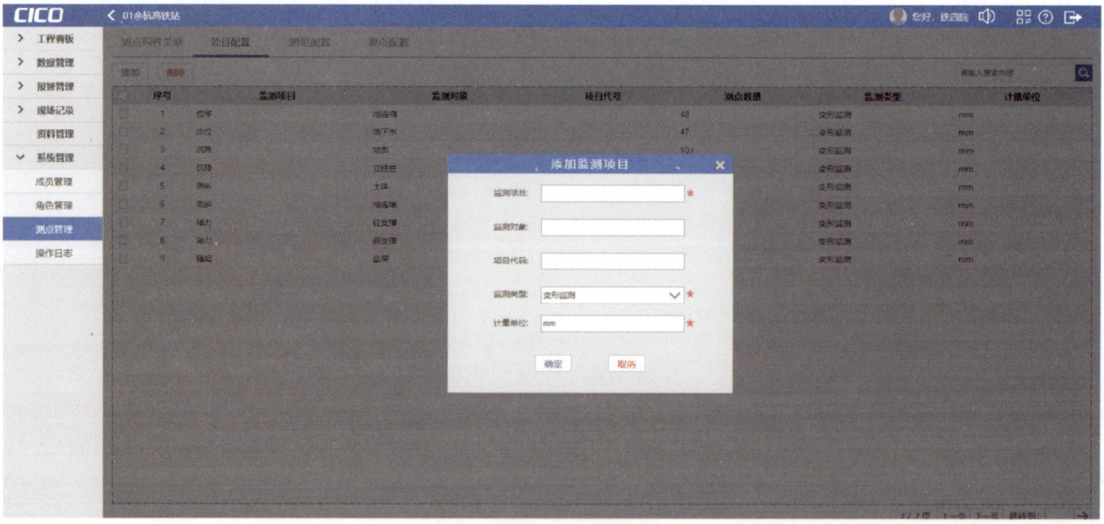

图 9-30　新建监测项目

在测点构件关联界模块，可以将构件（测点专业）和测点进行关联，如图 9-31 所示。

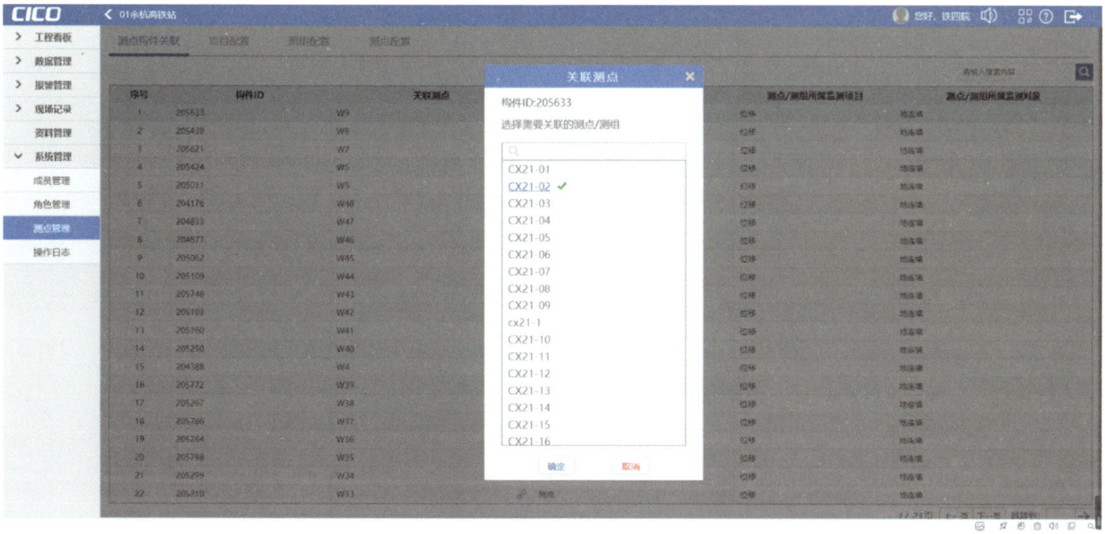

图 9-31　测点关联

(2)动态模型

BIM 视图模块可以查看监测模型,测点颜色中,红色、橙色、黄色表示该测点有相应级别的系统预警或人工报警,绿色代表正常的测点,蓝色代表未设置的测点。点击某个测点,右侧会弹出测点统计/监测项目/远程监控弹窗,如图 9-32 所示。

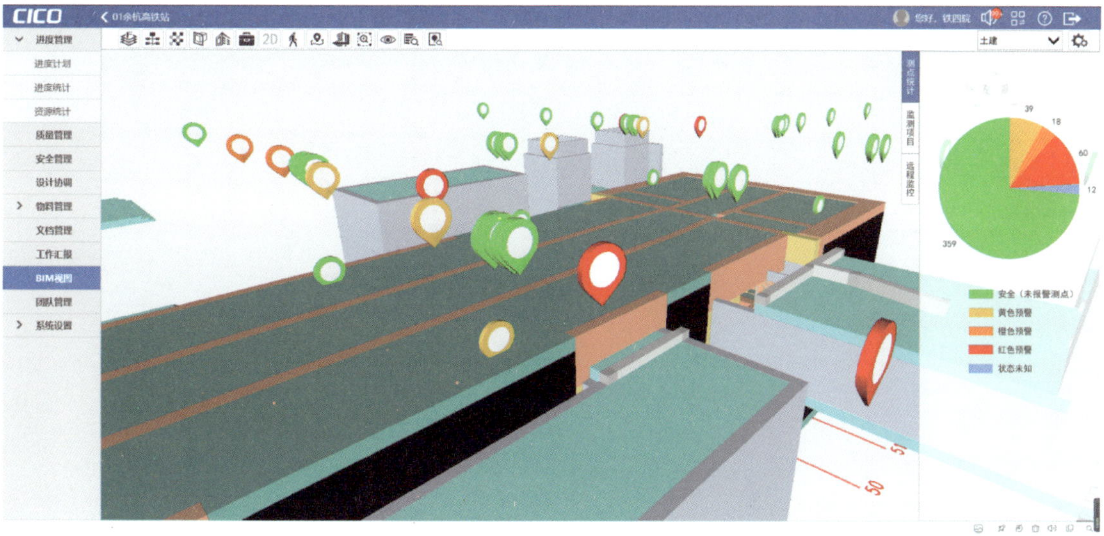

图 9-32　监测点模型

点击某一测点,右侧会弹出该测点最近一段时间的观测记录和曲线图,如图 9-33 所示。

切换弹窗标题栏,可以查看与该测点有关的"预警事件""预警记录""报警记录"和"基本属性",点击事件可以查看该如图 9-34 所示。

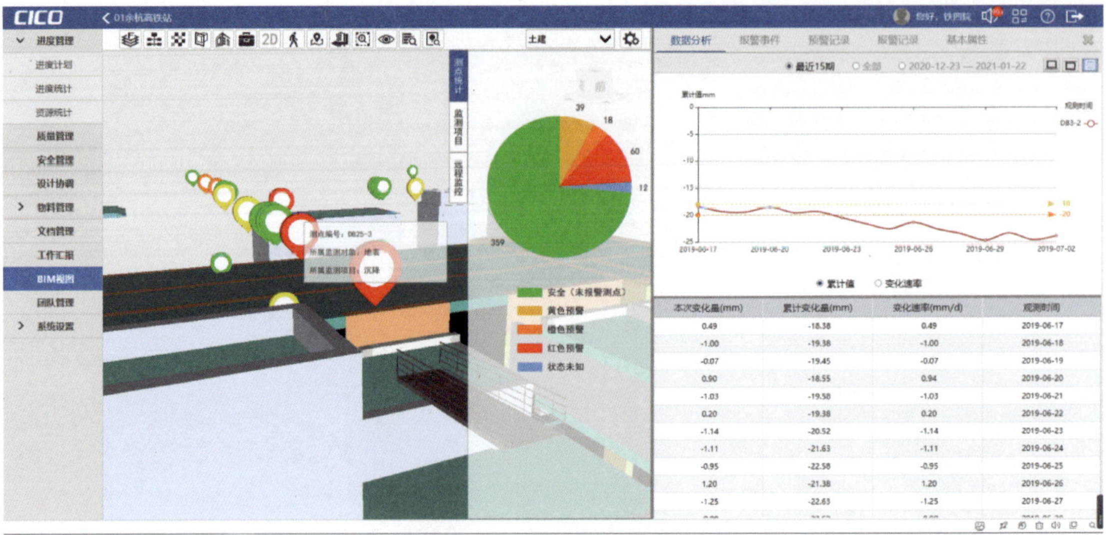

图 9-33　某检测点数据图

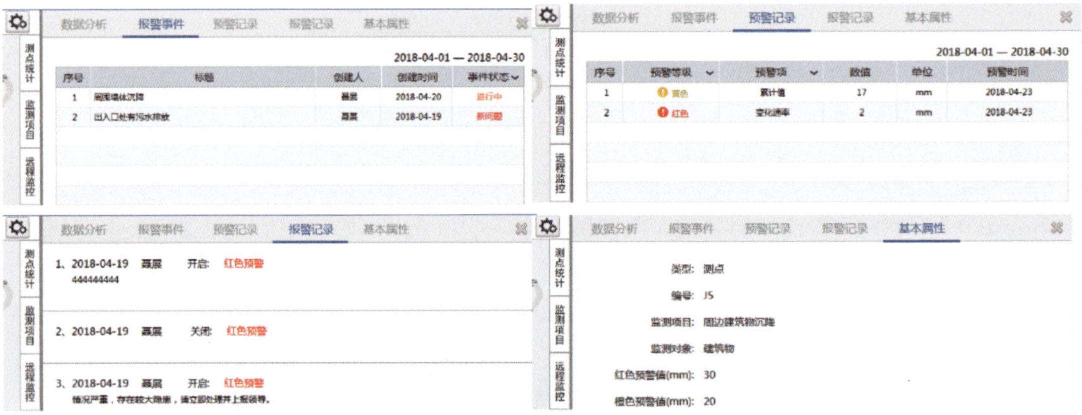

图 9-34　监测点相关信息

在报警事件列表，点击某一事件，可以查看该事件的详细情况，如图 9-35 所示。

进入工程总览模块可以看到该工程的整体信息（包括新报警事件、我的待办、观测记录、巡视记录和文档资料的数量）点击下方“箭头”可以快速进入相关模块；还有各个监测项目的报警数量统计和测值统计（包括实时和历史）；右上方可以查看各个时间段的业务统计数量（包括报警事件完成情况和现场巡视情况）；右下方可以查看该工程的所有动态。如图 9-36所示。

（3）数据管理

在数据分析模块，可以查看各个监测项目中各个测点在各个时间段的时程曲线图和断面曲线图。右侧“图表设置”中可以更改图标 x 轴和 y 轴的数显示对象，“基础设置”可以调整标题、图例、横纵轴网格线、显示值标签、节点、平滑曲线及预警线的显示开关，“x 轴设置”

图 9-35　报警处理

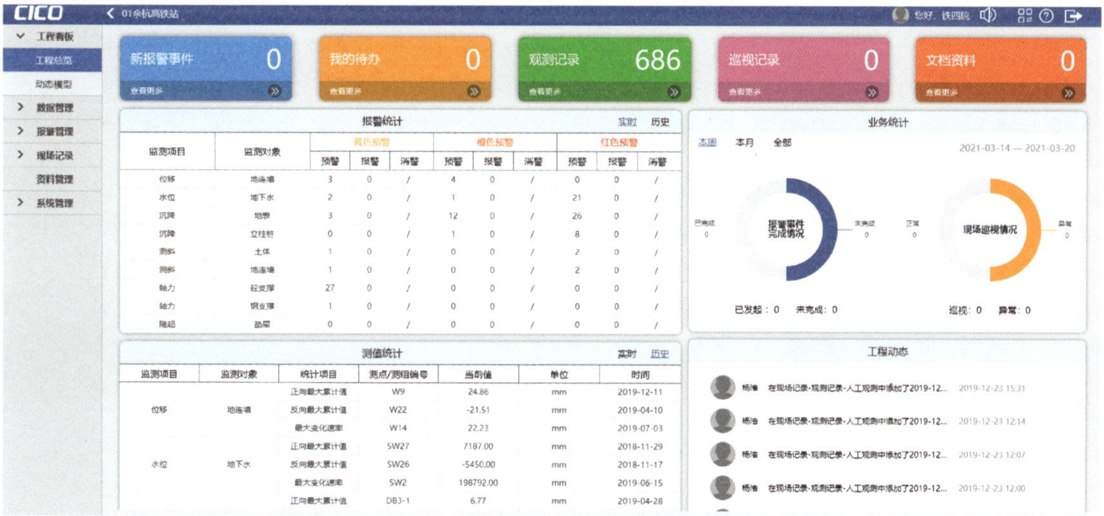

图 9-36　监测工程看板

和“y 轴设置”中可以更改 x 或 y 轴的位置、最大最小值、刻度。点击右上角“导出”按钮可以将数据或曲线图导出，如图 9-37 所示。

在“跟踪测点”模块，可以看到当前所有已跟踪的测点，点击“添加测点”按钮，选择监测项目和对象，将测点添加到右侧列表后，点击“确定”按钮，如要取消跟踪则点击后方“取消跟踪”按钮，如图 9-38 所示。

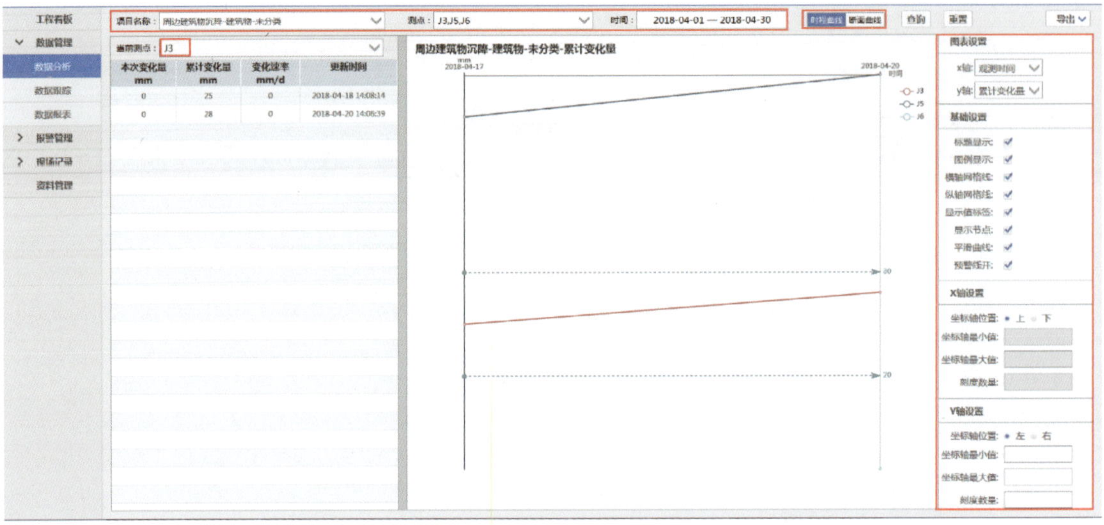

图 9-37　监测点数据管理理

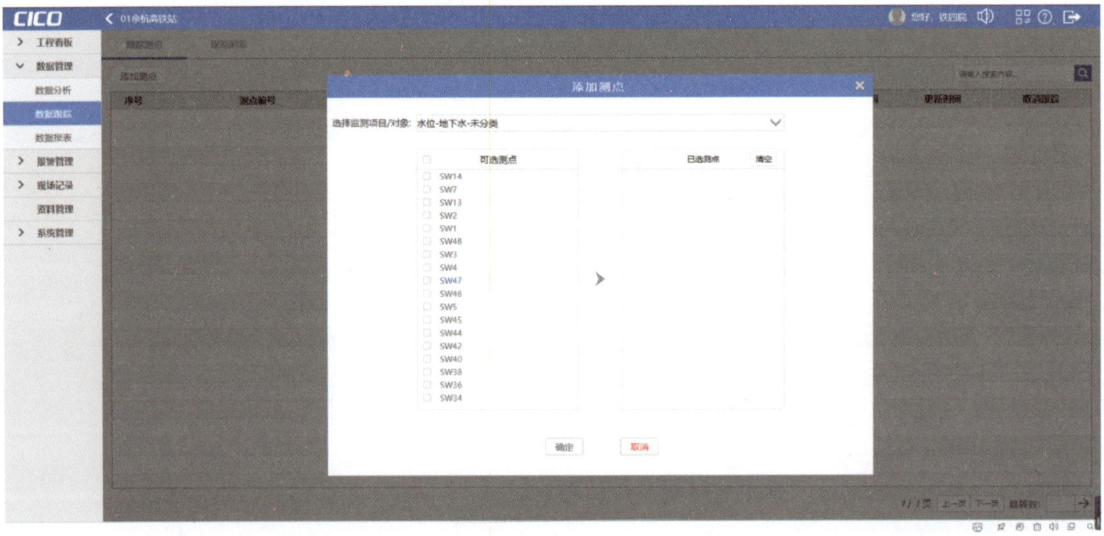

图 9-38　测点跟踪

在数据报表模块，点击“新建”按钮，填写报表名称，选择时间段、监测项目、监测对象后，点击“生成报表”按钮，如图 9-39 所示。

(4)报警管理

在左侧测点结构树中勾选相关项目后，点击“编辑”按钮，在右侧列表可以对其监测项目、测组和测点的各级别预警值进行设置，如图 9-40 所示。

在系统预警界面，可以查看所有系统预警的记录，点击后方“查看”按钮，可以查看预警详情，也可以按照预警等级或消警状态来过滤预警。勾选某条预警，点击上方“人工报警”按钮，可以将系统预警转为人工报警，如图 9-41 所示。

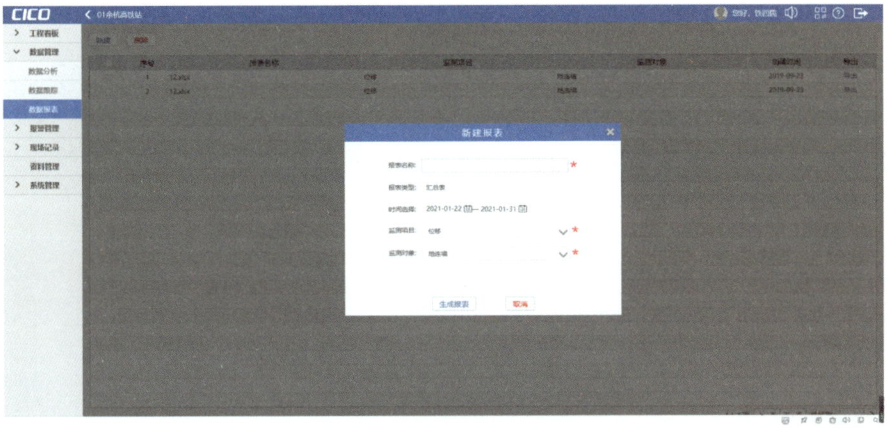

图 9-39　监测点信息报表

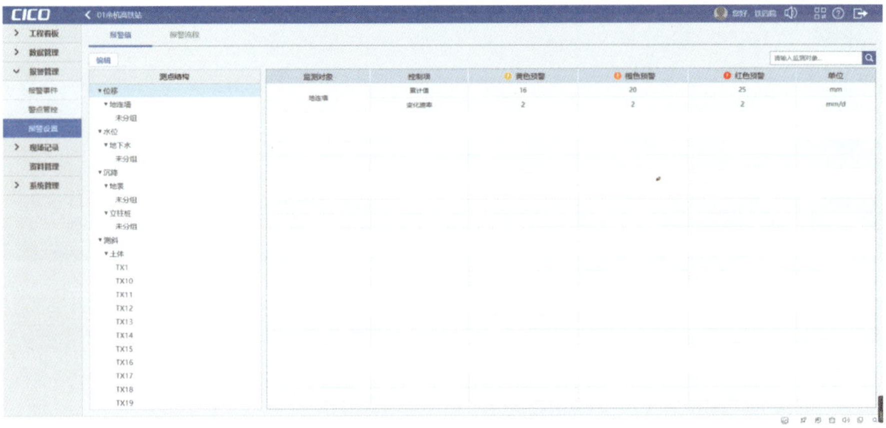

图 9-40　测点报警管理

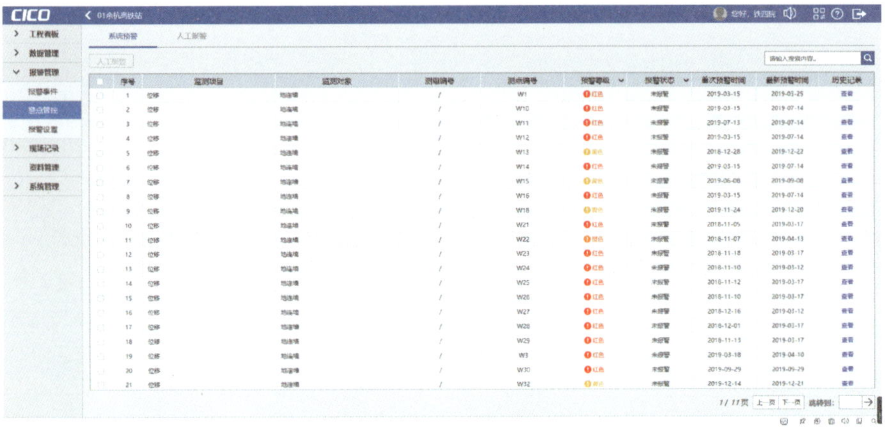

图 9-41　系统预警

在事件列表界面，点击某条报警事件，可以查看事件详情。在处理事件界面，填写处理情况，也可以上传图片或者文档，最后点击“确定”按钮，如图 9-42 所示。

图 9-42　预警处理

5. 汇报及项目文件电子化

在文档管理界面，点击“新建文件夹”按钮，可以在公共文档下创建新的文件夹，选择左侧文件夹，然后点击“上传”按钮，即可在所选文件夹中上传或下载文件，如图 9-43 所示。

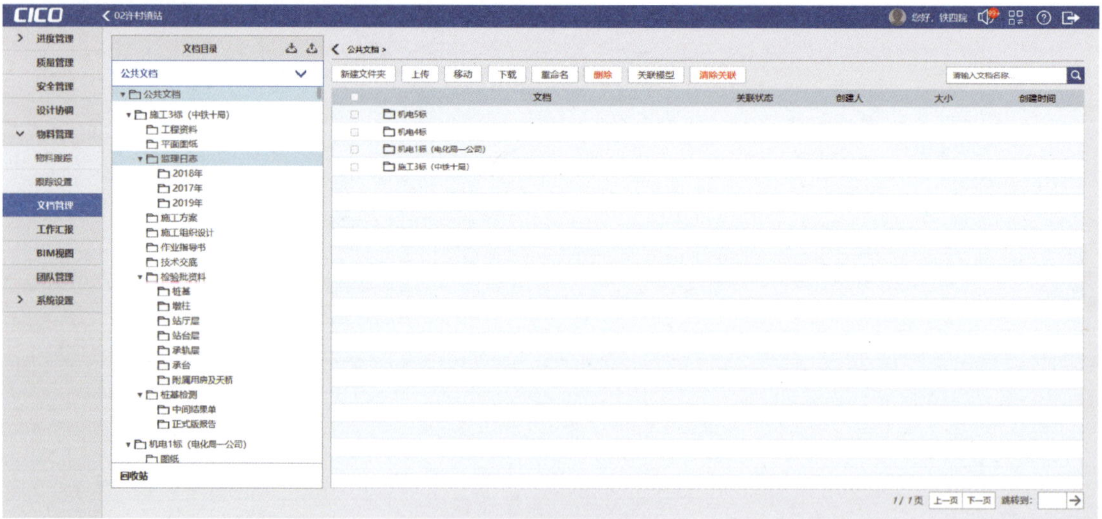

图 9-43　项目文件夹

勾选某一文档，然后点击关联模型按钮，可以将文档按照楼层和专业与构件进行关联，也可取消关联，如图 9-44 所示。

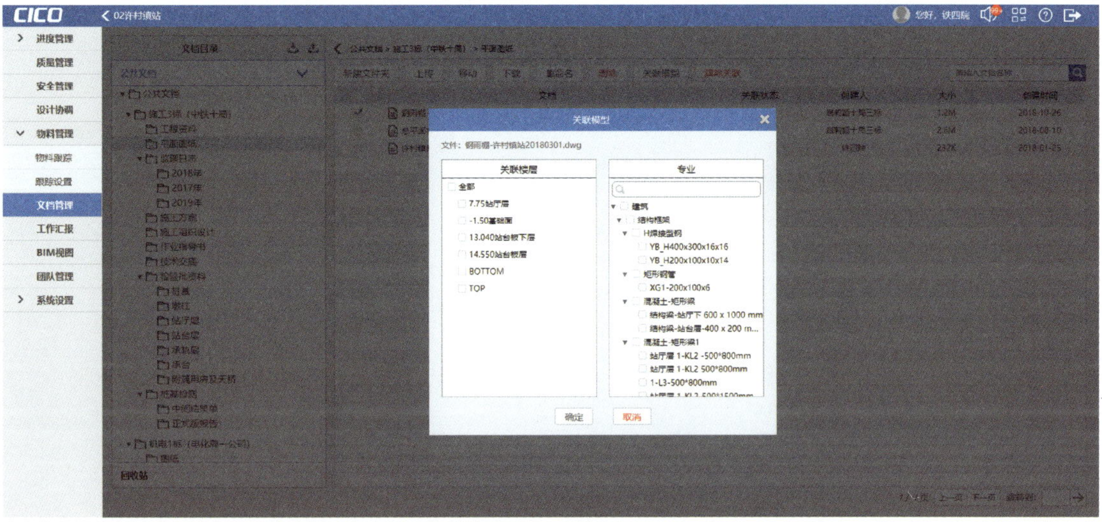

图 9-44　文档与模型关联

9.2.2　资产可视化移交

平台建设内容包括：GIS 驾驶舱、BIM 空间、资产管理（包括移交管理）、文档管理、系统管理。

1. GIS 驾驶舱

GIS 为用户提供基于项目群站外大场景空间浏览、漫游及应用，帮助使用者快速概览整个区域的情况，并提供快速进入指定位置的入口。

可在 GIS 空间上汇总并展示该站点的资产统计情况，以及未来的整个运营管理相关指标，包括监控监测数据、报警消息数据、设备运行情况、人工巡检情况、现场作业情况等信息，实现对业务信息的快速获取。

2. BIM 空间

利用 WebGL、模型轻量化技术，在浏览器中支持 BIM 模型浏览与漫游及相关可视化操作（选择、旋转、缩放、测量），为用户可视化交底和技术交流提供基础。

基于资产移交阶段构建起来的模型空间，未来的运营阶段，可在 BIM 空间中可视化管理相关指标，快速获取各种业务信息，包括监控监测数据、报警消息数据、设备运行情况、人工巡检情况、现场作业情况等信息。

3. 资产管理

将资产信息与 BIM 模型结合，并建立以 BIM 模型和二维码为技术依托的信息化资产数据库。通过线上虚拟资产预验收保证资料正确性，通过现场清点保存记录，做到随时清点、随时记录、随时处理，提高资产移交效率。通过虚拟资产验收、现场资产移交，保证模型和现场一致（图 9-45）。

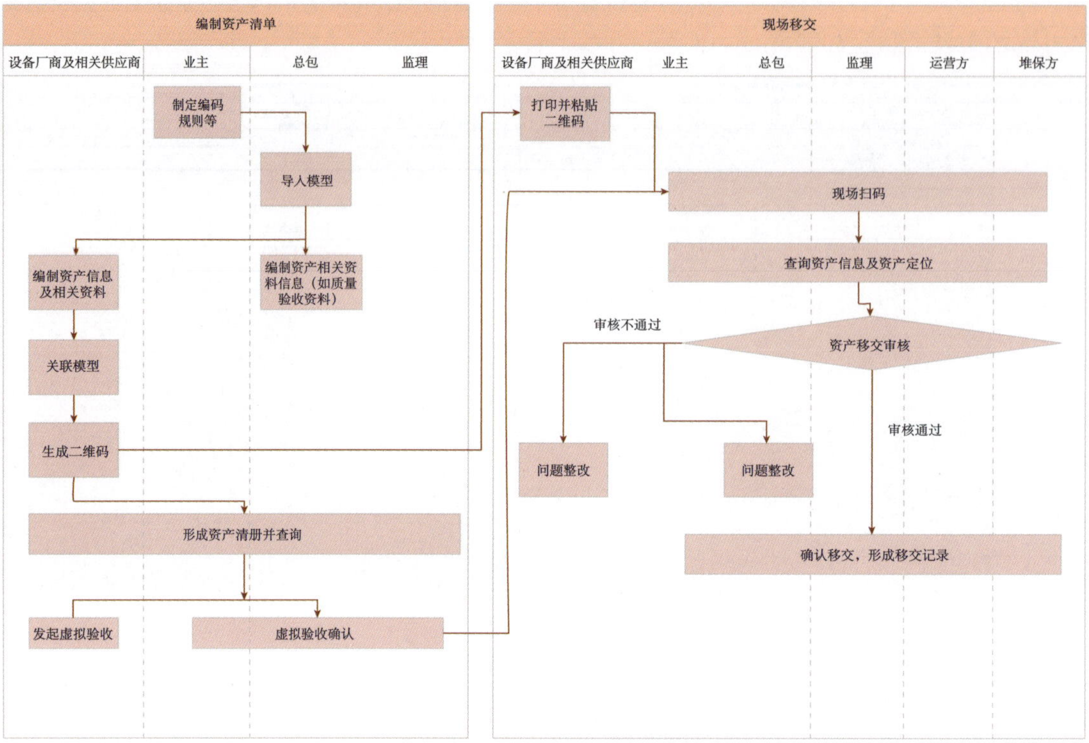

图 9-45　资产移交流程图

(1)资产清册

录入及查询资产分类编码信息、维保信息，绑定资料、模型；形成资产清册台账、支持资产检索、过滤筛选，关联模型资料查询浏览。

(2)备品备件

如果有备品备件的管理需要，录入及查询备品备件的资产信息、维保信息，绑定资料；支持备品备件检索、过滤筛选，关联模型资料查询浏览。

(3)线上虚拟移交

资产管理部门和运维部门，在线审查资产清册完整性、正确性，模型及资料关联准确性。审核通过后再进行现场资产清点移交。

(4)现场资产清点和移交

现场根据资产清册条目进行清点移交，可以记录验收整改内容，做到随时清点、随时记录、随时处理，提高资产移交效率。

4. 文档管理

实现文档的统一管理，并建立以 BIM 模型构件相关联的信息化管理方式，实现后期运营过程文档的可视化查找和实用。文档资料管理包括文档管理、关联管理、检索与查询等功能。

(1)文档分类

文档管理包括对 BIM 模型、GIS 数据、工程资料、标准文件、过程文档、管理规定等系统中因业务产生的所有资料进行分类管理。文档系统中实现多级、多类别的文档分类管理。

用户具有上传文档资料权限人员，选择目录节点后，可单个或批量上传文件。

(2)文档关联

文档与模型挂接，建立以 BIM 模型构件相关联的管理方式，为可视化移交过程中可快速查找做好准备。

(3)检索与查询

可通过对 BIM 模型、GIS 场景交互操作，快速检索出关联的文档列表，供用户更直观查找到相关的状态和信息。

5. 系统管理

(1)人员管理

在系统中，通过人员管理，在指定项目及工程中添加对应的人员，该人员登录系统后可根据权限填报查看该项目的业务数据。

(2)权限管理

通过权限管理，对项目下已添加的人员，进行权限设置，包括项目查看的权限、平台功能模块的操作权限。

(3)站点管理

通过站点管理，用户根据实际的站点划分进行设置。

9.2.3　BIM + 智能运维

平台建设内容包括：GIS + BIM 驾驶舱、运维管理各模块（包括工单管理、巡检管理、计划性维护、设备资产管理、智运维、知识库专家库等）。

1. GIS + BIM 驾驶舱

本项目运维阶段 BIM 应用在电脑浏览器端进行，用户可访问运维业务管理平台，进行业务管理，同时可通过链接入口访问驾驶舱，在驾驶舱中进行运维关键数据的快速浏览和使用，手机端暂不考虑接入 BIM（图 9-46）。

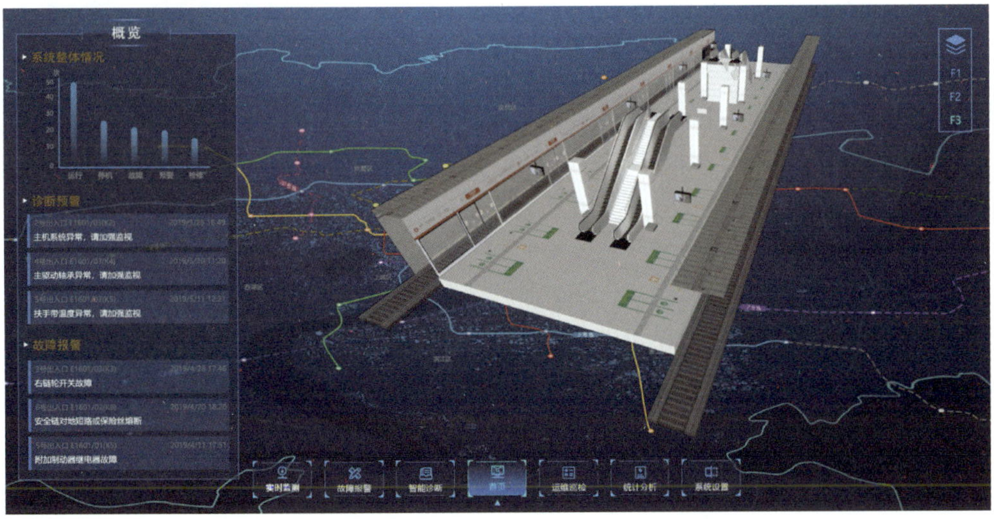

图 9-46　GIS 驾驶舱示意图（图片中数据均为示例数据）

2. 运营管理

可在 BIM 空间中可视化管理相关指标,快速获取各种业务信息,包括工单查询、巡检查询、设备资产查询、监控查询,且所有记录都可用 BIM 模型来辅助查看事件详情和周围环境情况(图 9-47)。

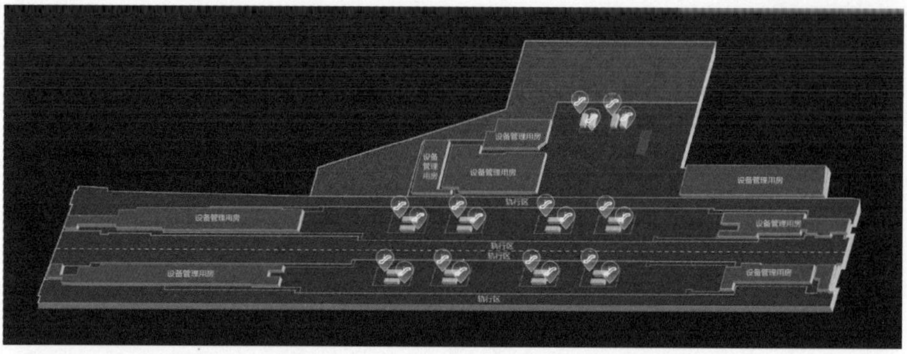

(a) 车站总览图

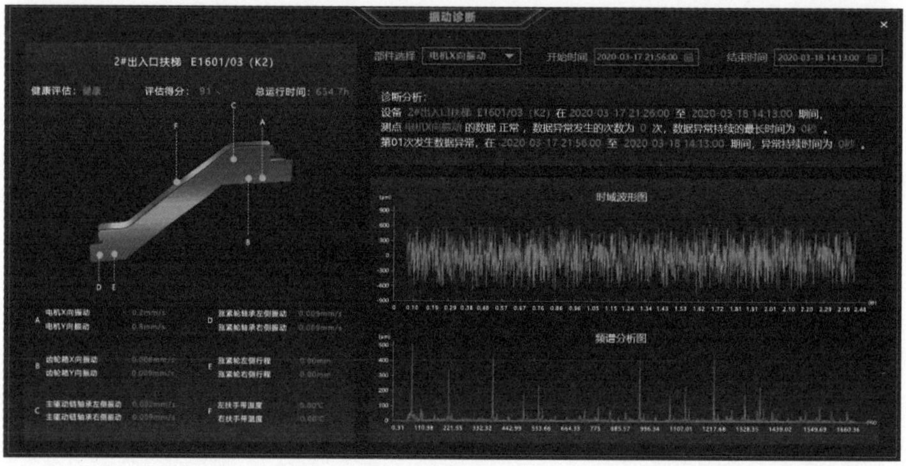

(b) 扶梯运行状态示意图

图 9-47　BIM 驾驶舱示意图(图片中数据均为示例数据)

3. 运维业务平台

依据项目特点,通过基于“GIS(地球物理信息)+BIM(建筑信息模型)+IOT(物联网)”技术的综合应用平台,实现“BIM 智能运维”,未来业务系统主要实现以下主要功能:

(1)设施设备发生预/报警时,自动派发工单至手机端 APP,同时工单自动保存在系统中,可从 BIM 界面调取历史记录,方便查看。

(2)设备资产台账查看,在台账显示设备的定位信息,比现有的文字定位信息更直观。

(3)设备的巡检、维修、保养记录查看及关联台账并自动记录。

(4)设施设备的实时运行参数查看。

(5)提供知识库及专家库模块,嵌入 BIM 平台内,对操作和维修提供基础指引。

具体流程如图 9-48 所示。

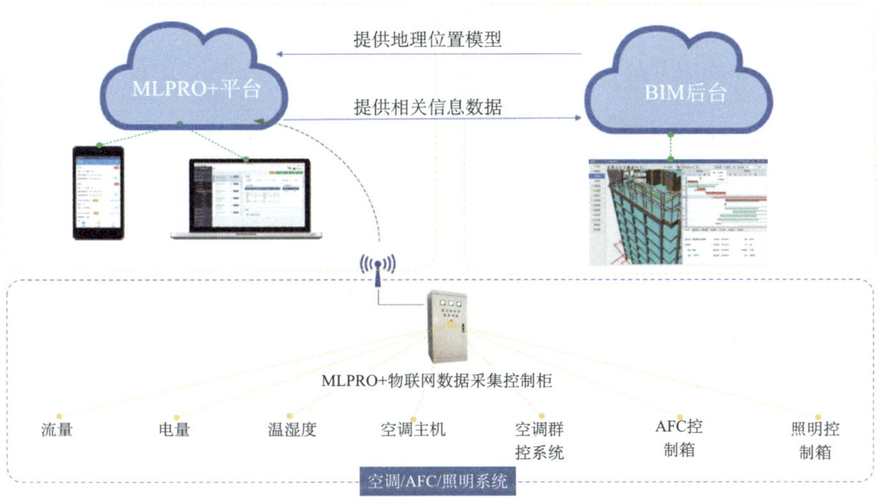

图 9-48　概述拓扑图

最终实现可在 GIS 空间上汇总并展示该站点的运营管理相关指标，包括设备监测数据、工单和巡检统计、设备情况等统计信息，实现对业务信息的快速获取。主要包括以下几点：

(1)基础模块：基础设置和初始化相关的模块。

(2)主页：登录界面后，展示到“驾驶舱”的链接。

(3)工单记录：点击 BIM 设备展示功能栏→工单记录时，展示设备近期的工单记录。

(4)设备详情：点击 BIM 设备展示功能栏→设备详情时，展示设备的信息。

(5)实时参数：点击 BIM 设备展示功能栏→实时参数，展示设备实时参数信息。

(6)维保记录：点击 BIM 设备展示功能栏→维保记录，展示设备的历史维修维保记录。

概念设计如图 9-49 所示。

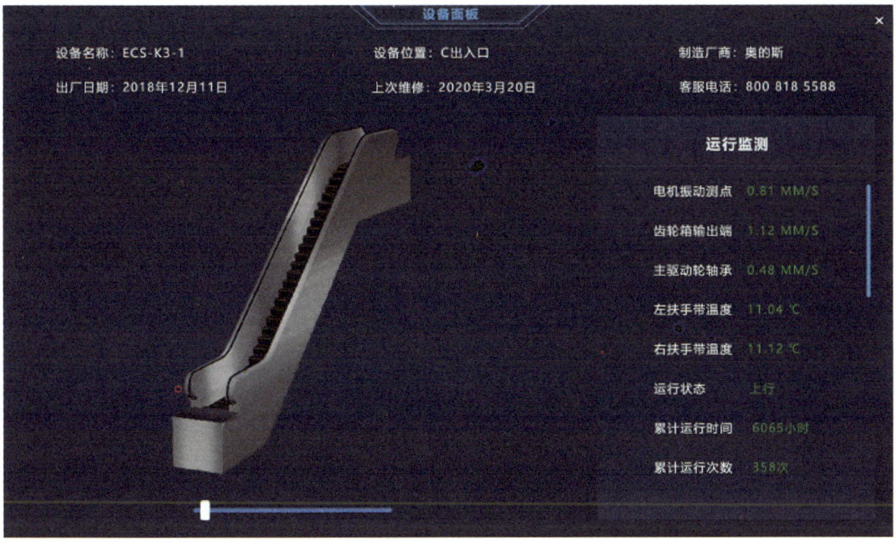

图 9-49　BIM 设备展示功能栏

4. 手机端

在原有基础上开发出静态地理位置指引，在收到工单后，可点击关联设备→点击具体设备，可查看对应设备的室内导航位置信息（图 9-50）。

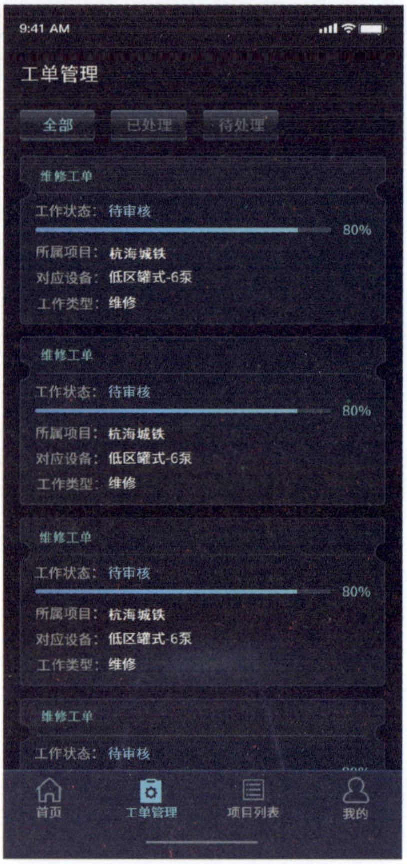

图 9-50　手机端

模型建完经施工单位细化后上传至平台服务器，平台服务器容量为 2 T，BIM 模型经过轻量化后，体量大大减小，因此平台服务器的容量足以支撑杭海城铁智慧建造管理平台的平稳运行。

自平台上线，9 家土建单位、8 家机电单位、6 家监理单位、2 家检测单位以及建设单位均上线使用。各单位经过整改目前均正常录入数据。

各标段施工单位均建立了 BIM 应用室，保证了 BIM 项目在杭海城铁全线落实。目前各单位进度计划管理录入正常；质量管理事件开累 518 余个，安全管理事件开累 697 个，文明施工事件开累 188 个，物料追踪事件开累 2 655 个，工作汇报开累数据 23 000 余条，各现场管理事件全部完成闭合。

文档管理参建单位录入了监理日志、平台使用说明、图纸、技术交底、图纸会审记录、施工方案、施工组织设计、汇报材料、周报、月报、工序验收照片、检验批等资料。监测单位也在按照要求进行监测数据的上传。BIM 总体人员每周对各参建单位录入的数据进行核实，并检查进度、质量、安全、文明施工、物料、检验批等资料，是否满足平台使用需要，每周进行一次总结,并通知相关单位进行整改。

杭海城铁项目建设过程中,杭海城铁公司 BIM 中控室电脑数据量约存入 240 G,杭海智慧建造管理平台数据量约 290 G,随着工程的不断推进,各方的数据将源源不断的汇总到 BIM 服务器,最终形成建设过程中的数据信息,为后期运维提供基础信息支持。

9.3　盾构施工现场管理

9.3.1　风险预警

为降低盾构施工风险,提高盾构施工效率,在杭海城铁工程盾构区间施工期间,BIM 中控室接入了盾构集群远程监控与智能决策支持系统。

该系统通过对采集到盾构机实时数据进行综合分析利用,实现对盾构施工的高效管理。在盾构施工时利用平台历史数据为同类型地层及类似风险源施工提供指导性建议。另对掘进施工参数与平台同类型地层数据参数进行对比分析,发现并解决盾构施工过程潜在的问题。

盾构施工前通过人工将区间基础信息录入平台,推进工程中通过 PLC 实时监控采集盾构推进参数。通过井上井下通信光纤将盾构机 PLC 数据接入盾构风险管控平台系统,系统进行自动数据采集。采集的数据包括:推进系统数据、导向系统数据、注浆系统数据、盾尾油脂数据、泡沫系统数据、掘进状态数据、报警数据等。

各项采集数据均自行设立控制范围值,当系统监控到数据超范围值时,以短信及整改通知单形式通知项目主要管理人员予以关注并及时调整,及时解决现场存在问题,降低风险发生概率(图 9-51、图 9-52)。

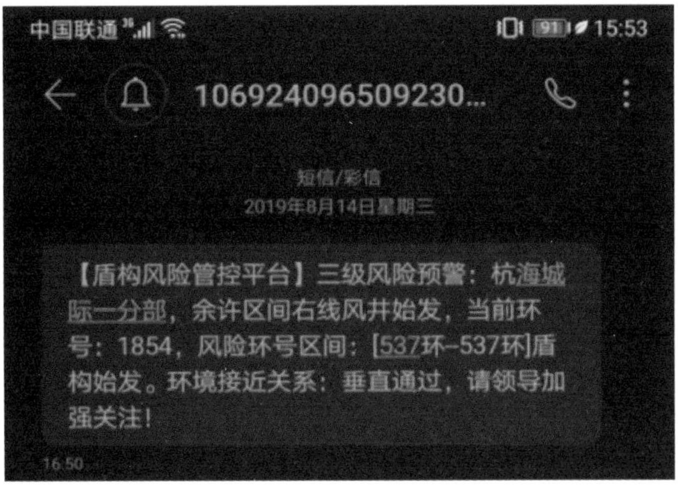

图 9-51　风险源短信提示

盾构施工风险预警通知单

编号:ZTST－2018－004　日期:2018 年 08 月 29 日

项目名称	杭海城际铁路工程一分部(中铁四局集团有限公司)	
项目经理		
问题描述	目前盾构掘进位置 427 环,根据历史推进速度与现场实际施工情况,预计 2018 年 09 月 01 日达到下穿民宅区域风险位置,具体风险如下内容	
	风险级别	三级风险
	风险源类型	建筑物
	盾构区间	杭海城铁一、二标余许盾构区间
	线路	左线
	对应环号	437 环～495 环
	风险源情况说明	建筑物基础为浅基础,砖混 4 层结构,隧道覆土埋深 17.28～18.44 m
	环境接近关系	盾构接近、垂直通过,如下图:

	主要风险分析及可能导致的后果	房屋基础沉降异常,造成墙体开裂、地面下陷、房屋倾覆等现象
	风险里程	XK2＋906.616～XK2＋819.500
	备注	盾构下穿建筑群期间,地层为:③$_2$ 粉质黏土、③$_2$ 淤泥质粉质黏土等,渣土改良较为困难,应引起重视

图 9-52　风险预警通知单

9.3.2　现场解决的问题

1. 盾构自身 PLC 系统在油温过高时无报警提示

在杭海城铁余许区间左线 203 环推进过程中,系统监控到齿轮油温过高且上升趋势过快已达 50 ℃。出现该情况后系统以短信通知项目主要管理人员,项目部立即组织维保人员对冷却系统及主驱动系统进行排查,通过排查发现冷热交换器堵塞,无法对油温进行冷却,查明原因后利用管片拼装时间对冷热交换器进行清洗,清洗后齿轮油油温恢复正常。

通过系统实时监控及有效提示，提前对设备异常进行排查，系统接入前设备故障发生率占推进时长的 30%，系统接入后设备故障发生率占推进时长的 10%，在施工中大大降低了设备故障概率，减少了盾构停机风险。

2. 盾构姿态超设计值时无报警提示

在杭海城铁余许区间左线 402 环掘进过程中，系统监控到盾构姿态平偏超 +40 mm，且往右趋势较大，当前盾构位于 R450 左转圆曲线，立即以短信通知项目主要管理人员，收到短信后组织召开专题会议，制定纠偏方案，通过 20 环实施将水平姿态调整到 -10 mm。

未接入监控系统前，盾构姿态超设计值时无报警提示，此情况易导致纠偏不及时，后续纠偏困难，成型隧道轴线及管片成型质量难以保证。

3. 自动监测每个站位之间的通信信号强弱

余许区间右线 246 环推进过程中，盾构机各系统启动并工作时，系统监控到通信系统提示机内柜和主站通信信号弱，系统以短信通知项目部主要管理人员，项目部立即安排维保人员对通信系统进行排查，根据系统提示站位准确找到通信线屏蔽线脱落，迅速解决问题。

通信监测系统会自动监测每个站位之间的通信信号强弱，当信号强度无法满足信息传输时，就会自动提示信号衰弱的站点，盾构设备通信站点众多，给维修排查带来了难度，一旦出现通信故障，将面临长时间停机，利用系统监控极大地缩短了因通信故障带来的停机时间，提高设备有效工作时间。

9.3.3　较于传统施工的优势

1. 更好地了解实时施工情况

对各区间工程的施工进度、生产作业状态进行有效的监控，为合理安排施工作业计划提供决策支持。

2. 风险预警提示

根据已录入风险源清单，当盾构接近风险源时，通过短信及预警通知单通知项目部提前预控。

3. 了解施工设备的健康状态

创建有效的异常检测模型，实现对关键推进部件的健康度进行实时的监控和报警，为预测性维修提供决策支持，降低计划外停机检修时间，提升盾构设备的生产效率，有效地减少关键部件的意外故障。

4. 降低盾构机的使用成本

借由预测性维修决策的支持，有效地提高了盾构机械设备维修的周期，减少了维修次数。另一方面，盾构设备的生产效率的同时，也大幅降低了因盾构设备故障所带来工期延误的高额成本。

第10章 总 结

BIM 对于国内大多数建筑企业来说是一个新型理念，很多的设计与管理思路与传统模式存在较大差别，并且部分单位还需要从零开始重新学习 BIM 软件的相关应用，并参加 BIM 等级考试获得相关证书，入行门槛相对高于之前的传统设计，且国内的高端 BIM 技术型人才数量十分稀缺，大面积的推广和使用 BIM 的时机仍需等待。

目前我国建筑施工仍是琐碎的碎片化模式，每个项目的工作的标准也大不相同。而 BIM 需要的是一个集成整合好的可行的工作流程，因此尚未能达成 BIM 在实际工程中应用的成熟环境，真正能够将 BIM 用于现场的管理还需要时间来慢慢催化。

在杭海城铁项目中，建设单位、设计单位、施工单位、咨询单位等各参建单位利用现有将技术条件尝试深度使用 BIM 技术，在各方协作不断探索努力下逐步实现 BIM 技术应用。

10.1 项目总结

2018 年 4 月 19 日，杭海城铁公司组织召开 2018 年“两美”浙江一季度立功竞赛活动总结暨第六次建设工作例会，会上举行了 BIM 系统应用上线启动仪式。BIM 系统应用上线，标志着杭海城铁项目 BIM 技术应用正式开始运行，这是进一步贯彻杭海城铁公司“十个一”工程目标，发扬首创、奋斗、奉献的“红船精神”，将“引进一套 BIM 技术”落实到实处的重要举措，是打造数字杭海的关键一步。

10.1.1 项目优势

1. 突破模型轻量化技术

杭海城铁项目 BIM 团队通过研究突破 BIM 模型轻量化，模型与管理逻辑融合，多元信息集成等关键技术，以 BIM 为核心技术结合移动互联与数据分析，搭建杭海城铁智慧建造管理平台。

BIM 模型作为三维模型，包含着巨大的数字信息量，需要具有一定性能的硬件才能展示其效果。巨大的三维构件数量，大量的材质信息，导致大型模型的运转十分艰难。地铁车站包含的专业类型很多，各个专业都包含了数量相当多的构件，通过突破模型轻量化技术，使得 BIM 模型能够被放入便携移动设备方便使用，满足施工现场使用的需求。

传统的 BIM 轻量化技术在本地完成，建筑信息模型构件几何特征失真，构件属性信息易丢失。在对轻量化技术方案选择上，研究人员共研究了三种轻量化技术：

(1)基于 SAT/FBX 中间格式转换的轻量化技术(常规模型方式)。

(2)多尺度 BIM 模型融合技术的轻量化方法(超大模型模式)。

(3)基于三维 BIM 模型构件信息重建技术的轻量化方法(快速模式)。

本项目通过多种轻量化技术的研究,适配了各种形式地铁车站的模型和常见大众化手机型号,实现了BIM模型的移动互联应用,首次实现了BIM大体量模型自动重构,模型压缩率达95%以上,模型几何特征及构件属性信息保有率达100%。

评价BIM模型轻量化水平的指标有三个:质量(轻量化的程度,关系到资源占用率)、速度以及模型信息(包括构件属性信息、材质、贴图等)保有率。以地下车站为例(建筑面积约1.2万m^2,土建模型共11 710个构件)为例,在杭海城铁项目中通过插件选择"一般"级别导出,轻量化时间为6 min 30 s,体积压缩率95%,模型信息保有率100%(无损)。

2. 实现数据整合,高效协同工作

BIM团队提供的BIM工程信息管理系统通过移动端平台应用程序、WEB端平台采集数据,将数据存储在云服务器,PC端平台获取云服务器数据并与BIM模型实行数据交互,三个平台的数据实现同步、共享,并借助BIM模型更加直观地展现数据,从而为施工管理提供更便捷、更智能的解决方案。

所述BIM工程信息管理系统,包括如下装置:

移动端平台,用于对现场工况进行记录与跟踪,可记录文字图片语音并将工况发送出去;并可接收查看他人发送的工况信息并参与解决与评论。具体地,移动端平台用于生成现场工况信息,并将现场工况信息发送给云服务器,其中,现场工况信息包括文字、图片、语音;还用于接收来自于云服务器的工况信息,并在云服务器中针对工况信息添加工况解决方案信息,其中,工况解决方案信息包括对工况信息的评论。

WEB端平台,用于查看与新建任务,并在任务中进行评论的添加,添加内容可有文字图片与语音;并可对工作周与进度进行管理。具体地,WEB端平台用于在云服务器中新建任务,并查看云服务器中已有的任务;还用于通过页面向已有任务添加任务评论信息以及对已有任务的工作周和进度进行编辑,其中,任务评论信息包括文字、图片、语音,任务包括管理流程、数据库接口、数据访问方式、任务需求。

云服务器,用于接收并处理移动端以及WEB端发来的消息,判断并发送推送;并对移动端以及WEB端发送的数据做数据库存储。具体地,云服务器用于对接收自移动端平台以及WEB端平台的信息,进行存储并在PC端平台的控制下向移动端平台、WEB端平台、PC端平台进行推送,以实现移动端平台、WEB端平台、PC端平台之间的数据同步更新。

PC端平台,用于将从服务器获取的数据导入到BIM工程模型,并结合BIM模型为用户提供最直观、最完整、最真实的工程信息管理系。具体地,PC端平台用于将从云服务器获取的推送信息导入到BIM工程模型,通过BIM工程模型提供工程信息管理接口以接收用户输入的工程信息管理指令,并将所述工程信息管理指令通过云服务器推送给移动端平台和WEB端平台(图10-1)。

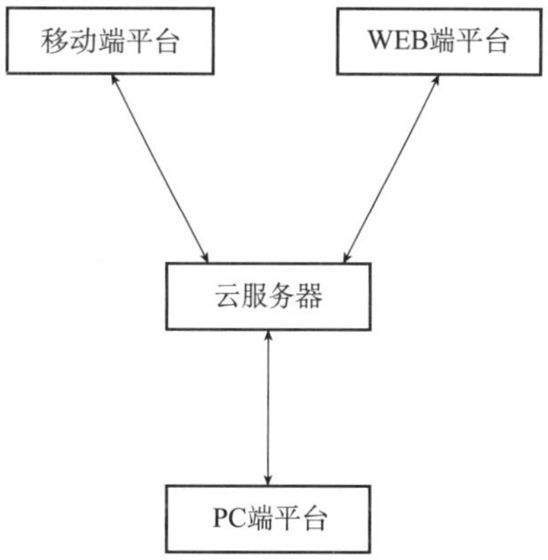

图10-1 数据处理调用拓扑图

通过本技术,各参建单位能够在移动端及网页端更直观地看出各专业构件的具体位置,避免施工时再翻阅各个专业繁杂的图纸;通过透明度显示及隐藏查看专业间的空间位置关系,避免在施工过程中管线的碰撞;可以方便地计算出净空高度，提前检查出净空及安装空间不足的问题，拓展了 BIM 模型的应用场景。

10.1.2 应用小结

2018 年 11 月 1 日，杭海城铁工程 BIM 系统顺利通过公安部第三研究所网络“等级保护”“安全评测”两项安全专项验收。此次受委托的公安部第三研究所是国家信息网络安全公安部重点实验室，验收专家一致给予了充分肯定，这标志着杭海公司为实行项目精细化管理，引进的 BIM 建设管理系统（杭海智慧建造管理平台）的运营安全性及网络稳定性达到了行业内最高等级（图 10-2）。

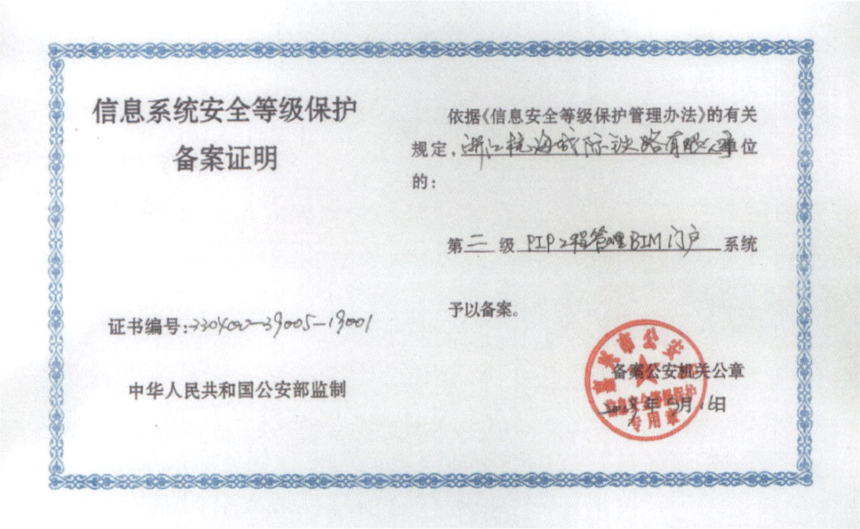
信息系统安全等级保护

备案证明

依据《信息安全等级保护管理办法》的有关规定，　　　单位的：

第　　级　　　系统

予以备案。

证书编号：

中华人民共和国公安部监制

备案公安机关公章

年　月　日

图 10-2　平台等保等级证书

2019 年 5 月 14 日，杭海城铁公司组织开展杭海城铁车站机电车站 BIM 模型首件验收。杭海城铁项目设计、设备集成、机电施工、轨道运营等单位相关人员参加了验收会。杭海城铁机电 BIM 设计坚持施工图设计与建模同步实施，本次以全线土建进度较快的海宁高铁站作为首件建模对象，完成了涵盖通信、信号、供电、风水电等专业的车站机电管综模型，并通过漫游视频与三维模型的形式进行了成果展示，得到验收人员的一致认可。在首件 BIM 建模过程中，已发现管线碰撞问题 140 处，BIM 技术人员将发现的问题及时反馈给设计单位，达到了优化施工图设计，指导施工的目的。

2019 年 6 月 5 日，杭海城铁项目全线“5G”量容 LOD300 精确建模土建模型顺利通过验收。杭海城铁 BIM 技术应用项目是试行精细化管理、科学化施工、数字化作业的重要举措，自 2018 年 4 月启动，BIM 课题组突破了项目涵盖高架、地下、隧道、房建、电力等多个综合性专业，克服了 47 km 全线 Revit 三维建模工程量巨大的困难，在边应用边探索的过程中，通过多方配合，经过 10 余次的整体校对和自检，最终用近 1 年时间形成了 5 G 容量的 LOD300 以上高精度大体量完整项目土建模型。杭海 BIM 土建模型体量大、涵盖全、精度高、实用性强，为下一步模型深化和机电、装修至运营 BIM 应用奠定了良好基础。

10.1.3 获奖情况

2019 年 8 月，“杭海城铁全线 BIM 工程应用”参赛作品在中国勘察设计协会举办的第十届“创新杯”建筑信息模型(BIM)应用大赛中，以“全专业、全覆盖、高精度(LOD450)”的独特优势，从 1 228 个参赛项目中脱颖而出，获铁路与轨道交通 BIM 应用类“二等奖”(图 10-3)。

图 10-3 “创新杯”证书

同时，“杭海城铁盐官车辆基地全专业 BIM 设计及工程运用”在中国铁建举办的“青创杯”BIM 技术成果大赛中获“一等奖”。

同年 11 月，“杭州至海宁城际铁路全线 BIM 应用”在首届“联盟杯”铁路工程 BIM 应用大赛中获得“铁路工程项目 BIM 应用组三等奖”(图 10-4)。

图 10-4 “青创杯”证书

2020 年 11 月,“BIM 正向设计、智慧施工在杭海城际铁路建设期中的应用”参赛作品在中国图学学会举办的第九届“龙图杯”建筑信息模型(BIM)应用大赛中,获综合组“三等奖”(图 10-5)。

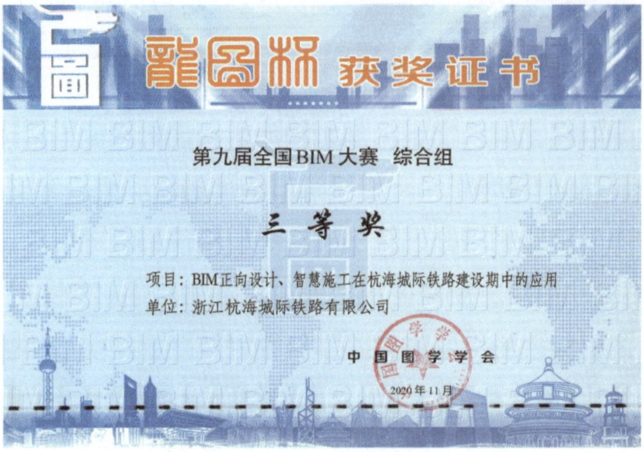

图 10-5 “龙图杯”证书

10.1.4 社会关注

自杭海城铁项目 BIM 技术应用实施及 BIM 中控室建成以来,先后接待了国家铁路局工程监理处、海宁市党代表、海宁市政协、海宁记者协会、省交投巡视组、省交投集团等 60 余批次人员对杭海城铁 BIM 系统参观考察。各界人士对杭海城铁 BIM 系统应用给予了较高的评价,同时也提出了宝贵的意见。

2018 年 11 月中旬,铁四院杭海城铁进行 BIM 项目回访,并且对嘉兴市土木建筑学会进行调研(图 10-6 ~ 图 10-8)。

图 10-6 BIM 项目回访

图 10-7　调研

图 10-8　观摩学习

2018 年 12 月 5 日，浙江省交投集团陈江副总经理、轨道建设部刘冠水总经理亲临杭海公司指导杭海 BIM 中控室工作(图 10-9)。

图 10-9　指导工作现场图

2018 年 12 月 19 日，省交通投资集团詹小张总经理莅临杭海城际铁路 BIM 中控室检查指导工作并提出宝贵意见(图 10-10)。

图 10-10　检查工作现场图

2019 年 2 月 18 日，言建标总经理陪同海宁人大主任兼杭海城际铁路总指挥参观 BIM 中控室(图 10-11)。

图 10-11 参观 BIM 中控室

2019 年 4 月 16 日，交投集团公司 BIM 建设团队参观 BIM 中控室交流学习（图 10-12）。

图 10-12 交流学习

2019 年 5 月 6 日，象山铁路建设工作领导小组参观 BIM 中控室（图 10-13）。

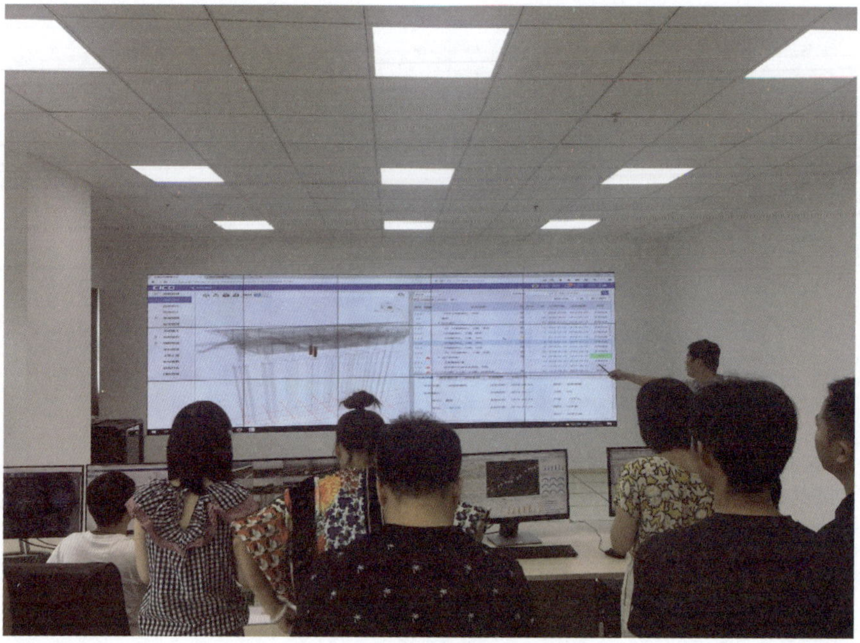

图 10-13　参观 BIM 中控室

2019 年 7 月 22 日，海宁市交通工程质量安全监督站党支部参观 BIM 室（图 10-14）。

图 10-14　党支部参观学习

2019 年 12 月 12 日，北京中国 PPP 基金邹再华参观。

杭海城铁项目开工建设以来，作为浙江省轨道交通首个 PPP 示范项目，建设单位高度重视管理模式的探索和管理手段的创新，在全线引入了 BIM（建筑信息模型）技术，BIM 团队通过研究突破 BIM 模型轻量化,模型与管理逻辑融合,多元信息集成等关键技术,以 BIM 为核心技术结合移动互联与数据分析,搭建了基于 BIM 的杭海城铁项目智慧化建造管理平台。该平台于 2018 年 4 月 19 日上线,目前已在全线设计、征迁和工程建设环节成熟运用,大大提高了项目建设的科技化、数字化管理水平。

项目竣工后,通过 BIM 建立起来的建筑信息模型,还将延伸应用于项目运营管理。特别是在灾害应急方面,也将利用 BIM 及相应灾害分析模拟软件,制定避免灾害发生的措施。当灾害发生后,BIM 模型可以提供救援人员紧急状况点的完整信息,有效提高突发状况应对措施。

项目从设计阶段开始采用 BIM 技术,制定相关标准及应用流程,在 BIM 团队和各参建单位的共同探索下实现 BIM 技术的落地应用。为后期项目建设留下宝贵的参考资料、技术标准、设备族库等文件;团队突破的关键性技术,如轻量化、信息集成等都将为 BIM 技术在国内的发展助力。

10.2 轨交 BIM 应用问题与对策

BIM 思想源于 20 世纪 70 年代,之后很多学者和建筑信息公司等都对其概念进行了定义。目前,相对较完整的是《美国国家 BIM 标准》(National Building Information Modeling Standard, NBIMS)的定义:“BIM 是设施物理和功能特性的数字表达;BIM 是一个共享的知识资源,是一个分享有关这个设施的信息,为该设施从概念到拆除的全寿命周期中的所有决策提供可靠依据的过程;在项目不同阶段,不同利益相关方通过在 BIM 中插入、提取、更新和修改信息,以支持和反映各自职责的协同工作。”

BIM 进入到国内,到现在不过 10 年左右,高素质的 BIM 人才储备尚未建立培养,目前最多的都是应用型人才。具有全局视角,具备工程和计算机开发跨界能力的高端人才行业还很匮乏,因此我们才会看到政府出台标准、工程运用推广等方面的困难。

目前我国建筑施工仍是琐碎的碎片化模式,同时具有体量大、周期长等特点。这些都导致在项目建设期间人员的流动性较大、岗位调整等问题的出现。就目前而言,各单位 BIM 技术的人才储备并不丰富。因此,在项目建设期间会出现多次培训、返工、核查的现象。即使,BIM 团队及时发现整改培训,积极跟进 BIM 技术的应用,但仍会出现人员之前 BIM 技术水平参差不齐的情况,这也从另一方面导致了 BIM 技术在项目中推广难以达到预期效果。·

10.2.1 参建单位多,BIM 管理难度高

城市轨道交通的建设工体量大,投资金额高,项目周期长,参建单位多。轨道交通项目 BIM 实施价值的充分发挥,需要包括建设单位在内的设计、施工、监理、供应商等各类型参与方共同协作,完成各自 BIM 实施工作。但由于轨道交通项目参与方众多,BIM 水平参差不齐,如何保证参与方的 BIM 水平都能满足城市轨道交通全面应用 BIM 技术的要求,具备完成各自 BIM 工作任务能力,以共同达成全线轨道交通 BIM 实施总体目标,是城市轨道交通 BIM 实施难点之一(图 10-15)。

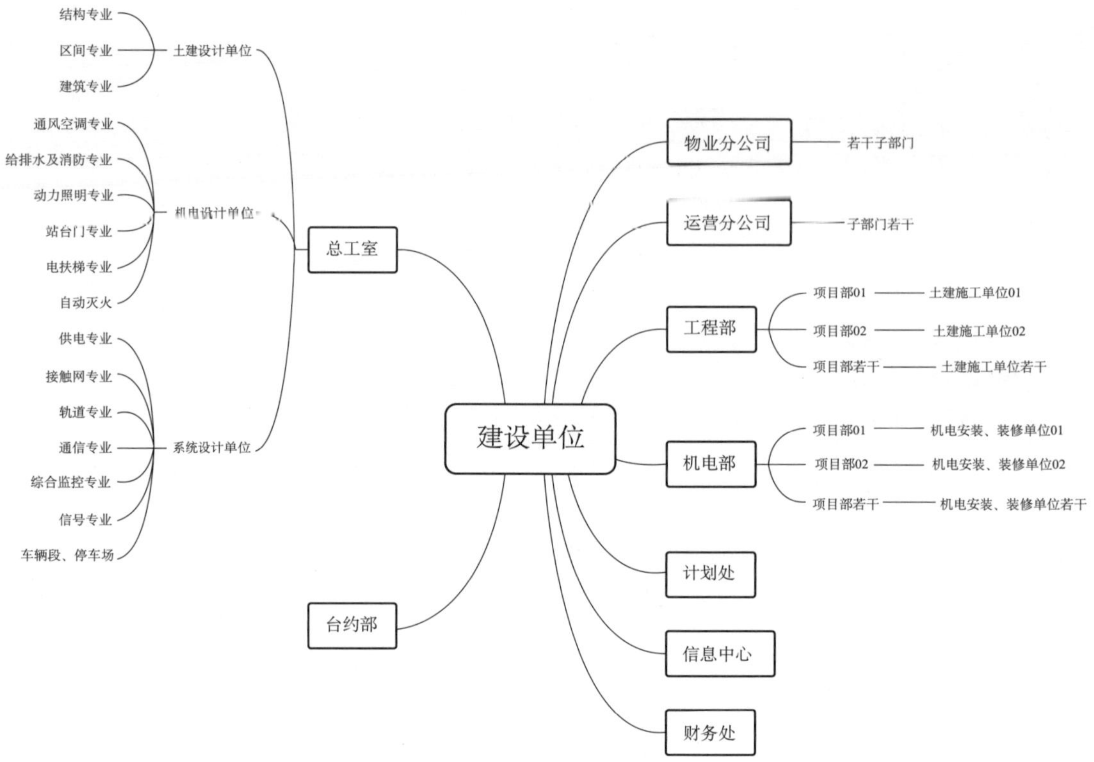

图 10-15　参建单位示意图

应对措施：

1. 明确需求导向

城市轨道交通 BIM 实施应以需求为导向，坚持项目需求作为 BIM 工作判断的唯一标准，坚持 BIM 为项目服务的原则。在项目开始前，BIM 团队即明确每项 BIM 工作的目的和效益，放弃无意义、无价值 BIM 工作，不过度追求 BIM 应用的深度和广度，避免“PPT 式 BIM”的出现。

2. 细化招标要求

招标作为项目建设工作的源头，招标文件的编制过程中，BIM 咨询团队提供切实可行 BIM 工作要求，明确各方在各个阶段的 BIM 工作内容和要求，从源头把控各参与方 BIM 水平，并将 BIM 要求纳入合同范围，为各方 BIM 工作管理提供合同依据。

3. 健全 BIM 应用管理体系

针对轨道交通项目复杂、投资金额高，项目周期长，参建单位多特点，依据建设单位要求，结合 BIM 咨询单位多年的 BIM 管理实践，建立全单位、全过程、全专业参的标准体系、技术应用、能力提升和 BIM 成果文件管理机制，有效组织建设单位、设计、施工、运营的 BIM 工作流程，提升轨道交通 BIM 管理水平。

4. 完善 BIM 协同管理平台，实现项目一体化、精细化管理

建立设计施工一体化协同平台、BIM 建设协同管理平台，订制符合轨道交通特点的 GIS 线

路地图、信息管理、质量验收、设计施工通病库管理、进度管理、项目协同、模型管理、文档管理和物资管理等功能,将设计、施工、运维一体化、数字化、智能化,实现项目全生命周期的数据信息传递、共享和管理,实现全线路、全参与单位、全专业、跨地域的多维度精细化协同管理,彻底解决轨道交通项目沟通困难、信息传递障碍、互相提资落实不到位、专业间图纸不匹配、图纸与施工现场不对应、过程文件管理混乱等弊病,有效提高设计、施工进度及质量。

5. 重点培训

在项目实施过程中,BIMT 团队强化 BIM 平台、BIM 标准以及 BIM 实施方案的培训及使用,根据各参建单位人员制定定制化的培训策略,通过不同层次、多维度的培训,帮助各方 BIM 技术水平全面应用于城市轨道交通 BIM 技术应用。培训过程中明确培训的目标,强化培训的考核,坚持以考核促进培训效果达成。

6. 强化考核

在 BIM 实施过程中,强化对各参与方 BIM 工作考核。将 BIM 考核纳入各方绩效考核评价,建议建设方提高 BIM 考核在绩效评价中的比例。建立成熟的 BIIM 考核体系,提供标准化考核工具,通过考核约束各方 BIM 工作。

10.2.2 推进过程中图模不一致

多数应用 BIM 技术的轨道交通项目设计、施工以及管理人员和 BIM 工作人员往往是不同团队,各自为战、不能很好地配合,同时缺乏标准化管理体系,导致 BIM 价值无法充分发挥。

设计阶段 BIM 模型和设计图纸不一致现象严重,错误的 BIM 模型带来很多负面效益,形成恶性循环;施工阶段不能有效依托 BIM 模型管理现场施工,造成 BIM 模型和现场实际不一致,极大弱化了 BIM 工作的意义。

轨道交通项目进度紧张,BIM 工作往往具有时效性,缺乏成体系的 BIM 小组的监督管理,极易造成 BIM 工作拖后项目进度,无法发挥真正价值。如何应用 BIM 技术服务轨道交通项目设计、建设业务,达到为轨道交通项目增值的目的,是 BIM 咨询管理面临的重要挑战。

应对措施:

1. 建立健全管理制度,保证 BIM 应用成果落地

建立健全 BIM 管理规章制度,制定科学的 BIM 管控措施,强化 BIM 咨询对施工 BIM 应用进行监管。施工 BIM 模型完成后通过 BIM 图模评审,方可用于施工,保证模型可用;施工前,对个施工班组进行 BIM 三维技术交底;施工中,要求监理和施工管理方强化 BIM 管理;施工阶段结束后,建立分阶段 BIM 模实一致性验收机制,将 BIM 实模一致性验收作为相关检验批验收重要环节。整个施工过程,提供基于移动端 APP 的 BIM 模型工具,大幅提高工程技术人员应用 BIM 模型便利性,降低 BIM 技术门槛。

2. 加强 BIM 成果审核,保证图模的一致性

通过设计施工一体化平台对 BIM 模型进行咨询会签、总体会签、系统会签、专业间会签及工点单位内部三级校审的五级会签制度,以保证 BIM 应用成果的质量、图纸和模型的一致性。

3. 推广深化装配式施工，保证模实的一致性

在施工准备阶段，指导施工单位深化设计模型、利用三维激光扫描复核土建模型、在模型中生成墙体预留孔洞图，并对关键及复杂节点施工工艺、施工进度及施工方案、大型设备运输路径进行模拟，保证模型的可实施性。

10.2.3 推进过程中 BIM 标准不易落地

对于 BIM 技术而言，技术标准作为项目中一项重要的行为准则，一直是不可忽视的要点。只有基于统一的准则，才能够保证各方有效地、统一地创建、生产、共享、交换、管理建筑数据。在 BIM 技术引入我国之初，由于缺乏统一的 BIM 标准，导致各方的 BIM 成果存在格式不统一、内容不齐全、深度不一致等问题，难以共享 BIM 数据在各方中应用。

实际运用中，BIM 团队或许制定了相关技术标准，但建模人员却不一定能够根据标准建模运用，比如构件命名、设备编号、坐标设置、图纸表达等。前期基础工作没有按照既有规则设置，导致后期数据处理、指导现场施工、各单位协同工作时出现各种问题。

通过对全国各行业 BIM 标准的考察发现，BIM 标准落地难是普遍存在的现象。这是由于 BIM 标准内容繁多、涉及专业广、专业性强，参建单位多、BIM 人才匮乏、设计人员对 BIM 效益认知不足并容易产生抵触情绪、执行检查工作量大、缺乏检查手段等方面的问题，使得 BIM 标准没有发挥其应用价值，仅仅成了一项普通电子版“成果文件”。

应对措施：

1. 加强 BIM 标准培训

在总体及方案设计、初步设计、招标设计、施工图设计、竣工、运维等各阶段工作开始之前，BIM 总体单位通过对 BIM 标准集中培训、宣贯、学习等方式来指导各参建单位，可以在短期内将标准基本内容推广开来，有效提高设计、施工、运维、供应商等单位人员对轨道交通 BIM 标准的理解水平，确保 BIM 标准无障碍实施。

2. 重视 BIM 考核过程

为了督促各参建单位及人员履行建设职责、保证工程的质量和进度、调动参建单位及人员的积极性与创造性、确保 BIM 标准落地实施，BIM 总体单位应设立 BIM 考核管理办法。BIM 考核管理从 BIM 质量、进度、人员等方面对设计、施工等单位进行全过程考核，建立相应奖惩办法，最大程度确保 BIM 标准按要求落地实施。

3. 建立 BIM 数字化标准

将文本标准转化为数字化标准，“翻译”成计算机可以识别的语言，利用“云计算”等 IT 技术，将重复、繁杂的检查工作交给计算机去做，解放人力资源、提高工作效率。在数字化标准的基础上，通过软件自动生成内置到 BIM 软件中的数字标准，在提供总体院下发 BIM 模型样板文件时，将 BIM 标准内置到样板文件中，从 BIM 模型样板文件的源头保证 BIM 标准的落地。即 BIM 总体单位提供文本标准、数字化标准两个类型标准文件，文本标准供人阅读，数字化标准供 BIM 建模软件应用，从根本上解决 BIM 标准不落地的难题。

10.2.4 推进过程中协同效率低，时间成本高

目前城市轨道交通项目由于项目规模巨大、社会关注度极高、风险隐患多、参建单位众

多,随着轨交线路的日益增多,以及对安全生产要求的日益增高,建设的标准化和精细化管理已经成为逐渐紧迫的需求。但是,受限于轨道交通项目专业繁多,接口复杂,加之在 BIM 技术推进的初级阶段,设计工作三维化,工作任务的繁重与轨道交通严格的进度要求存在着客观矛盾,降低协同成本,提高协同效率势在必行。

曾经的工程建设,人员技术能力、工具的先进性是制约工程建设最大的瓶颈,而现如今,协作已然成为工程建设最关键的掣肘,工程建设中由于协作不便造成返工、错误、窝工等的例子比比皆是。

应对措施:

1. 基于阶梯式的人才培训

目前,由于 BIM 技术应用在国内的发展还在深水区阶段,甚至多数从业人员尚未习惯于基于 BIM 的设计施工过程。存在着 BIM 专业技术人员与实际设计施工人员脱节的现象,导致人员及时间成本的增加。

在项目建设全阶段基于实际情况进行人才培养,指导 BIM 技术落实,从策划咨询、前期可研、工程设计、招标代理、造价咨询工程监理、施工前期准备、施工过程管理、竣工验收及运营维保一步步阶梯式推进,层层递进,逐渐让各参建单位习惯于基于 BIM 的正向设计,培养 BIM 素养。

在项目初始阶段就基于 BIM 设计,逐步提高应用效率,从而缩减协作成本,在 BIM 精细化管理的基础上提高建设进度。

2. 基于多线程的进度推进

传统多方协作较为困难繁琐,设计阶段各单位提资确认往来耗时耗力,基于 BIM 的设计工作可以使得各专业实时传递设计资料,实时协调方案,实时关注各设计方进度,大大提高了设计的协作及管理效率。

3. 基于大数据的标准化管理

当一个项目结束之后,平台对项目整个过程中共享、存储、互相传发的资料进行自动的存储。当日后需要对项目的回顾,或者此时的项目需要用到之前项目资料时,可随时随地调出来浏览、下载,还可以避免纸质管理的多数问题,如文件丢失、更改等。随着 BIM 几乎是应用的发展,建设方将创造和积累大量标准化、结构化数据,从而逐步建成统一的 BIM 数据服务平台。

10.2.5 其他问题

(1)轨道交通工程受工期影响,难于在基础资料齐全的条件下开展 BIM 设计,削弱了 BIM 在方案设计阶段的作用。

(2)设计阶段进行的 BIM 应用如何在施工阶段发挥作用,需要对施工单位提出要求。施工单位也要发挥主观能动性,积极探索施工阶段全方位 BIM 应用,不仅局限于三维可视化交底、优化管路布置、指导装配式施工等,还应在施工进度、施工方案可行性模拟、施工质量管理、工程算量等方案进行 BIM 应用。

(3)各类 BIM 设计软件数据格式兼容性不统一,存在模型整合时坐标不对应,模型内容丢掉等情况,对最终 BIM 成果精度造成影响。

(4)模型轻量化不足,BIM 模型精度越高,对电脑硬件要求越高,成为各方开展 BIM 应用的一个小门槛。为降低 BIM 设计、查看、应用对电脑的要求,建议开发或购买模型轻量化工具实现各参与方人员随时随地无门槛地浏览和使用 BIM 成果,有利于 BIM 技术的普及。BIM 作为工具性软件,轻量化对其落地普及应用具有重大意义,随着 BIM 技术的深入应用,轻量化技术的发展将是无止境的。

10.3 思　考

简单来说,BIM 技术本质上是想把建设单位、设计、施工等多方的数据信息整合到一起,提高项目管理的效率。目前所有推广的技术应用点,如深化设计、管线综合、三维可视化、5D 管理等,都是为了让各方能够更为简单、便捷的管理项目或者清晰获取项目的相关信息。就像汇报工作的时候是就展示自己的文字,还是配点相关的图形成个 PPT,在汇报上还是有很大的区别,但核心的内容是没变的。

BIM 的理念和技术已经在国内外得到实践应用,但仍面临诸多困难和挑战。目前, BIM 在建筑业的应用带有很大的局限性,从整体趋势而言,BIM 必将经历一个不断进步持续发展的过程。BIM 应用推广过程中出现的问题,正是我国建筑业行业体制、标准不完善、缺乏协同管理、建设期内数据断层所造成的。

BIM 技术作为新兴技术,目前来说施工现场大部分人员或者一些项目领导人员对 BIM 技术并不了解,也并不愿意去接受新事物。BIM 是一个有投入,见效慢,周期长的一项技术。并不是说成立一个 BIM 小组,一个 BIM 部门,就会立马有成效,就会立即有产出,BIM 是一个项目全周期的工作,而且还是个技术长时间积累的工作,并且不是仅仅几个人就能完成的工作,BIM 技术的全面应用,是许多人共同努力的结果,是所有项目参与者共同协助完成的工作,目前来说,BIM 技术作为国外引进的技术,一味地照搬拿回国内进行推广,导致水土不服,成了在国内实际推广中出现问题的原因之一。比如说国外的操作软件设计时并未考虑到国内的应用场景,还有我国国内各个省份的定额的不同等等一系列国内外不同的规则,使用习惯,都造成 BIM 推广的困难。

10.3.1 建设单位应主动推进、增强各阶段协作

BIM 能成为资源共享库,不是一个企业、一个软件或平台所能实现的。甲方作为项目主导者及建设者,应积极响应国家号召,在相关法律法规、标准政策的引导下,加快企业内部转型建设。同时,建设单位可以联合设计单位、施工单位、运维单位以及软件开发商,成立专业 BIM 项目管理团队,制定内部 BIM 数据共享标准、研发集成管理平台,逐渐实现项目各参与方之间的数据共享。

良好的管理模式是实现 BIM 数据共享的前提。我国建筑业管理模式中的问题,在 BIM 应用推广过程中逐渐暴露,建设单位应协调各方利益,引进 IPD(一体化综合交付模式)模式,让设计单位、施工单位、运维单位等基于相互信任的基础,使项目各参与方利益最大化,打破利益壁垒,达成共享意识。

10.3.2 完善BIM技术应用标准

新技术的发展需要通过标准化制度化的管理和约束,缺乏强有力的标准体系的规范与协调,是BIM技术发展良莠不齐,各公司协同合作困难,影响BIM技术深入应用的症结所在。标准体系与BIM呈现制度与技术的关系:BIM的技术性因素必须通过制度性因素产生作用,制度性因素反过来引导和制约技术性因素。

技术本身从市场中来,最后的应用还是需要回到市场中去,建设市场的目的就是构建一个公平、标准、规范的市场保障机制,使得技术本身的价值点能够充分发挥。研究市场环境建设机制,破解BIM技术市场应用的困难和缺陷,挖掘BIM技术应用价值,以保证BIM技术应用持续稳定发展。

BIM技术应用成果需要回答“好不好”这个非常基础的评价标准和价值取向的内容。由于BIM技术是全过程应用的技术,任何环节都需要评价手段这个工具,缺乏有效的评价手段使得建筑业各方及政府都陷于BIM技术复杂度的困扰而犹豫不前。评价体系不仅仅是一个标准的问题,还包括评价方法研究、评价标准比选、评价主体参与、评价制度架构等内容。

企业是BIM技术应用的行动主体,BIM技术的应用从来不是单靠政府或者建筑业某几个专业的推动就可以的。作为一种应用价值体现在应用过程以及各角色之间信息交换的技术,研究公司机构的目的是系统全面地看待建筑设计行业中的每个角色应用的问题所在,统筹各个利益集团的利益取向,探索新技术下的新组织模式。同时,针对BIM具体的执行主体设计师,从微观层面深入探究其应用BIM的困难与阻碍,探索符合BIM模式下的建筑设计流程与应用模式。

主管部门加大对BIM标准的编制力度,特别是数据储存标准和BIM应用交付标准。同时,应建立健全BIM数据交互的法律法规,为建设单位提供强有力的后盾。此外,政府相关部门应尽可能多地为BIM项目各参与方提供优惠政策,促使项目各参与方积极接纳BIM技术并推动BIM发展进程,加快数据共享的落地。

参 考 文 献

[1]顾金福,李镇,蒋凤昌,等.工程设计与工程管理中BIM技术现状与应用价值研究[J].江苏科技信息,2019,36(2):35-37.

[2]李飞,刘宇恒,杨成,等.基于BIM技术的施工场地布置研究与应用[A]//中国科协年会.2017.

[3]杨汉宁,胡秀英,蒋依岑.基于BIM技术培养工程造价专业应用型人才的探析[J].教育现代化,2019,6(A2):15-16,100.

[4]曾莎洁,陆鑫,俞军燕,等.城市轨道交通BIM发展现状[J].世界轨道交通,2017(1):51-52.

[5]夏东,甄建,谭子龙.BIM技术在特大地下交通枢纽设计中的应用[J].铁路技术创新,2019(1):89-94.

[6]方瑾.基于BIM的城市轨道交通质量管理平台应用研究[J].中国标准化,2017(12):228-229.

[7]苑东亮,杨霄.流程再造思想下建筑工程项目BIM技术的系统化应用[J].商丘师范学院学报,2018(3):65-69,73.

[8]王翔宇.政府级BIM公共服务管理平台应用实践:以上海市杨浦区为例[J].土木建筑工程信息技术,2018,10(3):46-50.

[9]王林均,秦凌云,张朝阳,等.基于BIM在智慧校园运维管理系统的集成设计[J].现代物业:中旬刊,2019,446(1):106-108.

[10]万灵,陶波,李佩佩,等.基于BIM的智慧楼宇运维平台开发研究[J].施工技术,2019,48(S1):324-327.

[11]徐伟,赵喜祥.基于BIM全寿命周期平台的城市轨道交通工程安全预警控制研究[J].基建管理优化,2019(1):7-12.

[12]杨令,沈增涛.既有地铁车站功能性改造的客流适应性分析[J].铁道标准设计,2019,63(11):145-150.

[13]罗青龙.BIM技术在地铁牵引供电系统设计中的应用[J].建材与装饰,2018(25):259-260.

[14]范晨鹏,王雲平.地铁机电安装装配式冷水机房空调管道优化及预配方法[J].信息系统工程,2018(3):114-115.

[15]戚欣,张小龙,王婉.城市地下综合管廊智慧化施工管理应用研究[J].智能建筑与城市信息,2018(7):104-106.

[16]崔丽媛.BIM,高效智能的“代名词”[J].交通建设与管理,2017(11):18-23.

[17]王进,张育雨,王兴冲,等.业主驱动模式下BIM数据共享障碍因素研究[J].工程管理学报,2019,33(6):36-41.